LA HISTORIA DEL TROTSKISMO AMERICANO

James P. Cannon en 1938

La historia del trotskismo americano

1928–1938

Informe de un partícipe

James P. Cannon

PATHFINDER

Nueva York ◆ Londres ◆ Montreal ◆ Sydney

Edición en español a cargo de Martín Koppel

Copyright © 1944, 1972, 1995, 2002 por Pathfinder Press
para la versión original en inglés

Copyright © 2002 por Pathfinder Press
para la traducción al español
All rights reserved. Derechos reservados conforme la ley.

ISBN 978-0-87348-952-2
Library of Congress Control Number
(Número de control de la Biblioteca del Congreso): 2002107149

Impreso y hecho en Estados Unidos de América
Manufactured in the United States of America

Primera edición, 2002
Quinta impresión, 2023

PORTADA: cuadro de Patrick Heron, *Green and Mauve Horizontals: January 1958* (Horizontales verdes y malva: enero de 1958), óleo en lienzo, 121.9 × 55.9 cm. © 2002 Artists Rights Society (ARS), Nueva York/DACS, Londres

DISEÑO DE LA PORTADA: Eric Simpson

PATHFINDER
www.pathfinderpress.com
Correo electrónico: pathfinder@pathfinderpress.com

A
Vincent R. Dunne
*(1889–1970)
cuya fe y cuyas obras
contribuyeron enormemente a
la realización de la historia relatada aquí.*

Contenido

*Prefacio a la cuarta edición en inglés
por Jack Barnes, 1 de junio de 2002*   11

*Introducción a la primera edición en inglés
por Joseph Hansen, 24 de junio de 1944*   17

Agradecimientos   23

1. Los primeros días del comunismo americano   25
Definición del trotskismo/continuidad del movimiento marxista/el Partido Socialista/influencia de la Revolución Rusa/formación del Ala Izquierda/las Federaciones por Lenguas Extranjeras/luchas faccionales/dos Partidos Comunistas/forzados a la clandestinidad/ultraizquierdismo/el Partido Comunista Unificado/lucha por la legalidad/el Partido de los Trabajadores

2. Luchas faccionales en el antiguo Partido Comunista   47
Superioridad ideológica del Partido Comunista/logros sindicales/aventura del Partido de los Agricultores y Trabajadores/la prensa comunista/defensa obrera/luchas faccionales/composición social/consolidación de la dirección/papel de la Internacional Comunista/origen del movimiento trotskista

3. El comienzo de la Oposición de Izquierda   71
Marxismo contra estalinismo/la Oposición de Izquierda rusa/visión nacional estrecha de los comunistas americanos/campaña contra el trotskismo/el Sexto Congreso Mundial/Cannon y Spector se vuelven trotskistas/"juicio" y expulsión de Cannon, Shachtman y Abern/llamamiento al

partido/publicación del *Militant*/crecimiento de la facción

4. La Oposición de Izquierda bajo fuego 93
Regeneración del comunismo americano/propaganda por correspondencia/Spector en Canadá/ostracismo, calumnias y gangsterismo estalinistas/apelación ante el pleno del Comité Central del PC/mítines públicos/publicación de la plataforma trotskista/primera conferencia nacional de la Oposición de Izquierda/fundación de la Liga Comunista de América

5. Los días de perros de la Oposición de Izquierda 117
Programa y tareas/el grupo de Lovestone/la cuestión rusa/la cuestión sindical/una facción del partido y de la Comintern/Albert Weisbord/"viraje a la izquierda" del estalinismo/aislamiento/"lunáticos marginales"/faccionalismo/publicaciones/pobreza/internacionalismo/"¡Tenacidad! ¡Tenacidad! ¡Tenacidad!"

6. La ruptura con la Comintern 141
Internacionalismo/trabajo entre los desempleados/trabajo sindical/los sucesos en Alemania/capitulación del Partido Comunista alemán/bancarrota política de la Tercera Internacional/tendencias en el Partido Socialista/la Conferencia para la Acción Progresista del Trabajo/viraje al trabajo de masas/oposición sectaria/el Partido Americano de los Trabajadores/campaña por un nuevo partido

7. El viraje al trabajo de masas 161
¿Qué hacer ahora?/huelga en Paterson/huelga de trabajadores de hoteles/B.J. Field/huelga de los depósitos de carbón en Minneapolis/negociaciones con el Partido Americano de los Trabajadores/el debate Cannon-Lovestone/el trotskismo en marcha

8. Las grandes huelgas de Minneapolis   185

Ola de huelgas de 1934 / huelga de Auto-Lite en Toledo / papel de los desempleados / huelga de los camioneros de Minneapolis / Bill Brown / el "Comité Organizador" / Farrell Dobbs / "Batalla de la Estampida de los Asistentes de Alguacil" / huelga de julio / mediadores federales / el *Daily Organizer* / Floyd Olson / arresto de Cannon y Shachtman / redada de la sede de la huelga / el "Plan Haas-Dunnigan" / victoria

9. La fusión con los musteístas   219

Negociaciones de unidad con el Partido Americano de los Trabajadores / A.J. Muste / Salutsky (J.B.S. Hardman) / Louis Budenz / Ludwig Lore / concesiones organizativas de la Liga / "Declaración de Principios" / pleno del Comité Ejecutivo de la Liga Comunista Internacional en París / visita a Trotsky / oposición de Oehler-Stamm al "viraje francés" / fusión de la Liga Comunista y del Partido Americano de los Trabajadores / fundación del Partido de los Trabajadores

10. La lucha contra el sectarismo   243

Los "militantes" del Partido Socialista / presiones de los estalinistas / la experiencia de España / los oehleristas / juicio por "sindicalismo criminal" en Sacramento / Conferencia de Trabajadores Activos / Joseph Zack / aprietos económicos / el pleno de junio de 1935 / la camarilla de Abern / la facción Oehler-Muste-Abern / el pleno de octubre / expulsión de los oehleristas

11. El 'viraje francés' en Estados Unidos   275

Política y organización / escisión en el Partido Socialista / negociaciones con los "militantes" / condiciones de ingreso / el congreso de marzo de 1936 / agentes estalinistas en Allentown / ingreso al Partido Socialista

12. Los trotskistas en el Partido Socialista 295
Tendencias en el PS/la situación mundial/guerra civil
en España/procesos de Moscú/sucesos en Francia/el
Comité de Defensa de Trotsky/el Partido Socialista de California/el *Socialist Appeal*/*Labor Action*/la
"Conferencia del *Socialist Appeal*"/Prohibición
del *Socialist Appeal*/ley "mordaza"/expulsión de
los trotskistas/el "Comité Nacional de las Ramas
Expulsadas"/el congreso de Chicago/fundación del
Partido Socialista de los Trabajadores

Indice 321

Prefacio a la cuarta edición en inglés

En estas 12 charlas públicas presentadas en 1942 en la ciudad de Nueva York, James P. Cannon relata el capítulo formativo —y yo agregaría, heroico— en el esfuerzo por construir un partido comunista en Estados Unidos. Cannon comienza con tres charlas que describen los cambios trascendentales en las perspectivas de los socialistas de disposición revolucionaria en Estados Unidos que fueron posibilitados por el triunfo y el ejemplo de la revolución de octubre de 1917 en Rusia. Él relata los pasos que dieron después de 1917 para fundar y foguear un partido proletario que aspirara a emular a los bolcheviques.

El resto del libro se concentra en los 10 años posteriores a 1928. Ese fue el año en que el Partido (Comunista) de los Trabajadores de América [Workers (Communist) Party of America] expulsó a dirigentes y cuadros veteranos que se oponían a la creciente estalinización del liderazgo del partido. Organizados en la Liga Comunista de América (Communist League of America—CLA), Cannon y otros se unieron al dirigente revolucionario bolchevique León Trotsky en la lucha internacional para continuar aplicando la trayectoria política de V.I. Lenin y el programa mundial desarrollado por la Internacional Comunista bajo la guía de Lenin: el programa que hasta el día de hoy continúa subyaciendo la labor de los comunistas en cada país.

Cannon describe cómo los miembros de la Liga Comunista se integraron a las batallas sindicales y las luchas sociales que, desde principios de los años 30, señalaron los primeros indicios de resistencia por parte del pueblo trabajador frente a la catástrofe económica y social de la Gran Depresión y a la guerra imperialista que se avecinaba. Da constancia del éxito que tuvo el partido al fusionar sus cuadros con otros trabajadores de vanguardia como parte de un liderazgo sindical de lucha de clases en el norte del Medio Oeste, lo cual condujo a la victoria en algunas de las más agudas batallas de clases del ascenso obrero de masas de los años 1934–38.

Cannon saca las lecciones de estos esfuerzos y lleva la narrativa hasta el Año Nuevo de 1938, cuando la organización comunista en Estados Unidos adopta el nombre Partido Socialista de los Trabajadores (Socialist Workers Party).

Dos décadas después de presentar estas charlas, en *The First Ten Years of American Communism* (Los primeros diez años del comunismo americano), Cannon volvió —nuevamente desde la óptica de unos de los principales partícipes— a un relato más detallado de la época anterior en la historia del movimiento marxista en Estados Unidos. En ese libro, publicado en 1962, él esboza la trayectoria de los comunistas en Estados Unidos durante los años desde la revolución de 1917 dirigida por los bolcheviques hasta el año 1928. Al hacerlo, Cannon reafirma las conclusiones sumarias sobre el origen del movimiento comunista en Estados Unidos y el carácter de sus pioneros, conclusiones presentadas por primera vez en estas conferencias en 1942.

Jim Cannon nació en Rosedale, Kansas, en 1890 y se unió al Partido Socialista a los 18 años. Organizador ambulante del grupo Obreros Industriales del Mundo (Industrial Workers of the World—IWW) antes de la Primera Guerra Mundial y durante la guerra, así como dirigente del ala izquierda proletaria del Partido Socialista, fue uno de los dirigentes fundadores del movimiento comunista en Estados Unidos.

Durante los siete meses que pasó en Rusia soviética, desde junio de 1922 hasta enero de 1923, Cannon fue delegado al Cuarto Congreso de la Internacional Comunista y miembro de la presidencia del Comité Ejecutivo de la Internacional

Comunista en Moscú. Luego se desempeñó como secretario ejecutivo de la Defensa Obrera Internacional (International Labor Defense—ILD) en Estados Unidos, una organización a nivel nacional que enarbolaba la bandera proletaria de "Un ataque contra uno es un ataque contra todos" y que luchaba por la excarcelación de todo prisionero de la guerra de clases a quien se le hubiese fabricado cargos por combatividad en el movimiento obrero, sin importar su filiación política. Cannon fue uno de los dirigentes fundadores en 1929 de la Liga Comunista de América, que evolucionó hasta ser el Partido Socialista de los Trabajadores en 1938. Fue secretario nacional del Partido Socialista de los Trabajadores hasta 1953, cuando asumió el cargo de presidente nacional del partido, y luego, en 1972, el de presidente nacional emérito hasta su muerte en 1974.

El 8 de diciembre de 1941, apenas unos meses antes de presentar estas charlas, Cannon y otros 17 dirigentes y cuadros del Partido Socialista de los Trabajadores y del Local 544-CIO (anteriormente el Local 544 del sindicato de camioneros Teamsters) habían sido sentenciados a la cárcel bajo cargos fabricados en un tribunal federal en Minneapolis, Minnesota, por su oposición activa, en el seno del movimiento obrero en Estados Unidos, a la incorporación de Washington a la matanza imperialista de la Segunda Guerra Mundial. Los cargos de conspiración por los cuales fueron declarados culpables se habían entablado bajo la recientemente promulgada medida de control del pensamiento de 1940, conocida como la Ley Smith, que el gobierno invocó por primera vez al encausar a los dirigentes del Local 544 y del Partido Socialista de los Trabajadores. Este estatuto, que la Corte Suprema en efecto anuló en 1957, proscribía no solo acciones sino el abogar por ciertas ideas. Dicha proscripción violaba la Carta de Derechos de la constitución estadounidense tan arduamente conquistada; la Carta de

Derechos prohibe las leyes que cercenen la libertad de expresión, de prensa o de asamblea.

El Tribunal de Apelaciones de Estados Unidos ratificó el veredicto y las sentencias a fines de 1943. Cannon estuvo preso 16 meses en la penitenciaría federal en Sandstone, Minnesota, y fue excarcelado a principios de 1945. La corte de apelaciones también afirmó las condenas de los otros 17 acusados, todos los cuales purgaron sentencias de cárcel similares.

Los lectores de *La historia del trotskismo americano* se interesarán también en *The Left Opposition in the U.S., 1928–31* (La Oposición de Izquierda en Estados Unidos, 1928–31) y *The Communist League of America, 1932–34* (La Liga Comunista de América, 1932–34), los cuales comprenden escritos y discursos de Cannon de una parte considerable de la época que cubre este libro. Entre los demás escritos de Cannon figuran *La lucha por un partido proletario*, *Notebook of an Agitator* (Cuaderno de un agitador), *Wall Street enjuicia al socialismo* (*Socialism on Trial* en inglés), *Letters from Prison* (Cartas desde la prisión), *The Socialist Workers Party in World War II* (El Partido Socialista de los Trabajadores en la Segunda Guerra Mundial), *Speeches to the Party* (Discursos al partido) y *Speeches for Socialism* (Discursos por el socialismo). Todos estos títulos, así como *The First Ten Years of American Communism* y *James P. Cannon, the Internationalist* (James P. Cannon, el internacionalista) por Joseph Hansen, pueden obtenerse de la editorial Pathfinder.

Con la edición por el 50 aniversario de *La historia del trotskismo americano*, publicada en 1995, restauramos el subtítulo original de Cannon, "Informe de un partícipe", así como la introducción original de 1944 de Joseph Hansen, dirigente del Partido Socialista de los Trabajadores. El texto y el índice fueron escaneados y compuestos de nuevo para que el libro fuera más legible y atractivo.

Esta cuarta edición incorpora por primera vez 24 páginas de fotos que dan vida a los profundos acontecimientos de la historia mundial y a las raíces de los poderosos movimientos sociales dirigidos por la clase trabajadora que Cannon describe. La nueva edición además marca otro hito. Pathfinder la edita simultáneamente en traducciones al francés y al español. Sesenta años después que se dieron las charlas que conforman *La historia del trotskismo americano*, este aporte a un entendimiento de la continuidad comunista estará disponible, tanto en Estados Unidos como a nivel mundial, a millones de personas de disposición revolucionaria entre el pueblo trabajador cuya primera lengua no es el inglés.

El relato de Cannon es un complemento esencial no solo de sus propios escritos durante el mismo período, sino del artículo "Su Trotsky y el nuestro: Continuidad comunista hoy", por Jack Barnes, publicado por primera vez en 1983 en la revista de política y teoría marxistas *New International*. Pathfinder Press también ha publicado este año una edición actualizada de ese aporte, con una nueva introducción, en inglés, español y francés.

Todas estas obras toman como punto de partida la perspectiva bolchevique que guió a Cannon y a sus camaradas durante la década de 1928 a 1938, sobre la cual escribe en estas páginas: "El trotskismo no es un nuevo movimiento, una nueva doctrina, sino la restauración, el renacimiento, del marxismo genuino tal como se expuso y se practicó en la Revolución Rusa y en los primeros días de la Internacional Comunista".

Jack Barnes
1 DE JUNIO DE 2002

Introducción
a la primera edición en inglés

Para comprender cualquier proceso que ocurra en la naturaleza, o en la sociedad, o en la mente humana, primero es indispensable lograr un dominio claro de su historia, es decir: aprender cómo surgió un determinado proceso, qué curso siguió su crecimiento, qué cambios sufrió y cómo se desarrolló. Al saber eso, entonces —y solo entonces— queda libre el camino para lograr un verdadero conocimiento. Lo mismo se requiere, desde luego, para comprender el sistema complejo y científico de ideas representado por el trotskismo.

Sin embargo, lo que ha faltado hasta ahora es precisamente una historia del trotskismo. Por lo tanto, el libro de Cannon, que aborda el inicio, el crecimiento y el desarrollo del movimiento trotskista en Estados Unidos, cumple una necesidad muy sentida desde hace tiempo. Y es más, la cumple de una forma que hace accesible las características más esenciales de la historia del trotskismo americano, no solo para los estudiantes capacitados sino para todo trabajador avanzado que esté ansioso y dispuesto a aprender. Cannon comienza su presentación con el inicio del movimiento comunista en Estados Unidos tras la Primera Guerra Mundial, y familiariza al lector con las diversas etapas del desarrollo del movimiento trotskista, desde la expulsión del Partido Comunista de los primeros cuadros trotskistas en 1928, hasta la fundación del Partido Socialista de los Trabajadores en 1938.

El estilo informal de *La historia del trotskismo americano*, presentado por primera vez en la primavera de 1942 como una serie de conferencias en Nueva York, podría suscitar las objeciones de pedantes o filisteos, pero ningún estudioso serio se dejará confundir por ello.

Los historiadores del futuro, al escribir la historia definitiva del trotskismo americano y mundial, indudablemente completarán la historia presentada por Cannon con materiales adicionales obtenidos de fuentes originales; pero, si bien esta obra no pretende basarse en una investigación exhaustiva o documentación extensa, los futuros historiadores que la usen como fuente constatarán que también dependerán mucho de ella como guía.

De los pocos intentos de escribir una historia del comunismo americano, ninguno de ellos —antes de la presente obra— puede decirse que haya logrado la objetividad. Por ejemplo, en la versión tendenciosa que aparece bajo la firma de Benjamin Gitlow (*I Confess* [Confieso] por Benjamin Gitlow), se presenta a los fundadores del comunismo americano como mezquinos confabuladores y sinvergüenzas que, so pretexto de profesar su creencia en la futura sociedad comunista, dedicaron sus principales energías a pugnas sin principios e intrigas sucias para lograr una mejor situación personal y ventajas faccionales. Gitlow no solo no destaca el significado progresista de la fundación de un movimiento comunista americano nativo; ni siquiera contrasta a estos dirigentes (incluido él mismo) con el resto de su generación, que a expensas de todos los intereses progresistas de su época se vendieron y vendieron sus servicios al gangrenoso sistema capitalista.

En contraste con el enfoque superficial de Gitlow y demás seguidores de la misma escuela subjetiva, Cannon es el primero en ofrecer una explicación lógica y válida desde la perspectiva política de los intensos conflictos internos que caracterizaron el desarrollo del joven Partido Comunista. Revela los problemas ideológicos y políticos que subyacían los conflictos superficiales de personalidades.

Este interés en las ideas, los principios y los problemas políticos y sus resultados es lo que distingue el enfoque de Cannon y le da una completa objetividad. Siguiendo un criterio político de principios, se ve librado de la necesidad de explicar superficial y falsamente el desarrollo del comunismo americano de acuerdo a los rasgos buenos o malos de determinados individuos.

Al caracterizar a los muchos personajes conocidos de la política obrera con los cuales colaboró o entró en contacto en algún momento, puede decirse que Cannon se guió por el consejo de Otelo: "No se atenúe nada, ni escríbase nada por maldad".

No es secreto que una línea de sangre separa a Cannon de sus antiguos socios que aún permanecen en el llamado Partido Comunista; no obstante, él se abstiene de calificar a estos hombres de forma despectiva al tratar, en sus conferencias iniciales, los primeros días del movimiento comunista en Estados Unidos. Ellos fueron los pioneros del comunismo "a quienes antes valoraba mucho". Él "no deseaba emitir un juicio superficial sobre ellos, pese a todo lo que ocurrió en los años posteriores". En estas páginas no aparece una sola palabra subjetiva. Según el criterio de Cannon, "los hombres que fundaron el movimiento comunista americano y lo guiaron por sus primeros años se encontraban, indudablemente, entre las personas más calificadas, talentosas y capaces de su generación. La década de 1920 fue el apogeo del capitalismo americano; mientras todos los jóvenes talentosos se dedicaban a hacer fortuna, los dirigentes del Partido Comunista americano de todas las facciones trabajaban como esclavos, con salarios inferiores a los de un mecánico, tratando de forjar una nueva sociedad".

Cannon le hace plena justicia al Partido Comunista original y a sus dirigentes. "Todas las facciones tenían algo de bueno", opina. "Dotados del liderazgo internacional necesario, se podrían haber integrado. En los días de Lenin y Trotsky, por ejemplo, los problemas internos del Partido Comunista americano hallaron una solución natural cuando los llevaron a Moscú para obtener consejos y orientación". En aquellos días el partido estaba más cohesionado internamente y avanzaba de manera apreciable hacia su objetivo. No se violaba la democracia interna. En cambio, bajo el régimen del estalinismo, se fomentó y magnificó artificialmente —hasta proporciones malignas— las dificultades y los dolores de crecimiento del joven Partido Comunista americano. El sistema de ideas y prácticas representado por el estalinismo es el principal responsable de la degeneración del Partido Comunista americano, y no las debilidades específicas de determinados dirigentes individuales en Estados Unidos.

Al examinar esta etapa temprana del comunismo americano, Cannon menciona únicamente a las figuras que fueron representantes significativos de las principales corrientes ideológicas en el seno del movimiento. Los que fueron prominentes en esa época reciben su debida prominencia en esta historia. Cannon no menciona los nombres de las figuras adventicias, sombras oscuras, que Stalin posteriormente proyectó sobre la pantalla política para que actuaran como sus agentes extranjeros, porque durante los días heroicos de la fundación del comunismo americano nadie los conocía.

Más tarde, al abordar a ciertos dirigentes del Partido Socialista y a otros que incidieron en el creciente movimiento del trotskismo americano, no titubea en emitir juicios concretos. Por ejemplo, presenta un retrato equilibrado de un tal Salutsky-Hardman. Los motivos de Cannon al hacer esto no son nada misteriosos o subjetivos. Aunque los fundadores del comunismo americano, con todos sus defectos, eran dignos de atención más detallada, le dedica tiempo a Salutsky-Hardman porque se trata de un típico hombre *"mitad-y-mitad"*. Cannon busca utilizar la figura de Salutsky-Hardman para templar a la generación más joven contra la debilidad paralizante que hizo de este hombre el ejemplo de un tipo político sumamente peligroso.

En cuanto a los dirigentes de los "militantes" del Partido Socialista que en algún momento ocuparon un lugar bastante prominente en la política de izquierda, Cannon los describe detalladamente para vacunar a la generación joven contra la enfermedad maligna de la *política de aficionado y del diletantismo*.

Los dirigentes de la oposición pequeñoburguesa en el Partido Socialista de los Trabajadores que traicionaron al trotskismo cuando estalló la Segunda Guerra Mundial reciben el mismo trato escrupulosamente justo que todos los personajes en esta historia.

Las figuras destacadas de esta historia son los pioneros del trotskismo. Tenemos una gran deuda con camaradas tales como los de Minneapolis y los que se mantuvieron en sus puestos en la oficina nacional cuando frecuentemente pasaban días sin recibir la más mínima subsistencia. Al reconocer a estos combatientes intachables, Cannon reconoce, a nombre de todo el movimiento trotskista, el lugar que se han ganado. A pesar de su propia situación de pobreza, los camaradas de Minneapolis aportaban cada dólar que podían reunir para mantener a flote al partido. De igual valor era su apoyo moral. En años duros como ésos, hasta el más fuerte no podría haber seguido aguantando la presión de toda la reacción mundial sin el aliento y el apoyo moral de los que se encontraban detrás suyo. Es más, cada vez que se cernía el peligro de una camarilla sin principios o una facción irresponsable, ellos siempre se encontraban en las primeras filas luchando para salvar al partido.

La dedicatoria a Vincent R. Dunne, quien actualmente cumple una condena de cárcel junto a Cannon y a otros 16 por sus creencias trotskistas, es un justo homenaje a uno de los más destacados pioneros del trotskismo.

Junto con los dos tomos complementarios ya publicados —*En defensa del marxismo* por León Trotsky y *La lucha por un partido proletario* por James P. Cannon— esta historia ofrece esencialmente el balance de la experiencia en Estados Unidos de la construcción, con los métodos de Lenin, de un partido proletario, el instrumento fundamental para la emancipación de la clase obrera y la reorganización socialista de la sociedad. Estos tres tomos se convertirán indudablemente en los manuales de los constructores y organizadores del partido en Estados Unidos. Además, así como los trotskistas americanos han aprendido de las experiencias de los cuartainternacionalistas en otros países —en China, Europa occidental, América Latina y sobre todo los trotskistas de la Unión Soviética—, a su vez nuestros copensadores en todo el mundo pueden sacar conclusiones valiosas de los sucesos y las condiciones de lucha para el trotskismo en el baluarte más poderoso del capitalismo. Estamos seguros que los que tengan una mente receptiva y una disposición de asimilar se verán bien recompensados al estudiar las lecciones documentadas en la historia redactada por el camarada Cannon.

Joseph Hansen
24 DE JUNIO DE 1944
NUEVA YORK

Agradecimientos

La publicación de esta primera edición en español de *La historia del trotskismo americano* fue posible gracias a la labor de muchos voluntarios, en ciudades por todo Estados Unidos, quienes dedicaron cientos de horas a traducir, corregir, revisar y formatear el libro que usted tiene en sus manos. Los traductores, correctores y revisores incluyeron a Janne Abullarade, Mauricio Araniva, Hilda Cuzco, Manuel González, Jorge Lertora, Blanca Machado, Ruth Nebbia, Andrés Pérez, Alejandra Rincón, Aaron Ruby, Juan Villagómez y Jacquie Villagómez. Luis Madrid organizó a estos voluntarios e hizo la primera revisión de las traducciones. Eric Simpson diseñó la portada y Eva Braiman el pliego de fotos. Los voluntarios del Proyecto de Reimpresión de Pathfinder formatearon y corrigieron el texto, diseñaron las páginas de anuncios y prepararon la concordancia del índice. Los prensistas del taller de Pathfinder con destreza acabaron el trabajo.

Estos esfuerzos han hecho posible que se tenga acceso en español, por primera vez en seis décadas, a uno de los clásicos del marxismo que profundizan nuestra comprensión de la continuidad y del carácter verdaderamente internacional del movimiento comunista. Esta edición por el 60 aniversario la dedicamos a las nuevas generaciones de trabajadores, agricultores y jóvenes hispanoparlantes en Estados Unidos y en todo el mundo para quienes la lectura de James P. Cannon en su propia lengua les abrirá nuevos horizontes al dotarlos de urgencia para empeñarse hacia la organización comunista eficaz junto a militantes de pensamiento afín en su país y con otros revolucionarios proletarios por todo el planeta.

Martín Koppel
JUNIO DE 2002

1
Los primeros días del comunismo americano

Parece bastante apropiado, camaradas, dar un curso de conferencias sobre la historia del trotskismo americano en este Templo del Trabajo. Fue aquí en este auditorio, al inicio de nuestra lucha histórica en 1928, que pronuncié el primer discurso público en defensa de Trotsky y de la Oposición rusa. El discurso se dio con cierta dificultad, ya que los estalinistas trataron de desbaratar nuestro mitin por la fuerza física. Sin embargo, logramos llevarlo a cabo. Nuestra actividad de conferencias públicas como trotskistas declarados en realidad comenzó aquí en este Templo del Trabajo hace 13, casi 14 años.

Sin duda, al leer la literatura del movimiento trotskista en este país, frecuentemente habrán notado la insistente afirmación de que no tenemos ninguna revelación nueva: el trotskismo no es un nuevo movimiento, una nueva doctrina, sino la restauración, el renacimiento, del marxismo genuino tal como se expuso y se practicó en la Revolución Rusa y en los primeros días de la Internacional Comunista.

El propio bolchevismo fue también un renacimiento, una restauración, del marxismo genuino después de que esta doctrina hubiera sido corrompida por los oportunistas de la Segunda Internacional, quienes consumaron su traición del proletariado al apoyar a los gobiernos imperialistas durante la Guerra Mundial de 1914-18. Cuando se estudia el período específico sobre el cual voy a hablar en este curso —los últimos 13 años— o cualquier otro período desde los tiempos de Marx y Engels, hay algo que se puede constatar. Es la continuidad ininterrumpida del movimiento marxista revolucionario. El marxismo nunca ha carecido de representantes auténticos. A pesar de todas las aberraciones y traiciones que de vez en cuando han desorientado al movimiento, siempre ha surgido una nueva fuerza, ha respondido un nuevo elemento para volver a encauzarlo en el camino correcto; es decir, el camino del marxismo ortodoxo. En nuestro caso también sucedió así.

Estamos arraigados en el pasado. Nuestro movimiento, el que llamamos trotskismo, cristalizado ahora en el Partido Socialista de los Trabajadores, no surgió plenamente desarrollado de la nada. Surgió directamente del Partido Comunista de Estados Unidos. El propio Partido Comunista surgió del movimiento que le precedió, del Partido Socialista y, en parte, de los Obreros Industriales del Mundo. Surgió del movimiento de los trabajadores revolucionarios en Estados Unidos durante el período de la preguerra y de la guerra.

El Partido Comunista, que asumió una forma organizativa en 1919, al principio era el Ala Izquierda del Partido Socialista. El grueso de la tropa comunista provino del Partido Socialista. En efecto, el lanzamiento formal del partido en septiembre de 1919 fue simplemente la culminación organizativa de una prolongada lucha dentro del

Partido Socialista. Allí se había elaborado el programa y allí, dentro del Partido Socialista, se formaron los cuadros originales. Esta lucha interna desembocó finalmente en una escisión y la formación de una organización aparte, el Partido Comunista.

En los primeros años de la consolidación del movimiento comunista —o sea, se podría decir, desde la revolución bolchevique de 1917 hasta la organización del Partido Comunista en este país dos años después, e incluso uno o dos años más tarde— la tarea principal fue la lucha faccional contra el socialismo oportunista, representado entonces por el Partido Socialista. Eso casi siempre ocurre cuando una organización política obrera se deteriora y al mismo tiempo engendra un ala revolucionaria. La lucha por la mayoría, por la consolidación de fuerzas dentro del partido, limita casi invariablemente la actividad inicial de un nuevo movimiento a una lucha más bien estrecha en el seno del partido que no concluye con la escisión formal.

El nuevo partido continúa buscando prosélitos en el viejo. Le tarda tiempo al nuevo partido aprender a caminar firmemente por su propia cuenta. Por lo tanto, si bien la ruptura formal había ocurrido en 1919, por la inercia y los hábitos, y porque la lucha en realidad no había concluido, continuó la pugna faccional. Quedaban miembros en el Partido Socialista que estaban indecisos y que eran los más probables candidatos para la nueva organización partidista. El Partido Comunista concentró más o menos el primer año de su actividad en la lucha para clarificar las teorías y captar más fuerzas del Partido Socialista. Desde luego, como sucede casi siempre con sucesos históricos de esta índole, esta etapa faccional finalmente dio paso a la actividad directa en la lucha de clases, al reclutamiento de nuevas fuerzas y al desarrollo de la nueva organización sobre bases completamente independientes.

El Ala Izquierda del Partido Socialista, que más tarde llegó a ser el Partido Comunista, se inspiró directamente en la revolución bolchevique de 1917. Antes de esa fecha los militantes americanos habían tenido muy pocas oportunidades de adquirir una formación marxista genuina. Los dirigentes del Partido Socialista no eran marxistas. La literatura marxista impresa en este país era muy escasa y se limitaba casi exclusivamente al aspecto económico de la doctrina. El Partido Socialista era un organismo heterogéneo; su actividad política, su agitación y sus enseñanzas propagandísticas eran una terrible mezcolanza de toda clase de ideas radicales, revolucionarias y reformistas. En aquellos días antes de la última guerra, e incluso durante la guerra, a los militantes jóvenes que acudían al partido en busca de una guía programática clara les resultaba difícil encontrarla. No la podían obtener del liderazgo oficial del partido, ya que éste carecía de un conocimiento serio de estas cosas. Los jefes prominentes del Partido Socialista eran homólogos americanos de los dirigentes oportunistas de los partidos socialdemócratas de Europa, solo que aún más ignorantes y desdeñosos de la teoría. Por lo tanto, a pesar de sus impulsos y espíritu revolucionarios, la gran masa de los militantes jóvenes del movimiento americano no logró aprender mucho marxismo; y sin marxismo es imposible tener un movimiento revolucionario consecuente.

La revolución bolchevique en Rusia cambió todo casi de la noche a la mañana. Aquí se demostraba en acción la conquista del poder por el proletariado. Al igual que en casi todos los demás países, el tremendo impacto de esta victoria revolucionaria proletaria estremeció las propias bases de nuestro movimiento en Estados Unidos. La sola inspiración que produjo esta hazaña fortaleció enormemente el ala revolucionaria del partido, a los trabajadores les dio nuevas esperanzas, y despertó un nuevo interés en aquellos problemas teóricos de la revolución que anteriormente no habían recibido el debido reconocimiento. Pronto descubrimos que los organizadores y dirigentes de la Revolución Rusa no eran tan solo revolucionarios de acción. Eran marxistas genuinos en el campo teórico. De Rusia —de Lenin, Trotsky y los demás dirigentes— recibimos por primera vez presentaciones serias de la política revolucionaria del marxismo. Descubrimos que ellos habían dedicado largos años de lucha a la restauración del marxismo no falsificado en el movimiento obrero internacional. Ahora, gracias a la gran autoridad y al prestigio de su victoria en Rusia, lograban finalmente que se les escuchara en todos los países. Todos los militantes genuinos nos adherimos a ellos y empezamos a estudiar sus escritos con un interés y un deseo que nunca antes habíamos experimentado. Se multiplicó la autoridad de la doctrina que ellos planteaban porque se había verificado en la práctica. Además, mes tras mes, año tras año, a pesar de todo el poderío que el mundo capitalista movilizaba contra ellos, mostraban la capacidad de desarrollar la gran revolución, de crear el Ejército Rojo, de mantenerse firmes, de hacer avances. Naturalmente, el bolchevismo pasó a ser la doctrina con autoridad entre los círculos revolucionarios en todos los movimientos políticos obreros del mundo, incluido el nuestro.

Sobre esa base se formó el Ala Izquierda del Partido Socialista. Tenía publicaciones propias; tenía organizadores, oradores y escritores. En la primavera de 1919 —es decir, cuatro o cinco meses antes que se organizara oficialmente el Partido Comunista— celebramos en Nueva York la primera Conferencia Nacional de la facción del Ala Izquierda. Yo fui delegado a esa conferencia, procedente en ese momento de Kansas City. Fue en esa conferencia que la facción asumió prácticamente la forma de un partido dentro de otro partido en preparación para la ruptura posterior. El órgano oficial del Ala Izquierda se llamaba *Revolutionary Age* (Edad revolucionaria). Este periódico trajo la primera explicación auténtica de las doctrinas de Lenin y Trotsky a los trabajadores en Estados Unidos. Su director fue el primero en este país que expuso y popularizó las doctrinas de los dirigentes bolcheviques. Por tanto, se le debe reconocer históricamente como fundador del comunismo americano. Este director se llamaba Louis C. Fraina. Su estómago no era tan fuerte como su mente. Sucumbió en la lucha y pasó a ser un converso tardío de la "democracia" burguesa cuando ésta estaba en su período de agonía mortal. Pero se trata solo de su propia desgracia personal. Lo que él hizo en esos primeros días retiene toda su validez, y ni él ni nadie puede deshacerlo.

Otra figura destacada del movimiento en aquellos días era John Reed. No era dirigente, no era político. Pero su influencia moral fue enorme. John Reed fue el periodista socialista americano que viajó a Rusia, participó en la revolución, hizo reportajes veraces sobre ella y escribió un libro excelente, *Diez días que estremecieron al mundo* (*Ten Days that Shook the World* en inglés).

El grueso de los miembros en los primeros días del Ala Izquierda del Partido Socialista habían nacido en el exterior. En aquella época, hace ya más de 20 años, una gran parte del proletariado básico en Estados Unidos había nacido en el exterior. Antes de la guerra se habían abierto de par en par las puertas de la inmigración, ya que esto cumplía la necesidad del capital americano de acumular una gran reserva de mano de obra. Muchos de estos inmigrantes llegaban a Estados Unidos trayendo simpatías socialistas desde sus países de origen. Bajo el impacto de la Revolución Rusa, creció a pasos agigantados el movimiento socialista de habla extranjera. Los nacidos en otros países estaban aglutinados en federaciones por lenguas extranjeras, que eran prácticamente organismos autónomos afiliados al Partido Socialista. Había unos ocho o nueve mil miembros en la Federación Rusa; cinco o seis mil entre los polacos; tres o cuatro mil ucranianos; cerca de 12 mil finlandeses, etcétera: tenía el partido una enorme masa de miembros nacidos en el exterior. La gran mayoría se adhirió a las consignas de la Revolución Rusa y después de la escisión en el Partido Socialista constituyó el grueso de los miembros del Partido Comunista en los primeros años.

Los dirigentes de estas Federaciones aspiraban a controlar el nuevo partido y, en efecto, lo controlaban. En virtud de estos bloques de trabajadores de habla extranjera a quienes representaban, estos dirigentes ejercieron una influencia desmesurada en los primeros días del movimiento comunista. En cierto sentido esto fue positivo porque en su mayoría eran comunistas serios y ayudaron a inculcar las ideas del bolchevismo.

Pero en otros sentidos su dominación fue muy negativa. No tenían la mente puesta realmente en Estados Unidos sino más bien en Rusia. Le dieron al movimiento un aspecto poco natural y le infundieron desde el comienzo un sectarismo exótico. Los dirigentes dominantes del partido —dominantes en tanto que ostentaban el verdadero poder a partir de los bloques de miembros que los apoyaban— eran personas que en absoluto desconocían el escenario económico y político de Estados Unidos. No comprendían la sicología de los trabajadores americanos ni le prestaban mucha atención. Por lo tanto, aquel movimiento inicial padeció de excesos de irrealismo, e incluso de un poco de romanticismo, lo cual alejó al partido en muchas de sus actividades e ideas de la verdadera lucha de clases en Estados Unidos. Por extraño que parezca, muchos de estos dirigentes de las Federaciones por Lenguas

Extranjeras estaban convencidos de su misión mesiánica. Estaban decididos a controlar el movimiento para que no se desviara de la fe pura.

Desde sus inicios, tanto en el Ala Izquierda del Partido Socialista como más tarde en el Partido Comunista, el movimiento comunista americano se vio sacudido por tremendas luchas faccionales, "luchas por el control", según las llamaban. La dominación de los dirigentes nacidos en el exterior creó una situación paradójica. Como saben, en la vida de un país imperialista grande como éste, los trabajadores inmigrantes de habla extranjera normalmente ocupan la posición de una minoría nacional y tienen que librar una lucha constante por la igualdad, por sus derechos, sin que jamás los consigan a plenitud. Pero en el Ala Izquierda del Partido Socialista y en los primeros días del Partido Comunista, esta relación era al revés. Cada una de las lenguas eslavas estaba fuertemente representada. Rusos, lituanos, polacos, letones, finlandeses, etcétera, constituían la mayoría. Eran la abrumadora mayoría, y nosotros, los nacidos en Estados Unidos, que creíamos tener algunas ideas sobre la forma en que se debía guiar al movimiento, estábamos en la minoría. Desde el principio emprendimos la lucha como minoría acosada. En los primeros días tuvimos muy poco éxito.

Yo pertenecí a la facción, primero en el Ala Izquierda del Partido Socialista y luego en el movimiento comunista independiente, que quería un liderazgo americano, una orientación americana para el movimiento. Estábamos convencidos de que era imposible forjar un movimiento en este país sin el control de un liderazgo que tuviera un conocimiento más íntimo del movimiento nativo de trabajadores americanos y vínculos más estrechos con él. Por su parte, muchos de ellos estaban igualmente convencidos de que era imposible que un americano fuera un bolchevique auténtico y puro. Nos querían y nos apreciaban —como su "expresión inglesa"— pero creían que tenían que mantener el control para impedir que el movimiento cayera en el oportunismo y el centrismo. Durante esos años se empleó mucho tiempo en librar esta lucha que, en lo que respecta a los dirigentes de habla extranjera, estaba destinada a fracasar. A la larga el movimiento tenía que encontrar un liderazgo nativo, ya que de otra manera no podría sobrevivir.

La lucha por el control asumió la forma de una lucha en torno a las formas de organización. ¿Debían organizarse los grupos de lenguas extranjeras en federaciones autónomas? ¿O debían organizarse en ramas locales sin estructura nacional o derechos autónomos? ¿Debíamos tener un partido centralizado o un partido federado? Naturalmente, el concepto de un partido centralizado era un concepto bolchevique. Sin embargo, en un partido centralizado los grupos de lenguas extranjeras no podían movilizarse tan fácilmente en bloques sólidos; por otro lado, en un partido federado los dirigentes de las federaciones podían enfrentarse al partido con bloques sólidos de partidarios votantes en los congresos, etcétera.

Esta pugna desbarató la Conferencia del Ala Izquierda de 1919, celebrada en Nueva York. Cuando llegamos a Chicago en septiembre de 1919, es decir, al Congreso Nacional del Partido Socialista donde se dio la escisión, las fuerzas del Ala Izquierda ya estaban divididas entre sí. Los comunistas, al momento de su ruptura con el Partido Socialista, fueron incapaces de organizar un partido unido propio. A los pocos días le anunciaron al mundo que habían formado no solo un Partido Comunista, sino dos. El que tenía la mayoría era el Partido Comunista de Estados Unidos (Communist Party of the United States), dominado por las Federaciones por Lenguas Extranjeras; el otro era el

Partido Comunista del Trabajo (Communist Labor Party), que representaba a la facción minoritaria que mencioné anteriormente, con una mayor proporción de nativos y extranjeros americanizados. Desde luego, había variaciones y fluctuaciones individuales, pero ésa era la principal línea de demarcación.

Así fue el comienzo desfavorable del movimiento comunista independiente: dos partidos en el terreno con programas idénticos, peleando furiosamente entre sí. Para colmo de males, nuestras filas divididas enfrentaron una tremenda persecución. Ese año, 1919, fue el año de una gran reacción en este país: la reacción de la posguerra. Después de que los amos terminaron la guerra destinada a "crear un mundo seguro para la democracia", decidieron escribir un capítulo suplementario para crear un Estados Unidos seguro para el *open shop* (taller abierto).* Comenzaron con una rabiosa campaña patriotera contra todas las organizaciones obreras. Arrestaron a miles de trabajadores a nivel nacional. A los nuevos partidos comunistas les tocó

---

* En Estados Unidos el movimiento obrero ha luchado por contratos —y frecuentemente los ha ganado— con cláusulas que aumentan la fuerza colectiva de los trabajadores al enrolar automáticamente como miembros del sindicato a todos los contratados en una mina, fábrica u otro centro de trabajo durante el plazo del contrato. La clase patronal se refiere despectivamente a estos contratos como *closed shop* (taller cerrado). Tras la Primera Guerra Mundial, como parte de sus esfuerzos por debilitar a la clase trabajadora y al movimiento obrero, los patrones lanzaron una campaña por el *open shop* (taller abierto). En 1947, al inicio de una nueva campaña antiobrera tras la Segunda Guerra Mundial, se promulgó legislación federal que permitía que los gobiernos estatales prohibieran todo contrato que no fuera "open shop". La Ley Taft-Hartley, que se aprobó por una abrumadora mayoría bipartidista, anulando el veto del presidente Harry Truman, fue apodada la "ley del Trabajo Esclavo" por el movimiento obrero. Actualmente, 21 estados disponen efectivamente de estas llamadas leyes "por el derecho a trabajar" en Estados Unidos. —NOTA DEL TRADUCTOR

lo más recio del ataque. Casi todos los organismos locales, de costa a costa, fueron objeto de redadas; prácticamente todos los dirigentes nacionales o locales del movimiento fueron arrestados, encausados bajo un cargo u otro. Hubo deportaciones al por mayor de militantes nacidos en el exterior. El movimiento fue perseguido a tal grado que se vio obligado a recurrir a la clandestinidad. Los dirigentes de ambos partidos creían que era imposible seguir funcionando de forma abierta y legal. Así que justo en el primer año del comunismo americano, no solo pasamos la vergüenza, el escándalo y la catástrofe organizativa de tener dos partidos comunistas separados y rivales, sino que, después de unos cuantos meses, también teníamos a ambos partidos funcionando en grupos y ramas clandestinos.

El movimiento permaneció en la clandestinidad desde 1919 hasta principios de 1922. Al haber pasado el choque inicial de las persecuciones y al adaptarse los grupos y las ramas a su existencia clandestina, los elementos de la dirección que tendían al irrealismo cobraron fuerza, debido a que el movimiento estaba entonces completamente aislado de la vida pública y de las organizaciones obreras del país.

La riña faccional entre los dos partidos siguió consumiendo una enorme cantidad de tiempo; los refinamientos de la doctrina, los debates por nimiedades, se convirtieron en un verdadero pasatiempo. Por mi parte, comprendí entonces por primera vez la plena nocividad de la enfermedad del ultraizquierdismo. Parece existir una ley peculiar según la cual, mientras más aislado esté el partido del movimiento obrero viviente, mientras menos contacto tenga con el movimiento de masas, y menor la corrección que pueda recibir del impacto del movimiento de masas, más radical se vuelve en sus formulaciones, en su programa, etcétera. El que quiera estudiar detenidamente la historia del movimiento debe estudiar algo de la literatura del partido publicada en esos días. Pues no costaba más ser ultrarradical, ya que de todos modos nadie nos prestaba atención. No teníamos mítines públicos, no teníamos que hablar con trabajadores o ver cuál era su reacción a nuestras consignas. Así que los que más fuerte gritaban en las reuniones cerradas pasaban a ser más y más dominantes en la dirección del movimiento. Fueron días de regocijo para el "radicalismo" de los habladores. Los primeros años del movimiento comunista en este país se consagraron más o menos al ultraizquierdismo.

Durante las elecciones presidenciales de 1920 el movimiento estaba en la clandestinidad y no pudo idear la forma de postular su propio candidato. Eugene V. Debs era el candidato del Partido Socialista, pero estábamos enfrascados en una intensa lucha faccional contra ese partido y cometimos el error de pensar que no podíamos apoyarlo. Entonces el movimiento decidió a favor de un programa muy radical: ¡emitió una resonante proclama llamando a los trabajadores a boicotear las elecciones! Uno pensaría que sencillamente podríamos haber dicho, "No tenemos candidato; no hay nada que podamos hacer al respecto". Por ejemplo, así hizo en 1940 el Partido Socialista de los Trabajadores, los trotskistas; por dificultades técnicas, económicas y organizativas, no pudimos aparecer en la boleta electoral. Nos resultó imposible apoyar a ninguno de los candidatos, así que dejamos pasar el asunto. En cambio, en aquellos días el Partido Comunista no dejaba pasar nada sin emitir una proclama. Si a menudo me muestro indiferente a las proclamas, es porque vi tantas en los primeros días del Partido Comunista. Perdí totalmente el concepto de que hace falta una proclama para cada ocasión. Es mejor arreglárselas con menos proclamas, y emitirlas en las ocasiones más importantes. Entonces tienen más peso. Pues, en 1920 se tiró un volante llamando al boicot de las elecciones, pero no dio resultado alguno.

En el movimiento se desarrolló una fuerte tendencia antiparlamentaria; una falta de interés en las elecciones, algo que tardó años y años en superar. Entretanto leímos el folleto de Lenin, *La enfermedad infantil del "izquierdismo" en el comunismo*. Todos reconocían —teóricamente— la necesidad de participar en las elecciones, pero no había disposición de hacer nada al respecto, y habrían de transcurrir varios años antes de que el partido desarrollara una actividad electoral seria.

Otra idea ultrarradical que llegó a predominar al inicio del movimiento comunista clandestino fue el concepto de que el permanecer en la clandestinidad es un principio revolucionario. En las dos últimas décadas hemos gozado de las ventajas de la legalidad. Prácticamente ninguno de los camaradas del Partido Socialista de los Trabajadores ha conocido otra forma de existencia que no sea la de un partido legal. Es muy posible que entre ellos se haya desarrollado una tendencia legalista. Esos camaradas pueden sufrir rudos golpes en tiempos de persecución, porque el partido tiene que poder continuar sus actividades independientemente de la actitud de la clase gobernante. Un partido revolucionario necesita saber cómo funcionar incluso en formaciones clandestinas. Pero esto se debe hacer únicamente por necesidad, nunca por elección.

Después que uno pasa por la experiencia de la organización política tanto clandestina como abierta, se puede convencer fácilmente de que la menos costosa, la más ventajosa, es la forma abierta. Es la manera más fácil de entrar en contacto con trabajadores, la manera más fácil de reclutar. Por consiguiente, un verdadero bolchevique, aún en los tiempos más severos de persecución, siempre trata de aprovechar toda posibilidad de funcionar abiertamente. Si no puede decir abiertamente todo lo que quiere, dirá tanto como pueda, y complementará la propaganda legal con otros métodos.

En los primeros días del movimiento comunista, antes de que asimiláramos bien los escritos y las enseñanzas de los dirigentes de la Revolución Rusa, creció una tendencia que consideraba el partido clandestino como principio. A medida que pasó el tiempo y retrocedió la ola reaccionaria, se abrieron posibilidades para las actividades legales. Pero antes de que el partido tomara el más mínimo paso hacia la legalidad, hubo que pasar por tremendas luchas faccionales. En 1921 y a comienzos de 1922, la mayoría del movimiento comunista aceptaba la idea absolutamente increíble de que el partido no puede ser revolucionario a menos que sea ilegal.

El "radicalismo" también prevalecía en torno al problema sindical. Este ultraizquierdismo es un virus terrible. Prospera más en un movimiento aislado. Es ahí donde siempre se halla su peor expresión: en un movimiento que está aislado de las masas, puesto que no recibe correctivos de las masas. Se manifiesta en estos grupos que se escinden del trotskismo: nuestros propios "lunáticos marginales". Mientras menos gente les escucha, mientras menos efecto tienen sus palabras en el curso de los acontecimientos humanos, más extremas, irracionales e histéricas se tornan sus formulaciones.

El problema sindical estuvo en el orden del día del primer congreso clandestino del movimiento comunista. Este congreso celebró una escisión y también una unificación. Una facción encabezada por Ruthenberg se había escindido del Partido Comunista, que estaba dominado por los grupos de lenguas extranjeras. La facción de Ruthenberg se reunió en un congreso conjunto con el Partido Comunista del Trabajo para formar una nueva organización llamada Partido Comunista Unificado (United Communist Party) en mayo de 1920, en Bridgeman, Michigan. (Este no debe confundirse con otro congreso celebrado en Bridgeman en agosto de 1922, que fue objeto de una redada policiaca.) El Partido Comunista Unificado prevaleció y un año más tarde se fusionó con la mitad restante del Partido Comunista original.

El congreso de 1920 —lo recuerdo muy claramente— aprobó una resolución sobre el problema de los sindicatos. Dado lo que se ha aprendido en el movimiento trotskista, es algo que nos pondría los pelos de punta. Esta resolución llamaba a "boicotear" a la Federación Americana del Trabajo (American Federation of Labor—AFL). Sostenía que un miembro del partido que "por razones de trabajo se ve obligado" a pertenecer a la AFL debía trabajar ahí de la misma forma que un comunista trabaja en un parlamento burgués: no para desarrollarlo sino para reventarlo desde adentro. Ese disparate se rectificó más tarde, junto con muchas otras cosas. Posteriormente, muchos de los que cometieron esas estupideces aprendieron y actuaron mejor dentro del movimiento político.

Tras la Revolución Rusa, la joven generación —que se rebelaba contra las traiciones oportunistas de los socialdemócratas— ingirió unas dosis demasiado grandes de radicalismo. Lenin y Trotsky encabezaron el "Ala Derecha" —así llamaron su tendencia de manera demostrativa— en el Tercer Congreso de la Internacional Comunista en 1921. Lenin escribió su folleto, *La enfermedad infantil del "izquierdismo" en el comunismo,* dirigido contra los izquierdistas alemanes, en que abordó los problemas del parlamentarismo, del trabajo sindical, etcétera. Ese folleto, junto a las decisiones del congreso, contribuyeron mucho a liquidar, con el tiempo, la tendencia izquierdista en los días tempranos de la Comintern.

No tengo el menor deseo de presentar aquí la fundación

del comunismo americano como un circo, como hacen los filisteos que se mantienen al margen. Porque no lo fue, en absoluto. El movimiento tuvo aspectos positivos, y fueron los aspectos positivos los que predominaron. Lo conformaron miles de revolucionarios valientes y dedicados, dispuestos a hacer sacrificios y asumir riesgos por el movimiento. A pesar de todos sus errores, construyeron un partido como nunca antes se había visto en este país; es decir, un partido fundado en un programa marxista, con una dirección profesional y filas disciplinadas. Los que atravesaron el período del partido clandestino adquirieron hábitos de disciplina y aprendieron métodos de trabajo que habían de ocupar un papel importante en la historia posterior del movimiento. Actuamos sobre la base de esos fundamentos.

Ellos aprendieron a tomar en serio el programa. Aprendieron a acabar para siempre con la idea que un movimiento revolucionario, que aspira al poder, puede ser dirigido por gente que practica el socialismo como pasatiempo. El típico dirigente del viejo Partido Socialista era un abogado que ejercía su profesión, o un predicador que se dedicaba a predicar, o un escritor, o un hombre profesional de uno u otro tipo, que condescendía a presentarse y de vez en cuando pronunciar un discurso. Los funcionarios a tiempo completo eran simplemente mercenarios que hacían el trabajo sucio y no tenían ninguna influencia real en el partido. Era enorme la brecha entre los trabajadores de las filas, con sus impulsos y deseos revolucionarios, y los diletantes pequeñoburgueses en la cúpula. El joven Partido Comunista rompió con todo eso, y lo logró con facilidad porque ni uno solo de los viejos dirigentes llegó a apoyar plenamente la Revolución Rusa. El partido tuvo que crear nuevos dirigentes de las filas, y desde el inicio se estableció el principio de que los dirigentes debían ser trabajadores profesionales para el partido. Si se contempla un partido que aspire a dirigir a los trabajadores en una verdadera lucha por el poder, entonces no es digno de consideración ningún otro tipo de liderazgo.

En la clandestinidad se prosiguió con el trabajo de formación, de asimilación de los escritos de los dirigentes rusos. Nuestros maestros fueron Lenin, Trotsky, Zinóviev, Rádek y Bujarin. Empezamos a formarnos con un ánimo completamente diferente al del viejo Partido Socialista indolente: con el ánimo de revolucionarios que toman muy en serio el programa y las ideas. El movimiento tuvo una intensa vida interna, tanto más porque se hallaba aislado y obligado a replegarse hacia adentro. Las luchas faccionales fueron feroces y prolongadas.

El movimiento empezó a estancarse en el callejón sin salida del clandestinaje. Entre la dirección, varios de nosotros empezamos a buscar una salida, una forma de abordar a los trabajadores americanos por vías legales. Hubo una resistencia feroz a estos esfuerzos. Formamos una nueva facción. Lovestone estaba estrechamente asociado conmigo en la dirección de esta facción. Más tarde se nos unió Ruthenberg tras salir de prisión en la primavera de 1922.

Por un año y medio o dos años, esta lucha continuó sin tregua: la lucha por la legalización del movimiento. Una lucha resuelta y positiva de nuestra parte; una resistencia igualmente decidida por personas convencidas hasta la médula de que esto, de una u otra forma, significaba traición. Finalmente, en diciembre de 1921, contando con una pequeña mayoría en el Comité Central, empezamos a avanzar, dando cada paso con mucho cuidado, hacia la legalidad.

No pudimos legalizar el partido como tal; la resistencia entre las filas aún era demasiado fuerte, pero sí organizamos unos grupos legales para realizar conferencias públicas. Después convocamos a un congreso para confederar a estos grupos en un organismo central llamado Alianza Americana del Trabajo (American Labor Alliance), que transformamos en una organización de propaganda. Luego, en diciembre de 1921, recurrimos al mecanismo de organizar el Partido de los Trabajadores (Workers Party) como organización legal, abierta, además del clandestino Partido Comunista. No podíamos prescindir de este último. No habíamos logrado obtener una mayoría que coincidiera con este planteamiento, pero se llegó a un arreglo según el cual, a la vez que conservamos el partido clandestino, establecimos el Partido de los Trabajadores como extensión legal. Unos dos o tres mil clandestinos incondicionales se rebelaron aún contra ese paso provisional hacia la legalidad, escindiéndose y formando su propia organización.

Seguimos con dos partidos, uno legal y otro ilegal. Aunque el Partido de los Trabajadores tenía un programa muy limitado, fue por esa vía que se realizó toda nuestra labor pública legal. El control estaba en manos del Partido Comunista clandestino. El Partido de los Trabajadores no se topó con persecución. La ola reaccionaria se había acabado, y en Washington y el resto del país predominaba un ambiente político liberal. Logramos celebrar mítines y conferencias públicos, publicar periódicos, participar en campañas electorales, etcétera. Entonces se planteó la interrogante de si necesitábamos el estorbo de dos partidos. Queríamos liquidar la organización clandestina, concentrar toda nuestra actividad en el partido legal y asumir el riesgo de una nueva persecución. Nuevamente enfrentamos oposición.

La lucha siguió ininterrumpidamente hasta que al final apelamos el problema ante la Internacional Comunista en su Cuarto Congreso, celebrado en 1922. En ese congreso fui representante de la facción de los "liquidadores", según nos llamaban. Ese nombre proviene de la historia del bolchevismo. En un momento, luego de la derrota de la revolución de 1905, una sección de los mencheviques planteó una propuesta para liquidar el partido clandestino en Rusia y limitar toda la actividad a la "legalidad" zarista. Lenin combatió sin tregua esa propuesta y a sus exponentes, porque significaba renunciar a la labor y a la organización revolucionarias. Los denunció como "liquidadores". Entonces, por supuesto, cuando planteamos la propuesta de liquidar el partido clandestino en este país, los izquierdistas, con su mente puesta en Rusia, transplantaron mecánicamente la expresión de Lenin y nos denunciaron como "liquidadores".

Entonces fuimos a Moscú a debatir el asunto ante la Internacional Comunista. Fue allí que conocí al camarada Trotsky por primera vez. En el transcurso de nuestra lucha tratamos de conseguir apoyo de miembros individuales de la dirección rusa. En el verano y el otoño de 1922, pasé muchos meses en Rusia. Por mucho tiempo fui algo así como un paria, porque esta campaña en torno a los "liquidadores" nos había precedido, y los rusos no querían tener nada que ver con "liquidadores". Al desconocer la situación en Estados Unidos, tendían a estar predispuestos en contra de nosotros. Daban por sentado que el partido realmente había sido proscrito; y cuando se les planteaba la cuestión, tendían a decir, casi sin pensarlo, "Si no pueden hacer su labor legalmente, la deben hacer ilegalmente, pero deben realizar su labor".

Pero la realidad no era así. La situación política en Estados Unidos hacía posible un Partido Comunista legal. Ese era nuestro argumento, y toda nuestra experiencia posterior lo ha demostrado. Al final, yo y otros camaradas nos reunimos con el camarada Trotsky y le expusimos nuestras ideas por una hora. Después de hacernos varias preguntas cuando ya habíamos terminado, dijo: "Eso basta. Voy a apoyar a los 'liquidadores' y hablaré con Lenin. Estoy seguro que los apoyará. Todos los rusos los apoyarán. Solo se trata de entender la situación política. Es absurdo ponernos una camisa de fuerza clandestina cuando no es necesario. De eso no hay duda".

Le preguntamos si podía hacer arreglos para que viéramos a Lenin. Nos dijo que Lenin estaba enfermo pero, de ser necesario, si Lenin no coincidía con él, haría arreglos para que lo viéramos. En cuestión de días el nudo se empezó a desenredar. Se estableció una Comisión del Congreso para estudiar el problema americano, y fuimos a debatir ante la comisión. Ya había corrido la voz de que Trotsky y Lenin favorecían a los "liquidadores" y las cosas empezaron a cambiar a favor nuestro.

En el debate realizado en la audiencia de la comisión, Zinóviev pronunció un discurso brillante sobre el trabajo legal e ilegal, recurriendo a la vasta experiencia de los bolcheviques rusos. Nunca he olvidado ese discurso. El recuerdo de éste le ha sido valioso a nuestro partido hasta el día de hoy, y estoy seguro que lo seguirá siendo en el futuro. Rádek y Bujarin hicieron planteamientos similares. En aquellos días, los tres representaban al Partido Comunista Ruso en la Comintern. Los delegados de los otros partidos, después de un debate pleno y a fondo, apoyaron totalmente la idea de legalizar el Partido Comunista americano.

Frente a la autoridad del Congreso Mundial de la Comintern que respaldaba esta decisión, pronto desapareció la oposición en Estados Unidos. El Partido de los Trabajadores, fundado en 1921 como extensión legal del Partido Comunista, celebró otro congreso, aprobó un programa más claro y reemplazó por completo la organización clandestina. Toda la experiencia a partir de 1923 ha demostrado la sabiduría de esta decisión. La situación política en este país justificaba la organización legal. El permanecer en la clandestinidad sin que fuera necesario habría sido una terrible calamidad, un desperdicio y una paralización de la actividad revolucionaria. Es muy importante que los revolucionarios tengan la valentía de correr riesgos que no se puedan evitar. Pero creo que es igualmente importante que tengan la prudencia suficiente para evitar sacrificios innecesarios. Lo principal es hacer el trabajo de la forma menos costosa y más expedita posible.

Una observación final sobre este tema: quedó un grupo pequeño que no se reconciliaba con la legalización del partido. Iban a permanecer clandestinos a pesar nuestro. No iban a traicionar el comunismo. Tenían su sede en Boston y una rama en Cleveland. Al paso de los años, de vez en cuando oíamos que este grupo clandestino había emitido una u otra proclama.

Siete años más tarde, después que nos hubieran expulsado del Partido Comunista y que organizáramos el movimiento trotskista, oímos decir que ese grupo en Boston simpatizaba con las ideas trotskistas. Eso nos interesaba porque necesitábamos con urgencia cualquier apoyo que pudiéramos conseguir.

En una de mis visitas a Boston, los camaradas locales organizaron un encuentro con ellos. Ellos actuaron de una manera muy conspirativa y siguiendo el viejo estilo clandestino nos llevaron al sitio de la reunión. Nos recibió un comité formal. Después de intercambiar saludos, el líder dijo: "Bueno, camarada Cook, dinos cuál es tu propuesta". Camarada "Cook" era el seudónimo con que me conocía en el partido clandestino. Él no iba a andar jugando con mi nombre legal en una reunión clandestina.

Expliqué por qué nos habían expulsado, nuestro programa, etcétera. Ellos dijeron que estaban dispuestos a discutir el programa trotskista como la base para la unidad de un nuevo partido. Sin embargo, querían que primero se acordara un punto: el partido que íbamos a organizar tendría que ser una organización clandestina. Así que intercambié unos chistes con ellos y regresé a Nueva York. Supongo que todavía siguen clandestinos.

Bien, camaradas, todo esto es a manera de antecedentes, una introducción a la historia de nuestro movimiento trotskista. La semana próxima voy a tratar tanto el desarrollo posterior del Partido Comunista en los primeros años, antes de nuestra expulsión, como la reconstitución del movimiento bajo el estandarte del trotskismo.

2

Luchas faccionales en el antiguo Partido Comunista

La semana pasada di un esbozo de los primeros días pioneros del comunismo americano. Aunque omití mucho, y toqué solo algunos puntos claves, no logramos llegar más allá de 1922, del Cuarto Congreso de la Internacional Comunista, de la legalización del movimiento comunista clandestino y del inicio del trabajo abierto. Hablé sobre los aspectos negativos del movimiento inicial y de las enfermedades infantiles que lo plagaron —algo que casi siempre sucede con los movimientos jóvenes—, en particular la virulenta enfermedad infantil del ultraizquierdismo.

Sin embargo, estos aspectos negativos, el irrealismo de gran parte del trabajo, quedaron muy eclipsados por el aspecto positivo: la creación en Estados Unidos, por primera vez, de un partido político revolucionario fundado en las doctrinas bolcheviques. Esa fue la gran contribución del comunismo pionero. Un grupo de personas organizó un partido político nuevo. Asimilaron algunas de las enseñanzas fundamentales del comunismo. Se habituaron a métodos disciplinados, lo cual es uno de los requisitos para la construcción de un partido político obrero serio. Esto nunca antes había sucedido en Estados Unidos. Crearon el instrumento de un liderazgo profesional, que también es uno de los requisitos más elementales de un partido revolucionario serio.

El movimiento comunista en sus primeros años demostró de manera convincente la influencia predominante de las ideas sobre todo lo demás. Esto se ilustró notablemente en la lucha por la supremacía entre el IWW (Obreros Industriales del Mundo) y el joven Partido Comunista. En los días antes de la guerra, el IWW era un movimiento obrero combativo bastante grande. Al comenzar la guerra, era indiscutiblemente la organización que abarcaba entre sus filas al mayor grupo de militantes proletarios. Sin embargo, el núcleo del Partido Comunista surgió del Partido Socialista. Un número considerable de ellos era de extracción pequeñoburguesa, un elevado porcentaje eran jóvenes sin experiencia alguna en la lucha de clases. Miles de ellos eran trabajadores nacidos en el exterior que nunca habían sido asimilados realmente a la lucha de clases en Estados Unidos.

En cuanto al material humano, todas las ventajas estaban del lado del IWW. Sus militantes ya se habían puesto a prueba en muchas luchas. Tenían centenares y centenares de miembros encarcelados, y solían demostrar cierto desdén hacia este movimiento advenedizo que hablaba con tanta confianza en términos revolucionarios. Los miembros del IWW creían que sus acciones y sacrificios superaban tanto las puras pretensiones doctrinales de este nuevo movimiento revolucionario que no tenían nada que temerle en términos de rivalidad. Estaban muy equivocados.

Al cabo de pocos años, ya para 1922, quedó muy evidente que el Partido Comunista había desplazado al IWW como la organización dirigente de la vanguardia. El IWW, con su maravillosa composición de militantes proletarios, con todas sus luchas heroicas, no pudo mantener el paso. No habían adaptado su ideología a las lecciones de la guerra y de la Revolución Rusa. No habían adquirido suficiente respeto hacia la doctrina, hacia la teoría. Por eso su organización se degeneró, mientras que esta nueva organización, con su material más pobre, con su juventud inexperta que había tomado en sus manos las ideas vivas del bolchevismo, rebasó completamente al IWW, dejándolo muy rezagado en apenas unos pocos años.

La gran lección de esta experiencia es la insensatez de tomar a la ligera la fuerza de las ideas o imaginar que se puede encontrar algo que sustituya las ideas correctas al construir un movimiento revolucionario.

Tras resolver la lucha fundamental con los ultraizquierdistas en torno a la legalización, el partido abandonó la clandestinidad. Según mencioné, ya había logrado la hegemonía completa sobre la vanguardia del proletariado en este país. De todos los lados se le consideraba, y con razón, como la agrupación más avanzada y revolucionaria en este país. El partido empezó a atraer a sus filas a algunos sindicalistas naturales del país. William Z. Foster, quien en aquel entonces gozaba de la gloria de su labor en la huelga del acero, y otros sindicalistas —un grupo bastante grande— ingresaron a este Partido Comunista compuesto de extranjeros, medio exótico, pero dinámico. Toda la orientación del partido empezó a cambiar. De riñas clandestinas, disputas irrealistas y refinamientos excesivos de la doctrina, el partido se orientó hacia el trabajo de masas. Los comunistas empezaron a preocuparse con problemas prácticos de la lucha de clases. Gradualmente el partido se "sindicalizó", dando sus primeros pininos en la Federación Americana del Trabajo, la organización sindical dominante, prácticamente la única en aquella época.

A la vez que librábamos la batalla por la legalización del partido, luchábamos por rectificar la política sindical del partido. Esta lucha también fue exitosa; se rechazó la posición sectaria original. Los comunistas pioneros revisaron sus anteriores pronunciamientos sectarios con los que habían favorecido el sindicalismo independiente. Ahora dirigieron toda la fuerza dinámica del Partido Comunista hacia los sindicatos reaccionarios. El mérito principal de esta transformación también le pertenece a Moscú, a Lenin y a la Comintern. El gran folleto de Lenin, *La enfermedad infantil del "izquierdismo" en el comunismo,* aclaró este problema de forma decisiva. Ya para 1922-23, el partido iba bien encaminado hacia la penetración del movimiento sindical y rápidamente empezaba a ejercer una influencia importante en varios sindicatos en diversas partes del país. Así era la situación en el sindicato de los mineros del carbón y en los sindicatos de la industria de la aguja, y el partido también hizo sentir su influencia en otros más.

Pero al mismo tiempo que realizaba esta labor práctica y completamente progresista, el partido se metió en ciertas aventuras oportunistas. Al parecer, ningún partido puede corregir jamás una desviación, la debe sobrecorregir. Se le va la mano en la otra dirección. Así que el joven partido, que hasta hacía poco se preocupaba con el refinamiento de la doctrina en condiciones de aislamiento clandestino, sin tener nada que ver con el movimiento sindical —ya no se diga con el movimiento político, la pequeña burguesía y los farsantes del movimiento obrero—, este mismo partido ahora se metió en unas cuantas aventuras descabelladas en el campo de la política encaminada a formar un partido de trabajadores y agricultores. El intento del liderazgo del partido de formar, de la noche a la mañana, mediante una serie de maniobras y combinaciones, un gran partido de agricultores y trabajadores (*farmer-labor party*) sin contar con respaldo suficiente en el movimiento obrero de masas, sin la fuerza suficiente de los propios comunistas, sumió al partido en la confusión. Se precipitó una nueva lucha interna.

La serie de nuevas luchas faccionales que comenzó en 1923, unos seis meses después de liquidarse la lucha anterior en torno a la legalización, continuó casi sin interrupción hasta el momento en que los trotskistas fuimos expulsados del partido en 1928. La lucha siguió ardiendo hasta la primavera de 1929, cuando expulsaron a los dirigentes lovestonistas, los que nos habían expulsado a nosotros. A partir de entonces, la Comintern estalinizada puso fin a las luchas faccionales expulsando a cualquiera que mostrara un carácter independiente, y seleccionando a una nueva dirección que brincaba cada vez que sonaba la campana. Usando medidas burocráticas lograron un monolitismo pacífico en el partido. Lograron la paz del estancamiento y la descomposición ideológicos.

Las luchas faccionales que convulsionaron al partido durante todo este período no impidieron que la organización realizara mucho trabajo en la lucha de clases, desarrollando su actividad en muchas esferas. Estableció un diario revolucionario por primera vez en este país. Esto fue un gran logro para un partido de no más de 10 mil ó 15 mil miembros. La labor propagandística se desarrolló a un amplio nivel. El trabajo de defensa obrera se organizó a un alcance y sobre una base sin precedentes hasta ese entonces. El Partido Comunista introdujo al movimiento obrero en ese período muchas innovaciones de carácter progresista. Prácticamente todas las huelgas serias que estallaron se libraron bajo el liderazgo del partido. Notablemente, la gran huelga de Passaic de 1926, que enfocó la atención de todo el país, estuvo completamente bajo el liderazgo de los comunistas, quienes pasaron a ser más y más los dirigentes indiscutibles de toda tendencia progresista y combativa en el movimiento obrero americano.

Muchos comentaristas y expertos de sillón, complementados de vez en cuando por algunos renegados desilusionados, tratan de pintar este período histórico inicial —los primeros días del comunismo americano— como simplemente una acumulación de estupidez, errores, fraude y corrupción. Es una valoración completamente falsa y absurda de ese período. La explicación de las luchas faccionales en el joven Partido Comunista radica en causas más profundas que la mala voluntad de ciertos individuos. Creo que si uno estudia el fenómeno con cuidado, con cierto conocimiento de los hechos, podrá deducir ciertas leyes de la lucha faccional que le ayudarán a comprender los brotes de faccionalismo en otras organizaciones políticas obreras, especialmente las nuevas. Y por supuesto cabe mencionar —aunque los sabelotodos nunca lo hacen— que el Partido Comunista no ejerció un monopolio sobre las luchas faccionales. Desde los inicios de la política, todas las organizaciones políticas se han visto afectadas por luchas faccionales. Los problemas faccionales de los primeros comunistas han atraído la atención; y se escribe y se habla de algunos de sus aspectos negativos —el trapicheo que en ellos se practicaba— como si tales cosas jamás pasaran en ningún otro lado. La tergiversación de la historia es la especialidad de críticos de sillón como Eugene Lyons y Max Eastman y otros aficionados que nunca tuvieron ni siquiera un dedo en la verdadera lucha de la clase obrera. Recientemente se les han unido renegados arrepentidos como Benjamin Gitlow, quien quedó tan derrotado y decepcionado que corrió a los brazos de la misma democracia americana que él había combatido en sus días de joven rebelde. Qué lastimoso es el cuadro de un hombre que abraza las doctrinas de los amos que le han destruido el espíritu. Ellos presentan estas luchas faccionales como algo completamente monstruoso. Se entusiasman sobre todo cuando hallan algo que no es precisamente loable desde un punto de vista moralista. Ni siquiera se detienen a recordar —ya no digamos mencionar— la ética y la moral de Tammany Hall* o del Partido Republicano, o las luchas faccionales tan deshonestas, corruptas, hipócritas y asquerosas entre camarillas que vimos en el Partido Socialista. Es únicamente cuando encuentran algún defecto en la historia temprana del Partido Comunista que ponen el grito en el cielo por el horror que les causa.

No se dan cuenta que así le rinden tributo inconscientemente al movimiento comunista, como si dijeran: Uno tiene derecho a esperar algo mejor del Partido Comunista, aún en sus primeros días juveniles y raquíticos, que de las organizaciones políticas estables de la burguesía y de la pequeña burguesía. Y en eso hay más de un grano de verdad. Los medios deben cumplir con el objetivo. Cualquier cosa que viole la verdad o la conducta honrosa en el movimiento proletario revolucionario contradice los grandes objetivos del comunismo: no tiene cabida, sobresale. Las cualidades de las organizaciones políticas burguesas y pequeñoburguesas —todas sus mentiras, trampas, robos

---

* "Tammany Hall" es el nombre con el que se refería comúnmente al aparato político de la administración de la ciudad de Nueva York, controlada por el Partido Demócrata, en las últimas décadas del siglo XIX y las primeras del siglo XX. Organizaba a los caciques de los distritos electorales para obtener apoyo entre los irlandeses, alemanes y otros inmigrantes principalmente católicos, ayudando a familias que pasaban por malos tiempos y repartiendo favores a cambio de sus votos el día de las elecciones. Su nombre llegó a ser sinónimo de patronazgo político y corrupción, así como de un gobierno municipal que "trabajaba" para millones de trabajadores. —NOTA DEL TRADUCTOR

y duplicidad sistemáticos— son propias de estas organizaciones y de todo su entorno.

Las luchas faccionales que caracterizaron toda la trayectoria del movimiento comunista durante sus primeros 10 años tuvieron numerosas causas. No es que se hubiera juntado una pandilla de bandidos que luego se hubiera puesto a disputar el botín. No era nada por el estilo. No había botín. La gran mayoría de los pioneros del comunismo se adhirió con propósitos serios y motivos sinceros a fin de organizar un movimiento para la emancipación de los trabajadores del mundo entero. Estaban dispuestos a hacer sacrificios y tomar riesgos para lograr sus ideales, y lo hicieron. Así hicieron los que se adhirieron a la bandera de la Revolución Rusa en 1917 y desarrollaron el gran movimiento que, al celebrarse el congreso de Chicago en 1919, ya tenía entre 50 mil y 60 mil miembros. Así actuaron especialmente aquellos que, tras comenzar las tremendas persecuciones, se mantuvieron fieles al partido a pesar de los arrestos y las deportaciones, las privaciones y dificultades de la vida clandestina, los problemas financieros. Todos aquellos llorones, los que se quedaron al margen porque fueron incapaces de hacer esos sacrificios o asumir esos riesgos, tratan de pintar a los pioneros comunistas como elementos moralmente corruptos. Sencillamente ponen las cosas al revés. En esos primeros días los mejores elementos se vieron atraídos al partido. Se fueron decantando más con las persecuciones y dificultades de la época clandestina. No, la causa de las luchas faccionales iba más allá de la mala voluntad de algunos individuos. A mi parecer sí hubo unos pocos sinvergüenzas, pero eso no demuestra nada. Es normal encontrar una que otra manzana podrida en cualquier barril. Las causas de las prolongadas luchas faccionales eran más fundamentales.

En mi primera conferencia expliqué las tremendas

contradicciones implícitas en la composición del partido. Por un lado estaban los miembros predominantemente de habla extranjera, con su visión irrealista del problema de la construcción de un movimiento en un país donde aún no se habían asimilado; con su concepción fanática de que ellos tenían que controlar el movimiento, no para provecho personal sino para preservar la doctrina que ellos creían ser los únicos en entender. Por otro lado estaba el grupo numéricamente más reducido de americanos, quienes aun si no entendían la doctrina del comunismo tan bien como los extranjeros —y eso también era cierto— estaban convencidos de que el movimiento debía tener una orientación americana y una dirección nativa. Esta contradicción alimentó la lucha faccional.

También había otro factor: la falta de dirigentes experimentados y con autoridad. Tras la victoria de 1917 en Rusia el movimiento se multiplicó casi de la noche a la mañana. Todos los viejos dirigentes del Partido Socialista que gozaban de autoridad rechazaron el bolchevismo y se aferraron a los caminos seguros del reformismo. Hillquit y Berger, todos los grandes nombres del partido, le dieron la espalda a la Revolución Rusa y a las aspiraciones de los jóvenes revolucionarios del movimiento. Hasta Debs, quien expresaba simpatía, permaneció en el partido de Hillquit y Berger cuando se produjo el enfrentamiento. El nuevo movimiento tenía que encontrar nuevos dirigentes; los que se pusieron al frente eran en su mayoría hombres desconocidos, sin mucha experiencia y sin autoridad personal. El partido tuvo que atravesar toda una serie de luchas faccionales prolongadas para poder ver quiénes eran los dirigentes más calificados y quiénes eran las figuras accidentales. Las administraciones cambiaban rápidamente de un congreso a otro. Los individuos casuales, temporales, se veían echados a un lado en estas feroces pugnas faccionales, en las que si uno no sabía cómo mantenerse de pie y soportarlo, lo echaban a un lado y lo tumbaban. Muchos individuos que un año parecían tener capacidades directivas, y que por consiguiente resultaban electos, al año siguiente eran descartados y sustituidos por hombres antes desconocidos. Todo esto fue un proceso de selección de dirigentes en el transcurso de la lucha. ¿Hay otra forma de hacerlo? No sé dónde alguna vez se haya logrado. Un grupo de dirigentes con autoridad, capaces de mantener su continuidad con el apoyo firme del partido: no sé cómo ni dónde se haya consolidado jamás una dirección de este tipo sin atravesar luchas internas. Engels escribió una vez que el conflicto interno es la ley del desarrollo de todo partido político. Y ciertamente fue la ley del desarrollo del primer movimiento comunista americano. Y no solo del Partido Comunista inicial, sino de los primeros días de su sucesor auténtico, el movimiento trotskista.

Cuando un movimiento ya ha evolucionado por su experiencia, por sus luchas y conflictos internos, hasta consolidar un grupo de dirigentes que gozan de una amplia autoridad, que son capaces de colaborar y que tienen concepciones políticas más o menos homogéneas, entonces las luchas faccionales tienden a disminuir. Llegan a ser menos frecuentes y menos destructivas. Asumen formas diferentes, adquieren un contenido ideológico más evidente, y resultan más instructivas para los miembros. La consolidación de tal liderazgo se convierte en un factor influyente para mitigar y a veces impedir nuevas luchas faccionales. En el movimiento comunista inicial logramos al final consolidar una dirección bastante estable, pero con una estructura peculiar que nuevamente reflejaba la contradicción de la composición del partido. Después de cuatro o cinco años de estos avatares, le quedó evidente a todo el mundo quiénes eran los dirigentes del movimiento comunista americano. Y no eran los que habían sido dirigentes en 1919-20. Muy pocos del cuerpo dirigente inicial del movimiento sobrevivieron estas luchas.

El liderazgo que finalmente salió al frente en el movimiento comunista inicial —y es un aspecto muy interesante de su historia— no se consolidó como un solo grupo homogéneo. Eso se debió al hecho que el partido no era homogéneo. En vez de una dirección unificada, con autoridad e influencia sobre el partido en su conjunto, los dirigentes destacados eran dirigentes de facciones que reflejaban las contradicciones en el seno del partido. La nueva lucha faccional que comenzó en 1923, principalmente en torno al problema del aventurismo en el movimiento político encaminado a formar un partido de agricultores y trabajadores, y que luego se extendió a todos los problemas de nuestra labor práctica, de nuestra orientación hacia los trabajadores americanos, de nuestros métodos de trabajo sindical: esta lucha prolongada reflejaba claramente las contradicciones en la composición social del partido y de los diferentes orígenes y antecedentes de los grupos.

Foster y yo organizamos la lucha contra lo que era entonces la mayoría: Ruthenberg, Lovestone, Pepper, etcétera. Pronto quedó evidente que nuestro grupo tenía la composición de una facción sindical, proletaria. Nos apoyaba la gran mayoría —prácticamente la totalidad— de los sindicalistas, los trabajadores americanos experimentados, los militantes y los extranjeros más americanizados.

Pepper-Ruthenberg-Lovestone tenían la mayoría de los intelectuales y los trabajadores extranjeros menos asimilados. Los típicos dirigentes de su facción, incluidos los típicos dirigentes secundarios, eran muchachos del City College, jóvenes intelectuales sin experiencia en la lucha de clases. Lovestone era el ejemplo más notable. Eran unos tipos muy listos. No cabe duda que en general tenían muchos más conocimientos librescos que los dirigentes de la otra facción, y sabían aprovechar al máximo sus ventajas. No era fácil bregar con estos tipos. Pero nosotros también sabíamos una que otra cosa, incluso algunas cosas que no se aprenden en los libros, y les causamos muchos problemas. Esa lucha por el control del partido fue feroz —de ambos lados se valía de todo— y continuaba de un año al siguiente sin importar quién tenía la mayoría en ese instante. A veces la lucha del momento se enfocaba en lo que parecían ser asuntos insignificantes. Por ejemplo, ¿dónde debía situarse la sede nacional del partido? Nuestra facción decía que en Chicago; la otra, en Nueva York. Peleamos en torno a esto. Pero no porque fuésemos unos tontos, según lo presentan los críticos de sillón. Creíamos que si mudábamos la sede nacional a Chicago, tendería a darle al partido una orientación más americana, lo acercaría a las zonas mineras, lo acercaría al centro del movimiento obrero americano. Queríamos proletarizar el partido y hacerlo más americano. Ellos, al insistir en Nueva York, también lo hacían por motivos políticos. Había un fuerte elemento pequeñoburgués en el partido en Nueva York; aquí los intelectuales desempeñaban un papel mayor. Ellos estaban más a gusto aquí, es decir, en el sentido político. Así que la lucha en torno a la ubicación de la sede del partido es realmente bastante comprensible si uno va al fondo del asunto.

Los historiadores honestos y objetivos del futuro podrán calificar correctamente esta larga y prolongada lucha —y creo que así lo harán— como una batalla, en lo fundamental, entre las tendencias proletaria y pequeñoburguesa del partido, en la cual la tendencia proletaria carecía de suficiente claridad programática para llevar la lucha hasta sus últimas consecuencias. Ahora bien, no olviden que todos éramos prácticamente novatos. Recién comenzábamos a conocer —y aún no lo suficiente— las doctrinas del bolchevismo. No teníamos antecedentes de experiencia política; no teníamos a nadie que nos enseñara; teníamos que aprenderlo todo en la lucha, a porrazos. La facción proletaria, con sus tropezones, cometió muchos errores e hizo muchas cosas contradictorias al calor de la lucha. Sin embargo, a mi criterio, la esencia de su trayectoria fue históricamente correcta y progresista.

A medida que se desarrolló la lucha, las dos facciones principales —la de Foster-Cannon por un lado y la de Ruthenberg-Lovestone-Pepper por el otro— produjeron más divisiones. En efecto, las divisiones estaban implícitas desde el principio porque había estratificaciones similares dentro de la facción Foster-Cannon. El grupo que más estrechamente se asociaba conmigo lo conformaban pioneros del comunismo, hombres del partido desde un comienzo, quienes habían adoptado los principios del comunismo antes que los del ala de Foster. El ala de Foster era más bien sindicalista por sus experiencias, más limitada en sus conceptos, menos atenta a los problemas teóricos y políticos. En el transcurso de las incesantes luchas faccionales, esta división implícita pasó a ser una división formal. El partido se vio entonces con tres facciones: la de Foster, la de Lovestone (Ruthenberg murió en 1927) y la de Cannon. Esa división continuó hasta que nos echaron del partido en 1928.

Todas estas facciones lucharon de forma interminable por ideas que no tenían completamente claras. Como dije antes, si bien teníamos algunas nociones y en general sabíamos lo que queríamos, sin embargo carecíamos de la experiencia política, la educación doctrinaria y los conocimientos teóricos necesarios para formular nuestro programa con la precisión suficiente que nos permitiera dar solución adecuada a los problemas. Ustedes recordarán la gran batalla que tuvimos hace un par de años con la oposición pequeñoburguesa en el Partido Socialista de los Trabajadores. Si uno estudia esa batalla para ver cómo se desarrolló, puede ver cómo nos beneficiamos de la experiencia de la lucha más primitiva librada entre las facciones pequeñoburguesa y proletaria dentro del antiguo Partido Comunista. Desde aquel entonces habíamos logrado más experiencia, habíamos estudiado algunos libros y habíamos adquirido más conocimientos de teoría y política. Eso nos permitió plantear los problemas disputados con claridad e impedir que la lucha contra Burnham, Shachtman y Compañía se atascara en un pleito sin principios y sin claridad previsible, como había sucedido en la época pasada.

Ahora, estos dirigentes que he mencionado —Ruthenberg, Lovestone, Cannon y Foster—, estas cuatro personas siempre estaban en el Comité Político del partido. Estos cuatro eran siempre los dirigentes reconocidos, que gozaban de autoridad en el partido; o sea, eran dirigentes de facciones y eso los hacía parte de la dirección del partido. Y cada facción tenía tanta fuerza —es decir, el peso total del partido estaba distribuido tan equitativamente entre las facciones— que ninguna de ellas podía ser aplastada o eliminada. Demasiadas personas, demasiados funcionarios capaces del partido estaban ligados a cada una de ellas. Entonces, por ejemplo, cuando los lovestonistas obtuvieron la mayoría del partido gracias a la ayuda y a la coacción de la Comintern, no pudieron hacer lo que querían hacer: descartarnos, sobre todo porque el trabajo sindical y de masas prácticamente lo monopolizaban las otras facciones. Muchos de los organizadores, redactores y funcionarios del partido estaban íntimamente ligados a mí y no los podían reemplazar. La facción de Foster era más fuerte aún, especialmente en el campo sindical. No se podían deshacer de nosotros, es decir, no sin desbaratar el partido.

Entonces el partido quedó prácticamente dividido en tres provincias, por así decirlo. Cada facción había logrado un margen suficiente como para trabajar en determinadas esferas con autoridad prácticamente ilimitada y bajo un mínimo de control. La facción de Foster dominaba todo el campo del trabajo sindical. Nosotros organizábamos la Defensa Obrera Internacional y la dirigíamos prácticamente a nuestro antojo. Esto era cuando los lovestonistas tenían una mayoría frágil. Los lovestonistas controlaban el aparato del partido, pero no tan firmemente como para que prescindieran de nosotros, así que ese equilibrio peculiar de fuerzas se mantuvo por varios años. Claro está, no era un partido verdaderamente centralizado en el sentido bolchevique. Era una coalición de tres facciones. En el fondo, eso era en realidad el partido.

Nosotros solos no podíamos resolver el problema. Ninguna facción podía derrotar de forma decisiva a las otras; ninguna facción iba a abandonar el partido; ninguna facción tenía la capacidad suficiente de formular su programa de manera que pudiera ganar una verdadera mayoría en el partido. Estábamos en un punto muerto, en una lucha faccional prolongada y desmoralizadora sin fin, sin claridad previsible. Esos fueron días desalentadores. A todo revolucionario normal le resulta sumamente desagradable atravesar no solo semanas y meses, sino años y años de luchas faccionales. Hay personas a quienes les gustan las luchas faccionales; en todas las facciones teníamos gente que nunca despertaba realmente sino hasta que la lucha faccional comenzaba a borbotear. Entonces se animaban. Cuando había que hacer un poco de trabajo constructivo —manifestaciones, líneas de piquetes, ampliar la difusión de la prensa o ayudar a los presos de la guerra de clases— no les interesaban esas rutinas prosaicas. Pero con solo anunciar que habría una reunión de un caucus faccional, ellos siempre estaban presentes, y en primera fila. En todos los movimientos hay ciertos personajes anormales. Nosotros los teníamos de sobra. Yo podría dar varias conferencias biográficas exclusivamente sobre ese tema, "Faccionalistas profesionales que he conocido". Gente así jamás podrá dirigir un movimiento político. Una vez que el movimiento finalmente recobra el aliento, quita los obstáculos del camino, los faccionalistas profesionales dejan de tener cabida en su dirección. En última instancia, los dirigentes deben construir. Estos dirigentes de nuestras viejas facciones no eran unos ángeles, lo debo reconocer. De ninguna manera. Eran luchadores muy rudos en un sentido político. Peleaban dándolo todo. ¿Pero acaso eran sinvergüenzas interesados, según los presentan diletantes tales como Eugene Lyons y Max Eastman, y toda esa gente mojigata que se apartó del movimiento y lo midió según las normas de la moralidad abstracta? No, para nada. Al principio ni siquiera Gitlow, quien hoy tardíamente apoya esa tesis, era un sinvergüenza. Creo que algunos de ellos nacieron podridos, pero la gran mayoría de los cuadros dirigentes de todas la facciones eran hombres que se incorporaron al movimiento por razones y fines idealistas. Esto incluye hasta los que más tarde se volvieron estalinistas y chovinistas degenerados. Su degeneración fue un largo proceso de evolución, presión, decepción, engaño, desilusión y más. Los que se incorporaron al movimiento en los días difíciles de 1919 o, más bien, los que se adhirieron a la Revolución Rusa en los días de la guerra, que fundaron el partido en 1919, y que aguantaron lo peor de las persecuciones y las redadas en los días de la clandestinidad: desde un punto de vista moral fueron muy superiores a los políticos de Tammany Hall o del Partido Republicano o de cualquier otro movimiento político burgués o pequeñoburgués que se pueda mencionar.

De haber obtenido la ayuda que necesitábamos, habríamos podido resolver nuestro problema. Es decir, la ayuda de personas más experimentadas y con más autoridad. El problema era demasiado grande para nosotros. En los movimientos políticos mas avanzados puede suceder, y sucede, que grupos locales alejados del centro caigan en disputas que se convierten en luchas faccionales y agrupaciones camarillistas, hasta que, por su inexperiencia, la situación se vuelve irresoluble para sus propias fuerzas. Si tienen un liderazgo nacional sabio, una dirección honesta y madura que sepa intervenir de manera inteligente y justa, en nueve de los 10 casos estos atolladeros locales finalmente se pueden superar y los camaradas pueden hallar bases para la unificación mediante el trabajo conjunto. Ahora, si en aquellos años hubiésemos podido obtener ayuda de la Internacional Comunista, ayuda de los dirigentes rusos, con la que contábamos y la cual buscamos, indudablemente habríamos podido resolver nuestros problemas. Todas las facciones tenían algo de bueno. Todas tenían personas de talento. Bajo condiciones normales, con un liderazgo correcto y con la ayuda de la Comintern, la gran mayoría de los dirigentes de estas facciones finalmente se podrían haber juntado y consolidado en una dirección única. La dirección de estas tres facciones, unidas y colaborando juntas bajo la supervisión y dirección de dirigentes internacionales más experimentados, habría sido una fuerza potente a favor del comunismo. El Partido Comunista habría podido dar un gran salto hacia adelante. Acudimos a la Comintern en busca de ayuda, pero la verdadera causa del problema estaba allí, aunque en aquel momento lo desconocíamos. Sin que lo supiéramos, la Comintern comenzaba a pasar por su proceso degenerativo. La ayuda honesta y capaz que recibimos de Lenin, de Trotsky y de toda la Comintern en 1921 y 1922 en torno al problema sindical y los problemas de la clandestinidad y la legalidad, nos permitió resolver las dificultades y liquidar las viejas luchas faccionales. En vez de recibir tal ayuda en los años posteriores, nos topamos con la degeneración de la Comintern, con el inicio de su estalinización. La dirección de la Comintern observaba a nuestro partido —así como a los demás partidos— no con miras a resolver problemas, sino para echarle leña al fuego. Ya tramaban para deshacerse de toda la gente independiente, a los protestones, a los testarudos, para que del desorden pudieran crear un partido estalinista dócil. Ya hacían intentos de crear ese tipo de partido aquí y en todas partes, y ninguno de esos dirigentes combativos les resultaba útil. Solíamos ir a Moscú todos los años. El "problema americano" siempre estaba en el orden del día. En la Comintern siempre había una "Comisión Americana". Ellos nos vieron batallar frente a esas comisiones y no tardaron en convencerse de que sería muy difícil enganchar a aquellos muchachos al proyecto que tenían en mente. Probablemente ya estaban trazando planes para deshacerse de los dirigentes más destacados de todas la facciones y crear una nueva facción que sería un instrumento de Stalin.

Siempre que viajábamos a Moscú lo hacíamos llenos de confianza de que en esa ocasión íbamos a recibir alguna ayuda, algún apoyo, porque seguíamos el camino correcto, porque nuestras propuestas eran acertadas. Y cada vez quedábamos decepcionados, cruelmente decepcionados. La Comintern siempre apoyaba a la facción pequeñoburguesa contra nosotros. A cada oportunidad le asestaban golpes a la facción proletaria, que en los primeros años estaba en la mayoría. La primera lucha la libramos en el congreso de 1923, y ganamos la mayoría por un margen de dos a uno. Quedó evidente que la masa de los miembros del partido quería la dirección de la facción proletaria. Posteriormente, después de formalizarse la división en la facción de Foster-Cannon, aún trabajábamos la mayor parte del tiempo en un bloque contra los lovestonistas. Cada vez que a los miembros del partido se les daba la oportunidad de expresarse, mostraban que querían que este bloque tuviera la dirección dominante del partido. Pero la Comintern dijo "no". Querían disolver ese bloque. Y por alguna razón estaban especialmente ansiosos de disolver nuestro grupo, el de Cannon. Algo deben haber sospechado. No escatimaron esfuerzos en atacarme. Incluso ya en el Quinto Congreso de la Comintern en 1924, como si fuera de la nada —yo no estuve presente en aquella ocasión—, condenaron con una resolución algún pequeño error que yo había cometido. Todos los miembros de la dirección del partido habían cometido errores de este tipo o peores; sin embargo, la Comintern hizo un esfuerzo especial para subrayar mi negligencia a fin de socavar mi prestigio.

Luego, al pasar los años, se desarrolló la campaña contra el trotskismo. En todos los partidos, el requisito para formar parte de la dirección, el criterio con el cual se juzgaba a los dirigentes en Moscú era: *quién gritaba más fuerte contra el trotskismo y contra Trotsky*. No se nos daba ninguna información real que clarificara los problemas disputados en el partido ruso. Nos abrumaban con documentos oficiales y todo tipo de acusaciones y calumnias, pero nada, o casi nada, del otro lado de la disputa. Abusaban de la confianza de las filas del partido. Al mismo tiempo, a los dirigentes del partido, que confiaban en la Comintern, se abusaba de su confianza una y otra vez. Siempre que viajábamos a Moscú, en vez de regresar con una solución, regresábamos con una resolución, supuestamente dirigida a lograr la "paz" en el partido, pero amañada de manera tal que hiciera que la lucha faccional se avivara más que nunca.

No había tal cosa como un acuerdo para resolver la lucha. En cuanto se firmaba cualquier tipo de declaración unitaria, estallaba de nuevo la guerra faccional. Comenzó a difundirse el cinismo entre las filas. Llegó a ser un dicho que la firma de un "acuerdo de paz" significaba que "ahora sí va a arder la lucha faccional". Llegaron las cosas a tal punto que había que ser reservado, había que cuidar cada paso que se daba, porque se trabajaba en un ambiente hostil. Llegó a ser necesario manifestar reservas cada vez que se acordaba algo. Un ambiente moral muy dañino, como una neblina, empezó a envolver el partido.

Muchos individuos superficiales destacan el hecho que la degeneración de la Comintern ejerció una influencia determinante en nuestro partido como prueba de la falta de realismo del movimiento americano, de su incapacidad de resolver sus propios problemas, etcétera. Estos lloricones solo demuestran que no tienen la menor idea de lo que es y debe ser una organización revolucionaria internacional. La influencia que ejercía Moscú era algo perfectamente normal. La confianza y las expectativas que nuestro joven partido depositaba en el liderazgo ruso se justificaban plenamente porque los rusos habían hecho una revolución. Por supuesto, en el movimiento internacional la influencia y autoridad del partido ruso eran más fuertes que las de cualquier otro partido. Los más sabios, los más experimentados dirigen a los novatos. Así será y así debe ser en toda organización internacional.

No existe tal cosa como un desarrollo parejo de todos los partidos de una internacional. Lo hemos constatado en la Cuarta Internacional en el transcurso de la vida del camarada Trotsky, quien encarnó toda la experiencia de la Revolución Rusa y de la lucha contra Stalin. La autoridad y el prestigio de Trotsky sobresalían de manera absoluta en la Cuarta Internacional. Sus palabras no tenían la fuerza de una orden burocrática, sino que poseían una tremenda fuerza moral. Y no solo eso. Según se demostró una y otra vez ante cada dificultad y en cada disputa, su paciencia, su sabiduría y su conocimiento se hacían sentir de manera constructiva y honesta; y siempre ayudaba a todo partido y a todo grupo que solicitara su intervención.

Nuestra experiencia en el Partido Comunista ha resultado inestimable en toda nuestra labor cotidiana, y en todas nuestras comunicaciones y relaciones con los partidos menos experimentados de la Cuarta Internacional. Es normal que nuestro partido —precisamente porque ha asimilado una experiencia política más amplia— quizás ejerza, dentro del movimiento internacional, una influencia mayor que la de cualquier otro partido, ahora que el camarada Trotsky ya no nos acompaña. Si en un futuro próximo, una sección de la Cuarta Internacional enfrentara una situación revolucionaria y demostrara que su dirección tiene el calibre suficiente como para llevar a cabo una revolución victoriosa, entonces la influencia y la autoridad predominantes le corresponderían naturalmente a dicho partido. De común acuerdo pasaría a ser el partido dirigente de la Cuarta Internacional. Son simplemente las consecuencias naturales e inevitables del desarrollo desigual en el movimiento político internacional.

Nuestro infortunio, nuestra tragedia en todo el transcurso de la Comintern, fue que a los grandes dirigentes de la Revolución Rusa, a los que realmente encarnaron la doctrina del marxismo y que realmente llevaron a cabo la revolución, fueron descartados en el proceso de la reacción contra la Revolución de Octubre y la degeneración burocrática del Partido Comunista ruso. El Partido Comunista en Estados Unidos, como los partidos en otros países, no supo comprender los problemas complejos de la gran batalla. Luchábamos en las tinieblas, pensando solo en nuestros problemas nacionales. Eso es lo que contaminó aquí las luchas faccionales. Fue lo que al final hizo que se degeneraran en pleitos y luchas sin principios en pos del control. Solo un programa internacional, asimilado a tiempo, podría haber rescatado de su degeneración al joven Partido Comunista de América. Esto no lo comprendimos sino hasta 1928. Entonces ya era demasiado tarde para salvar más que un pequeño fragmento del partido para su meta revolucionaria original.

Cada una de las tres facciones que había existido en el partido de 1923 a 1928 pasó por su propia evolución. Los cuadros que fundaron el movimiento trotskista americano surgieron en su totalidad de la facción de Cannon. Toda la dirección y prácticamente todos los miembros originales de la Oposición de Izquierda surgieron de nuestra facción. La facción de Lovestone, como se sabe, fue expulsada por un ukase brutal de Stalin en 1929. Los lovestonistas se desarrollaron independientemente de 1929 a 1939, y después se disolvieron, pasando al bando de la burguesía como partidarios de la guerra "democrática". La facción de Foster y los dirigentes secundarios de algunas de las otras facciones se aglutinaron en una mezcolanza basada en la lealtad indiscutible hacia Stalin y la renuncia completa de toda independencia. Eran hombres de segunda y tercera línea. Tuvieron que esperar en las sombras hasta que los verdaderos luchadores fueran expulsados y llegara la hora para que los recaderos los reemplazaran. Pasaron a ser los dirigentes oficiales, los dirigentes fabricados, del Partido Comunista americano. Luego, ellos también tuvieron su evolución natural, y hoy han pasado a ser la vanguardia del movimiento socialchovinista.

Lo importante que hay que recordar es que nuestro movimiento trotskista moderno se originó en el Partido Comunista, y en ningún otro lado. A pesar de todos los aspectos negativos del partido en esos primeros años —y los he relatado sin ambages—, a pesar de sus debilidades, sus rudezas, sus enfermedades infantiles, sus errores; a pesar de lo que se diga retrospectivamente sobre las luchas faccionales y su posterior degeneración; a pesar de lo que se diga de la degeneración del Partido Comunista en este país: hay que reconocer que del Partido Comunista surgieron las fuerzas para la regeneración del movimiento revolucionario. Del Partido Comunista en Estados Unidos salió el núcleo de la Cuarta Internacional en este país. Por tanto, debemos decir que el período inicial del movimiento comunista en este país nos pertenece a nosotros, que a él nos unen lazos indisolubles, que hay una continuidad ininterrumpida desde los primeros días del movimiento comunista, sus luchas valientes contra la persecución, sus sacrificios, errores, luchas faccionales y degeneración, hasta que finalmente el movimiento vuelve a surgir bajo la bandera del trotskismo.

No debemos renunciar —y en nombre de la justicia y la verdad no podemos renunciar— a la tradición de los primeros años del comunismo americano. Nos pertenece, y sobre esos fundamentos nos hemos desarrollado.

3
El comienzo de la Oposición de Izquierda

La última conferencia nos llevó hasta aproximadamente el año 1927 en el Partido Comunista de Estados Unidos. La lucha fundamental entre el marxismo y el estalinismo se había ido desarrollando hacía ya cuatro años dentro del Partido Comunista ruso. También se había estado librando en las otras secciones de la Comintern, incluida la nuestra, pero no lo sabíamos realmente.

Las cuestiones que estaban en juego en la gran lucha en el partido ruso al principio se limitaron a problemas rusos sumamente complejos. Muchos de los temas eran nuevos y desconocidos para los americanos, quienes conocíamos muy poco de los problemas internos de Rusia. Nos resultaban muy difíciles de comprender por su carácter profundamente teórico —después de todo, hasta ese momento no habíamos tenido una formación teórica realmente seria— y la dificultad crecía por el hecho que no se nos presentaba toda la información. No nos facilitaban los documentos de la Oposición de Izquierda rusa.

Nos ocultaban sus argumentos. No nos decían la verdad. Al contrario, sistemáticamente nos ofrecían tergiversaciones, distorsiones y documentos parcializados.

Doy esta explicación para beneficio de los que se inclinen por preguntar: "¿Por qué no enarbolaron la bandera del trotskismo desde un principio? Si las cosas le son tan claras ahora a cualquier estudioso serio del movimiento, ¿por qué ustedes no pudieron comprenderlo en los primeros días?" La explicación que he dado nunca la contemplan quienes observan estas grandes disputas al margen del mecanismo de la vida partidista. El que no desempeña responsabilidades, el que no es más que un estudioso o comentarista o espectador desde la barrera, no necesita usar cautela o moderación. Si tiene dudas o incertidumbres, se siente completamente libre de expresarlas. No así un revolucionario del partido. Quien asume la responsabilidad de llamar a los trabajadores a que se unan a un partido en base a un programa al que han de dedicarle su tiempo, sus energías, sus recursos y hasta su vida, tiene que asumir una actitud muy seria hacia el partido. No puede, en conciencia, abogar por derrocar un programa sin antes haber elaborado uno nuevo. El descontento, las dudas, no son un programa. Uno no puede organizar a la gente sobre esa base. Una de las condenas más fuertes que Trotsky dirigió contra Shachtman en los primeros días de nuestra disputa en torno al problema ruso, en 1939, fue la siguiente: que Shachtman, quien comenzó a desarrollar dudas sobre lo correcto de nuestro viejo programa sin tener en la mente la menor idea de un nuevo programa, anduvo por el partido expresando sus dudas de forma irresponsable. Trotsky dijo que un partido no puede permanecer inmóvil. No se puede elaborar un programa a partir de dudas. Un revolucionario serio y responsable no puede perturbar un partido simplemente porque ya no le satisfaga esto o aquello.

Debe esperar hasta que esté listo para proponer concretamente un programa diferente, u otro partido.

Esa era mi actitud en el Partido Comunista en esos primeros años. Por mi parte, sentía una gran insatisfacción. Nunca fui entusiasta de la lucha en el partido ruso. No la podía entender. Y a medida que la lucha se intensificaba y aumentaban las persecuciones contra la Oposición de Izquierda rusa, representada por dirigentes de la revolución tan grandes como Trotsky, Zinóviev, Rádek y Rakovsky, las dudas y la insatisfacción se acumulaban en mi mente. Esto incidía en contra de mi posición y en contra de la posición de nuestra facción en los interminables conflictos dentro del Partido Comunista. Aún tratábamos de resolver las cosas a una escala americana, un error común. Creo que una de las lecciones más importantes que nos ha legado la Cuarta Internacional es que en la época moderna no se puede construir un partido político revolucionario únicamente a nivel nacional. Se debe comenzar con un programa internacional, y sobre esa base construir secciones nacionales de un movimiento internacional.

Esta —a manera de digresión— era una de las mayores disputas entre los trotskistas y los brandleristas, los del Buró de Londres, Pivert, etcétera, quienes promovían la idea de que no se podía hablar de una nueva internacional sin construir primero partidos nacionales fuertes. Según ellos, solo después de haber creado impresionantes partidos de masas en varios países, se los podría federar como organización internacional. Trotsky actuó justamente del modo contrario. Cuando fue deportado de Rusia en 1929 y pudo emprender su labor internacional libremente, planteó la idea de que hay que *comenzar* con un programa internacional. Hay que organizar a la gente —por más pocos que sean en cada país— sobre la base de un programa internacional, y desarrollar gradualmente las secciones nacionales. La historia ha emitido su veredicto sobre esta disputa. Naufragaron aquellos partidos que comenzaron con un enfoque nacional y quisieron dejar a un lado este problema de la organización internacional. Los partidos nacionales no podrían echar raíces porque en esta época internacional ya no hay cabida para programas nacionales estrechos. La Cuarta Internacional, que comienza en cada país a partir del programa internacional, es la única que ha sobrevivido.

Ese principio no lo comprendíamos en los primeros días del Partido Comunista. Estábamos absortos en la lucha nacional en Estados Unidos. Nos orientábamos hacia la Internacional Comunista para que nos ayudara con nuestros problemas nacionales. No queríamos molestarnos con los problemas de las demás secciones o los de la Comintern en su conjunto. Este error fatal, esta estrechez de visión nacional, es lo que nos llevó al callejón sin salida de las luchas faccionales.

Las cosas se nos comenzaron a poner muy críticas. Ninguna de las facciones quería escindir o abandonar el partido. Todas eran leales a la Comintern, fanáticamente leales, y no se les ocurría romper con ella. Sin embargo, la desalentadora situación interna empeoró; parecía insalvable. Quedaba evidente que o bien debíamos encontrar la forma de unir las facciones o bien permitir que una facción llegara a ser predominante. Algunos de los más sabios —o mejor dicho, algunos de los más astutos, y los que tenían las mejores fuentes de información en Moscú— comenzaron a percatarse de que la manera de congraciarse con la Comintern y poner así el tremendo peso de su autoridad del lado de su facción era de volverse enérgico y agresivo en la lucha contra el trotskismo. Desde Moscú se decretaron campañas contra el "trotskismo" en todos los partidos del mundo. A las expulsiones de Trotsky y Zinóviev en el otoño de 1927 siguieron las demandas de que todos los partidos tomaran una posición de inmediato, con las amenazas implícitas de represalias desde Moscú contra todo individuo o grupo que no tomase la posición "correcta", es decir, a favor de las expulsiones. Se realizaron campañas de "aclaración". Los lovestonistas estaban a la vanguardia de la lucha contra el trotskismo. Así se compraron el apoyo de la Comintern y gozaron de él durante toda esa época. Organizaron reuniones de "aclaración". En todo el partido se sostuvieron reuniones de los miembros, de las ramas y de las secciones, a las que se enviaron representantes del Comité Central con el objetivo de aclararles a los miembros la necesidad de la expulsión del organizador del Ejército Rojo y del presidente de la Comintern.

Los fosteristas, que no eran ni tan rápidos ni tan astutos como los lovestonistas, pero que en gran parte tenían el mismo afán, les siguieron el ejemplo. Realmente hacían contiendas con los lovestonistas para demostrar quiénes eran los más grandes antitrotskistas. Competían por dar discursos sobre el tema.

Al examinarlo ahora de forma retrospectiva, resulta una circunstancia interesante —que más bien presagiaba lo que había de venir— que nunca participé en ninguna de estas campañas. Voté a favor de las resoluciones estereotípicas, lamento decirlo, pero nunca di un solo discurso ni escribí un solo artículo contra el trotskismo. No es que fuera trotskista. No quería desalinearme de la mayoría del partido ruso y de la Comintern. Rehusaba participar en las campañas solo porque no comprendía los temas debatidos. Bertram D. Wolfe, principal lugarteniente de Lovestone, era uno de los que más se dedicaban a insinuar que otros eran trotskistas. Ante la menor provocación se lanzaba un discurso de dos horas, explicando cómo los trotskistas estaban errados sobre el problema agrario en Rusia. Yo no podía hacer eso porque no entendía el asunto. Él tampoco lo entendía, pero en su caso, no era un gran impedimento. El verdadero objetivo de los lovestonistas y los fosteristas al dar estos discursos y realizar estas campañas era congraciarse con los poderes de Moscú.

Alguien podrá preguntar, "¿Por qué no diste discursos a favor de Trotsky?" Tampoco podía hacer eso porque no comprendía el programa. Mi estado de ánimo en ese momento era de dudas e insatisfacción. Claro está, cualquiera que no tuviera responsabilidad ante el partido, que fuera un mero comentarista u observador, sencillamente podría expresar sus dudas y ahí terminaría el asunto. Pero eso no se puede hacer en un partido político serio. Si uno no sabe qué decir, no tiene por qué decir nada. Lo mejor es guardar silencio.

El Comité Central del Partido Comunista celebró una reunión plenaria en febrero, el famoso pleno de febrero de 1928, que se dio unos meses después de la expulsión de Trotsky y Zinóviev y de todos los dirigentes de la Oposición rusa. Ya estaba en pie una gran campaña para movilizar a los partidos del mundo en apoyo a la burocracia de Stalin. En este pleno luchamos y debatimos en torno a los asuntos faccionales en el partido, la evaluación de la situación política, el problema sindical, el problema organizativo: luchamos furiosamente sobre todas estas cuestiones. Ese era nuestro verdadero interés. Entonces llegamos al último punto del orden del día, la cuestión rusa. Bertram D. Wolfe, quien dio el informe a nombre de la mayoría lovestonista, lo "explicó" extensamente por unas dos horas. Después el tema se sometió al debate. Uno por uno, todos los miembros de las facciones de Lovestone y Foster tomaron la palabra para expresar su acuerdo con el informe y añadirle uno que otro toque para demostrar que entendían la necesidad de las expulsiones y que las apoyaban.

Yo no hablé. Desde luego, por mi silencio, los demás miembros de la facción de Cannon se sentían un poco obligados a no hablar. No les gustaba la situación y organizaron una especie de campaña de presión. Aún recuerdo que me senté al fondo del salón, contrariado, amargo y confundido, seguro de que había algo turbio en torno al problema pero sin saber de qué se trataba. Bill Dunne, la oveja negra de la familia Dunne, quien en aquel momento era miembro del Comité Político y mi colaborador más cercano, se acercó con un par de otros camaradas. "Jim, tienes que hablar sobre este asunto. Es el problema ruso. Van a hacer añicos a nuestra facción si no dices nada sobre este informe. Párate y di algunas palabras para dejar constancia".

Me negué a hacerlo. Ellos insistieron pero yo no iba a ceder. "No lo voy a hacer. No voy a hablar sobre este asunto". No era "política sabia" de mi parte, aunque retrospectivamente pueda parecerlo. No era de ninguna manera una anticipación del futuro. Era simplemente un estado de ánimo, un obstinado sentimiento personal que tenía respecto a esa cuestión. No teníamos ninguna información real. No sabíamos cuál era realmente la verdad. Para entonces, en 1927, las disputas en el partido ruso habían comenzado a abarcar cuestiones internacionales: el problema de la revolución china y el Comité Anglo-Ruso. Prácticamente cualquier miembro de nuestro partido puede decirles ahora cuáles fueron los problemas de la revolución china porque, desde aquel entonces, se ha publicado gran cantidad de material. Hemos educado a nuestros jóvenes camaradas sobre las lecciones de la revolución china. Pero en 1927, los americanos provincianos no sabíamos nada al respecto. China estaba muy lejos. Nunca vimos ninguna de las tesis de la Oposición rusa. No entendíamos muy bien el problema colonial. No entendíamos los profundos aspectos teóricos de la cuestión china y la disputa que siguió, así que honestamente no podíamos tomar una posición. La cuestión anglo-rusa me resultaba un poquito más clara. Era el problema de la gran lucha entre la Oposición rusa y los estalinistas en torno a la formación del Comité Anglo-Ruso, un comité de sindicalistas rusos e ingleses que llegó a convertirse en sustituto del trabajo comunista independiente en Inglaterra. Esta política sofocó la actividad independiente del Partido Comunista inglés en el momento crítico de la huelga general de 1926 en ese país. Totalmente por casualidad, en la primavera de ese año me había encontrado uno de los documentos de la Oposición rusa en esa disputa, y me influyó profundamente. Me pareció que al menos en torno al problema del Comité Anglo-Ruso, los oposicionistas tenían la línea correcta. En todo caso, estaba convencido que no eran contrarrevolucionarios según los representaban.

En 1928, después del pleno de febrero, hice una de mis giras nacionales más o menos regulares. Yo tenía la costumbre de hacer una gira por el país, yendo de costa a costa, por lo menos una vez al año, o cada dos años, para obtener un sentido del verdadero Estados Unidos, palpar lo que estaba pasando en Estados Unidos. Ahora, al volver la vista atrás, uno puede encontrar el origen de muchas de las ideas irrealistas y de los errores —y en gran medida de la visión estrecha— de algunos de los dirigentes del partido en Nueva York en el hecho que se habían pasado toda la vida en la isla de Manhattan y no tenían una verdadera apreciación de este gran país diversificado. Hice mi recorrido de 1928 bajo los auspicios de la Defensa Obrera Internacional y la prolongué cuatro meses. Quería empaparme en el movimiento de masas, lejos del ambiente sofocante de las interminables luchas faccionales. Quería tener la oportunidad de meditar varios aspectos del problema ruso, que me inquietaba más que cualquier otra cosa. Vincent Dunne me ha recordado en más de una ocasión que, al regresar de la costa del Pacífico, cuando pasé por Minneapolis, él y el camarada Skoglund me preguntaron entre otras cosas sobre lo que pensaba de la expulsión de Trotsky y Zinóviev, y que yo les contesté, "¿Quién soy yo para condenar a los dirigentes de la Revolución Rusa?", dándoles a entender así que no simpatizaba con la expulsión de Trotsky y Zinóviev. Lo recordaron cuando se desató abiertamente la lucha unos meses más tarde.

A fines de la primavera y comienzos del verano de 1928, se convocó en Moscú al Sexto Congreso Mundial de la Comintern. Salimos para Moscú, como era de costumbre en tales ocasiones, con una delegación grande que representaba todas las facciones. Ibamos allá, lamento decirlo, no muy preocupados de los problemas del movimiento internacional que como representantes de una de las secciones podíamos ayudar a resolver, sino todos más o menos preocupados principalmente de nuestra pequeña pugna en el partido americano. Ibamos al Congreso Mundial para ver qué ayuda podíamos obtener para arreglar nuestros propios problemas aquí en este país. Desafortunadamente, era la actitud de prácticamente todos. Al salir para el Congreso, yo no tenía esperanzas de obtener una verdadera aclaración de la cuestión rusa, de la disputa con la Oposición. Para aquel entonces, parecía que la Oposición había sido completamente eliminada. Habían expulsado a los dirigentes. Trotsky estaba exiliado en Alma Ata. Por todo el mundo, los simpatizantes que pudiesen tener fueron expulsados del partido. Parecía no haber perspectivas de plantearse de nuevo el asunto. Pero de todas maneras me seguía perturbando. Y me perturbaba tanto que no pude participar de forma muy eficaz en nuestra lucha faccional en Moscú.

Por supuesto, al llegar allí continuamos la lucha faccional. De inmediato alineamos nuestras delegaciones en caucuses y empezamos a ver qué podíamos hacer para rebajarnos los unos a los otros, formulando acusaciones mutuas y debatiendo el asunto interminablemente ante la comisión allí. Yo participé de forma más o menos hosca en el asunto. Más o menos en esos momentos se comenzó a designar las comisiones. Es decir, a los miembros dirigentes de cada delegación se los nombraba a las distintas comisiones del Congreso: unos a la comisión sindical, otros a la comisión política, otros a la comisión de organización. Además estaba la comisión sobre el programa. El Sexto Congreso asumió la tarea de adoptar por primera vez un programa, un programa acabado de la Comintern. La Comintern se organizó en 1919, y hasta 1928, nueve años después, aún no tenía un programa acabado. No significa que en los primeros años hubiera una falta de atención o interés en la cuestión del programa. Simplemente era un indicio de la seriedad con que los más grandes marxistas abordaban la cuestión del programa y el esmero con que lo elaboraban. Comenzaron en 1919 con unas resoluciones básicas. Adoptaron otras en 1920, 1921 y 1922. En el Cuarto Congreso se dio el inicio de un debate sobre el programa. El Quinto Congreso no persiguió el asunto. Así llegamos al Sexto Congreso en 1928, y teníamos delante nuestro el borrador de un programa que llevaba la autoría de Bujarin y Stalin.

A mí se me puso en la comisión sobre el programa, en parte porque los demás dirigentes de la facción no estaban muy interesados en el programa. "Déjenselo a Bujarin. No queremos molestarnos con eso. Queremos estar en la comisión política, que va a tomar una decisión sobre nuestra lucha faccional; en la comisión sindical; o en alguna otra comisión práctica que ha de decidir alguna pequeña cuestión sindical que nos preocupa". Tal era el sentir general de la delegación americana. Me colocaron en la comisión sobre el programa como una suerte de honor sin importancia. Y a decir verdad, a mí tampoco me interesaba mucho.

Sin embargo, el ponerme en la comisión sobre el programa resultó ser un grave error. Le costó más de un dolor de cabeza a Stalin, ya no se diga a Foster, Lovestone y a los demás. Porque Trotsky, exiliado en Alma Ata, expulsado del partido ruso y de la Internacional Comunista, estaba apelando al Congreso. Porque Trotsky no simplemente se marchó y abandonó el partido. Volvió inmediatamente después de su expulsión en la primera oportunidad, con la convocatoria al Sexto Congreso de la Comintern, no solo con un documento en que apelaba su caso, sino con una tremenda contribución teórica: una crítica del proyecto de programa de Bujarin y Stalin. El documento de Trotsky se titulaba "El proyecto de programa de la Internacional Comunista: Una crítica de los fundamentos". Por un descuido del aparato de Moscú, que se suponía burocráticamente hermético, este documento de Trotsky fue a parar a la sala de traducción de la Comintern. Fue a dar en la pila de documentos de la sala, donde tenían a una docena o más de traductores y estenógrafos sin nada más que hacer. Estos recogieron el documento de Trotsky, lo tradujeron y lo distribuyeron a los jefes de las delegaciones y a los miembros de la comisión sobre el programa. Así, pues, ¡me lo pusieron en las manos, traducido al inglés! Maurice Spector, un delegado del partido canadiense, y con una predisposición más o menos parecida a la mía, era también miembro de la comisión sobre el programa y recibió una copia. Dejamos que las reuniones de los caucuses y las sesiones del Congreso se fueran al demonio mientras leíamos y estudiábamos ese documento. Entonces supe lo que tenía que hacer, y él también. Se habían resuelto nuestras dudas. Quedaba tan claro como la luz del día de que la verdad marxista estaba del lado de Trotsky. Hicimos un pacto allí mismo —Spector y yo— que volveríamos a casa y comenzaríamos una lucha bajo el estandarte del trotskismo.

No iniciamos la lucha en Moscú en el Congreso, aunque ya estábamos plenamente convencidos. Desde el día que leí ese documento me consideré, sin la menor duda desde entonces, un discípulo de Trotsky. Puesto que no planteamos la lucha en Moscú, algunos puristas desde el margen quizás insistan: "¿Por qué no tomaron la palabra en el Sexto Congreso para hablar a favor de Trotsky?" La respuesta es que con hacerlo no habríamos beneficiado nuestros objetivos políticos. Y para eso está uno en la política, para lograr objetivos. La Comintern ya estaba bastante estalinizada. El Congreso estaba amañado. Si hubiéramos divulgado totalmente nuestra posición en el Congreso, probablemente habríamos quedado detenidos en Moscú hasta que nos hubieran hecho trizas y aislado en Estados Unidos. Más tarde Lovestone, cuando le llegó la hora, cayó en esta trampa moscovita. Mi deber, y mi tarea política, a mi entender, era de organizar una base de apoyo para la Oposición rusa en mi propio partido. Para hacerlo, primero tenía que llegar a casa. Por tanto, en el Congreso estalinizado me mantuve callado. La franqueza entre amigos es virtud; pero al tratar con enemigos inescrupulosos, es atributo de tontos.

Y no podíamos ser demasiado cautelosos si habíamos de mantener ocultos nuestros sentimientos. Se consideraba que yo, en especial, "coqueteaba" cada vez más con el trotskismo. Gitlow relata en su lastimoso libro de arrepentimiento, redactado bajo su nombre por un escritor contratado, que la GPU había investigado mis actividades en

Moscú y había informado a la Comintern que "Cannon, en discusiones con rusos, había divulgado que tenía fuertes tendencias trotskistas". Sospechaban de mí pero titubeaban en cuanto a tomar acción demasiado bruscamente en mi contra. Creían que tal vez me podían poner en el buen camino y que eso sería mucho mejor que tener un escándalo abierto. Tenían buenos motivos para pensar que yo haría un escándalo si se daba una lucha abierta.

Así que al final regresamos —creo que fue en septiembre— sin resolverse nada en cuanto a la lucha faccional en el partido americano. Los lovestonistas habían ganado un poquito de terreno en la lucha en Moscú, pero al mismo tiempo Stalin había incluido algunas condiciones en la resolución que sentaban las bases para deshacerse más tarde de los lovestonistas. Yo había sacado de contrabando la crítica de Trotsky al proyecto del programa, trayéndola conmigo de Rusia. Regresamos y de inmediato me dediqué resueltamente a reclutar una facción para Trotsky.

Se podrá pensar que se trataba de una tarea sencilla. Pero la situación era la siguiente. A Trotsky lo habían condenado en todos los partidos de la Internacional Comunista, y nuevamente lo había condenado el Sexto Congreso, como contrarrevolucionario. No se conocía a un solo miembro del partido como partidario declarado del trotskismo. Todo el partido estaba regimentado en su contra. Para entonces el partido había dejado de ser una de esas organizaciones democráticas donde se puede plantear una pregunta y tener un debate imparcial. Declararse partidario de Trotsky y de la Oposición rusa significaba exponerse a la acusación de ser un traidor contrarrevolucionario, y a ser expulsado inmediatamente sin discusión alguna. Bajo tales circunstancias la tarea consistía en reclutar una nueva facción en secreto antes que se produjera la explosión inevitable, sabiendo que esta facción, por más grande o pequeña que fuera, sería expulsada y tendría que luchar contra los estalinistas, contra todo el mundo, para crear un nuevo movimiento. Desde un principio no tuve la menor duda de la magnitud de la tarea. Si nos hubiésemos permitido cualquier tipo de ilusión, habríamos quedado tan decepcionados con los resultados que quizás nos habríamos desintegrado. Empecé discretamente a buscar individuos y a hablarles de forma conspirativa. Rose Karsner fue mi primera adherente firme. Ella nunca vaciló desde aquel día hasta el presente. Shachtman y Abern, quienes trabajaban conmigo en la Defensa Obrera Internacional y eran miembros del Comité Nacional aunque no del Comité Político, se me unieron en esa nueva gran empresa. Nos acompañaron unos cuantos más. Nos iba muy bien, avanzábamos aquí y allá, siempre trabajando con cautela. Aunque se rumoraba que Cannon era trotskista, nunca lo admití abiertamente; y nadie sabía qué hacer acerca de ese rumor. Es más, había una pequeña complicación en la situación del partido que también nos resultaba favorable. Como he explicado, el partido estaba dividido en tres facciones, pero la facción de Foster y la facción de Cannon trabajaban en bloque, y en esa época tenían un caucus conjunto. Eso puso a los fosteristas entre la espada y la pared. Si no exponían el trotskismo oculto y si no lo combatían enérgicamente, perderían la simpatía y el apoyo de Stalin. Pero por otro lado, si se ponían duros con nosotros y perdían nuestro apoyo, no tenían esperanzas de ganar la mayoría en el congreso que se aproximaba. Los atormentaba la indecisión y nosotros explotamos su contradicción despiadadamente.

Nuestra tarea era difícil. Teníamos una copia del documento de Trotsky, pero no teníamos forma de duplicarla; no teníamos estenógrafo; no teníamos máquina de escribir; no teníamos mimeógrafo; y tampoco teníamos dinero.

La única manera en que podíamos actuar era abordar a individuos cuidadosamente seleccionados, provocar suficiente interés y entonces persuadirlos de que fueran a la casa y leyeran el documento. Un proceso largo y laborioso. Logramos juntar a unas cuantas personas, las cuales nos ayudaron a divulgar la buena nueva a círculos más amplios.

Finalmente, después de aproximadamente un mes, fuimos descubiertos por una pequeña indiscreción de unos de los camaradas, y tuvimos que enfrentar el problema prematuramente en el caucus conjunto de Foster-Cannon. Los fosteristas lo plantearon a modo de interrogatorio. Habían oído tal cosa y querían una explicación. Era evidente que estaban muy preocupados pero aún indecisos. Asumimos la ofensiva. Yo dije: "Considero un insulto que alguien me interrogue. Mi posición en el partido ha quedado establecida muy claramente ya por 10 años y resiento que alguien la cuestione". Los faroleamos por otra semana más, durante la cual logramos, aquí y allá, unos cuantos nuevos conversos. Entonces convocaron a otra reunión del caucus para examinar de nuevo la cuestión. Para entonces Hathaway ya había regresado de Moscú. Había asistido a la llamada Escuela Lenin en Moscú; en realidad era una escuela de estalinismo. Lo habían entrenado bien en la escuela estalinista y sabía cómo proceder contra el "trotskismo" mejor que los zapateros locales. Dijo que la manera de proceder era presentando una moción: "Este caucus condena el trotskismo por ser contrarrevolucionario", y ver cómo votaba cada uno sobre la moción. Nos opusimos con el argumento —disimuladamente formal, pero necesario al lidiar con un graduado de la Escuela Stalin con su mentalidad policiaca— de que el tema del "trotskismo" se había decidido hacía mucho tiempo, y no tenía absolutamente ningún sentido volver a plantear este tema. Dijimos que rehusábamos tomar parte en esa tontería.

Lo debatimos por cuatro o cinco horas y aún no sabían qué hacer con nosotros. Enfrentaban el siguiente dilema: si se manchaban de "trotskismo" perderían simpatías en Moscú y, por otro lado, si rompían con nosotros, no tendrían esperanzas de obtener una mayoría. Tenían tremendos deseos de obtener la mayoría y abrigaban esperanzas —¡y cómo se esperanzaban!— de que un tipo listo como Cannon finalmente entraría en razón y que a estas alturas no iba a lanzar una lucha inútil a favor de Trotsky. Sin decirlo explícitamente, les dimos unas cuantas bases para que pensaran que sí podría ser así. La decisión se aplazó una vez más.

Ganamos unas dos semanas con todo esto. Al final los fosteristas decidieron entre sí que el problema se estaba poniendo demasiado caliente. Oían cada vez más rumores de que Cannon, Shachtman y Abern hacían proselitismo a favor del trotskismo entre miembros del partido. Los fosteristas estaban aterrados de que los lovestonistas se enteraran y los acusaran de complicidad. En un asalto de pánico nos expulsaron del caucus conjunto y presentaron cargos contra nosotros ante el Comité Político. Nos sometieron a juicio en una reunión conjunta del Comité Político y la Comisión Central de Control. Sobre ese proceso informamos en los primeros números del *Militant*. Por supuesto, era un tribunal amañado, pero tuvimos la plena oportunidad de dar muchos discursos e interrogar a los testigos fosteristas. Eso no se debía a la democracia en el partido. Nos otorgaron nuestros "derechos" porque los lovestonistas, que contaban con una mayoría en el Comité Político, estaban ansiosos de poner en apuros a los fosteristas. Para impulsar sus propios objetivos, nos concedieron un poco de espacio, y lo aprovechamos al máximo. El juicio se prolongó por días —cada vez se invitaba a más dirigentes y funcionarios del partido a que asistieran— hasta que al final tuvimos un público de unas 100 personas. Hasta ese momento no habíamos reconocido nada. Nos habíamos limitado a interrogar a sus testigos y a empañar y comprometer a los fosteristas, y a una y otra cosa. Al final, cuando nos cansamos de esto, y ya que el informe de lo que estaba sucediendo se divulgaba por el partido, decidimos golpear. Ante un público callado y un tanto aterrado de funcionarios del partido leí una declaración en la que nos declarábamos 100 por ciento a favor de Trotsky y de la Oposición rusa sobre todas las cuestiones de principios y anunciábamos nuestra decisión de luchar por ese curso hasta el final. La reunión conjunta de la Comisión Central de Control y del Comité Político nos expulsó. Al día siguiente ya teníamos una declaración mimeografiada que circuló por el partido. Habíamos anticipado la expulsión. Estábamos listos y lanzamos un contragolpe. Aproximadamente una semana después, ante su gran consternación, los golpeamos con el primer número del *Militant*. Se había preparado el texto y habíamos hecho arreglos con la imprenta mientras prolongábamos el juicio. Nos expulsaron el 27 de octubre de 1928. El *Militant* apareció la semana siguiente como una edición de noviembre, celebrando el aniversario de la Revolución Rusa, presentando nuestro programa, etcétera. Así comenzó la lucha abierta por el trotskismo americano.

Por supuesto que nuestras perspectivas no eran muy prometedoras al comienzo. Pero avanzamos gradualmente en las primeras semanas y nos desarrollamos sólidamente desde el principio porque empezamos correctamente. Con una carga de dinamita hicimos volar el atolladero del faccionalismo sin principios que existía en el partido. Con una sola detonación nos deshicimos de todos los viejos errores y equivocaciones de las facciones del partido americano, al fundamentarnos en un programa internacionalista de principios. Estábamos seguros de lo que se trataba nuestra lucha. Todas las pequeñas intrigas organizativas, que habían cobrado tanta importancia en las viejas riñas, las tiramos como quien se quita un abrigo viejo. Iniciamos el verdadero movimiento del bolchevismo en este país, la regeneración del comunismo americano.

No era una lucha muy prometedora desde el punto de vista numérico. Los tres que firmamos la declaración —Abern, Shachtman y yo— nos sentimos bastante solos cuando salimos hacia mi casa para planear la construcción de un nuevo partido que había de conquistar el poder en Estados Unidos. Los tres habíamos estado trabajando en la ILD. Inmediatamente nos echaron de ahí, sin que se nos pagaran los salarios atrasados. No teníamos dinero y no sabíamos dónde íbamos a conseguirlo. Habíamos planeado el primer número del *Militant* antes de saber como íbamos a pagarlo. Pero llegamos a un acuerdo con la imprenta para que nos diera crédito por un número. Les escribimos a unos amigos en Chicago, quienes nos mandaron un poco de plata y sacamos el periódico. Anunciamos con orgullo que se publicaría dos veces al mes. Así se hizo.

Poco después de que nos hubieran echado del partido, descubrimos a un grupo de camaradas húngaros que habían sido expulsados por diversas razones en las luchas faccionales uno o dos años atrás. Por su propia cuenta, y sin nosotros saberlo, habían establecido contacto con algunos oposicionistas rusos que trabajaban en Amtorg —la agencia comercial soviética en Nueva York— y se habían vuelto trotskistas convencidos. Por supuesto que a nosotros nos parecía como un ejército de un millón. Conocimos a un pequeño grupo de oposicionistas italianos en Nueva York, seguidores de Bordiga, que no eran realmente trotskistas pero que trabajaron con nosotros por un tiempo. Libramos una lucha bastante enérgica. Rebatimos las acusaciones de forma combativa. Empezamos a difundir nuevos materiales de la Oposición rusa en el *Militant*: la crítica de Trotsky del proyecto de programa y otras cosas. Al poco tiempo se pudo ver la cristalización de una facción que tenía futuro porque tenía un programa claro de principios.

Aunque fue una facción pequeña por mucho tiempo, fue una facción muy convencida, fanática y resuelta. Empezamos a captar adeptos en todo el país. Nuestra adquisición grande de mayor importancia fue la de Minneapolis. Minneapolis ha desempeñado un papel no solo en las luchas huelguísticas de los camioneros, sino también en la construcción del trotskismo americano. Captamos partidarios en Chicago.

En muchos sentidos teníamos grandes desventajas. Antes de nuestra expulsión no habíamos tenido mucho tiempo para comunicarnos con los miembros del partido más allá de Nueva York. Lo primero que supo la mayoría de los camaradas en el Partido Comunista acerca de nuestra posición fue la noticia de que habíamos sido expulsados. Las tácticas burdas del liderazgo del partido nos ayudaron mucho. Su método consistía en ir por todo el país presentando ante todos los comités y ramas una moción para aprobar la expulsión de Cannon, Shachtman y Abern. Y a todo el que quisiera hacer una pregunta o pedir más información lo acusaban de trotskista y lo expulsaban inmediatamente. Eso nos ayudó muchísimo; empujaron a esos camaradas hasta una posición donde al menos podíamos hablarles. En Minnesota, donde teníamos buenos amigos conocidos desde hacía rato, el comisario de la pandilla de Lovestone los convocó a una reunión y exigió un voto inmediato sobre una moción para aprobar nuestra expulsión. Ellos rehusaron. "Queremos saber qué es esto; queremos oír lo que dicen estos camaradas". Fueron expulsados de inmediato. Ellos se comunicaron con nosotros. Les facilitamos los documentos, el *Militant*, etcétera. Al final, prácticamente todos los que habían sido expulsados por titubear en el voto para confirmar nuestra expulsión terminaron simpatizando con nosotros y la mayoría se nos unió. Desde el comienzo insistimos en que no se trata simplemente de un problema de democracia. Se trata del programa del marxismo. Si nos hubiéramos contentado con organizar a personas a partir del descontento con la burocracia, habríamos logrado captar a más miembros. No es motivo suficiente. Sin embargo, utilizamos la cuestión de la democracia para que se nos escuchara más favorablemente y entonces inmediatamente empezamos a insistir en lo acertado del trotskismo en torno a todas las cuestiones políticas.

Se podrán imaginar muy bien el tremendo choque que resultaron nuestra postura y nuestra expulsión para todos los miembros del partido. Por años se les había metido en la cabeza que Trotsky era un menchevique. Se le había expulsado por "contrarrevolucionario". Todo lo habían vuelto al revés. A los miembros indefensos les habían inculcado prejuicios contra Trotsky y la Oposición rusa. Entonces, como si de la nada, tres dirigentes del partido se declaran trotskistas. Son expulsados e inmediatamente acuden a los miembros del partido dondequiera que los encuentren y les dicen: "Trotsky tiene razón en torno a todas las cuestiones de principios, y se lo podemos probar". Esa fue la situación que enfrentaron muchos camaradas. Muchos de los expulsados por haber vacilado en votar contra nosotros no querían dejar el partido. No sabían nada acerca del trotskismo en aquel entonces, y estaban más o menos convencidos que era contrarrevolucionario. Pero la estupidez de la burocracia al expulsarlos nos dio una oportunidad de hablar con ellos, de discutir con ellos, de proporcionarles materiales, etcétera. Esto creó las bases para la primera consolidación de la facción.

En esos días todo individuo cobraba una tremenda importancia. Si uno tiene nada más cuatro personas para empezar una facción, cuando puede encontrar a una quinta persona, es un incremento del 25 por ciento. Según cuentan, el Partido Socialista del Trabajo (Socialist Labor Party— SLP), en la época de antaño, una vez anunció jubiloso que en las elecciones había duplicado sus votos en el estado de Texas. Resultó que en vez de su voto usual de uno, había recibido dos votos.

Jamás olvidaré el día que conseguimos nuestro primer recluta en Filadelfia. Poco después que fuéramos expulsados, mientras en el partido se armaba el griterío contra nosotros, un buen día alguien tocó la puerta de mi casa, y era Morgenstern de Filadelfia, un hombre joven pero un viejo "cannonista" en las luchas faccionales. Dijo, "Nos enteramos de tu expulsión por trotskismo, pero no lo creímos. ¿Cuál es la verdad?" En aquella época uno no aceptaba nada como válido a menos que proviniera de su propia facción. Aún recuerdo hoy que fui al dormitorio de atrás, saqué de su escondite el precioso documento de Trotsky y se lo di a Morgie. Se sentó en la cama y se leyó la extensa "crítica" —es un libro entero— de cabo a rabo sin parar una sola vez, sin despegar los ojos del documento. Cuando terminó, ya había tomado su decisión y empezamos a hacer planes para construir un núcleo en Filadelfia.

Reclutamos a otros individuos de la misma forma. Las ideas de Trotsky eran nuestras armas. En el *Militant* publicamos la "crítica" por entregas. Teníamos solo una copia, y pasó mucho tiempo antes de que pudiéramos publicarlo en forma de folleto. Por su tamaño no lo podíamos mimeografiar. No teníamos ni mimeógrafo propio ni mecanógrafo ni dinero. El problema monetario era grave. A todos se nos había privado de nuestros puestos en el partido y no teníamos ingreso de ningún tipo. Estábamos demasiado ocupados con nuestra lucha política para buscar otros empleos a fin de ganarnos un ingreso. Además, teníamos el problema de cómo financiar un movimiento político. No teníamos los medios para pagar por una oficina. Solo cuando cumplimos un año logramos alquilar una oficina destartalada en la Tercera Avenida, con el estruendo del viejo tren "elevado" que pasaba por la ventana. Al cumplir dos años conseguimos nuestro primer mimeógrafo, y entonces sí empezamos a largar las velas.

4
La Oposición de Izquierda bajo fuego

La semana pasada finalmente salimos del Partido Comunista estalinizado, nos vimos expulsados, formamos la facción del trotskismo e iniciamos nuestra gran lucha histórica por la regeneración del comunismo americano. Nuestra acción provocó un cambio fundamental en toda la situación del movimiento americano: la transformación — prácticamente de un solo golpe— de una lucha faccional nacional desmoralizadora que se iba degenerando, en una lucha histórica de principios con fines internacionales. En esta abrupta transformación se puede ver ilustrada nuevamente la tremenda fuerza de las ideas; en este caso, las ideas del marxismo no falsificado.

Estas ideas lograron superar una doble serie de obstáculos. La larga y prolongada lucha faccional a nivel nacional, que he descrito brevemente en las conferencias anteriores, nos había llevado a un callejón sin salida. Nos habíamos perdido en consideraciones organizativas insignificantes y estábamos desmoralizados por nuestra visión nacionalista.

La situación parecía insalvable. Del otro lado, en la Rusia distante, la Oposición Bolchevique-Leninista estaba totalmente aplastada en el sentido organizativo. Los dirigentes habían sido expulsados del partido, proscritos, declarados ilegales, y sometidos a juicio bajo cargos criminales. Trotsky estaba exiliado en la lejana Alma Ata. Las unidades de sus partidarios por todo el mundo se hallaban dispersas, desorganizadas. Y entonces, gracias a una coyuntura de sucesos, la situación se rectificó, y todo empezó a encajar. Trotsky envió un solo documento del marxismo desde Alma Ata hasta el Sexto Congreso de la Comintern. Este pasó por una grieta en el aparato secretarial y llegó a manos de varios delegados, y sobre todo de un solo delegado del partido americano y de un solo delegado del partido canadiense. Este documento —que expresaba estas ideas marxistas que todo pueden vencer— al caer en las manos debidas al momento preciso, bastó para dar pie a la rápida y profunda transformación que repasamos la semana pasada.

El movimiento que se inició en Estados Unidos en aquel entonces tuvo repercusiones en el mundo entero; de la noche a la mañana cambió todo el cuadro, toda la perspectiva de la lucha. El trotskismo, oficialmente declarado muerto, se vio resucitado en el ámbito internacional e inspirado con nuevas esperanzas, con un nuevo entusiasmo, con nuevas energías. Las denuncias contra nosotros aparecieron en la prensa americana del partido y se reprodujeron por todo el mundo, incluso en *Pravda* de Moscú. Los oposicionistas rusos en prisión o en el exilio —donde tarde o temprano les llegaban ejemplares de *Pravda*— supieron así de nuestra acción, de nuestra rebelión en Estados Unidos. En la hora más sombría de la lucha de la Oposición, supieron que refuerzos nuevos habían entrado al campo de batalla al otro lado del océano en Estados Unidos, lo cual, por la fuerza y el peso del propio país, le daba importancia y peso a lo que hacían los comunistas americanos.

León Trotsky, como había señalado, se hallaba aislado en el pequeño pueblo asiático de Alma Ata. El movimiento mundial se encontraba decaído, sin dirigentes, suprimido, aislado, prácticamente inexistente. Al llegarles esta noticia inspiradora sobre un nuevo destacamento en el lejano país de Estados Unidos, los pequeños periódicos y boletines de los grupos de la Oposición se llenaron nuevamente de vida. Lo más inspirador para todos nosotros era la certeza de que nuestros camaradas rusos tan apremiados habían oído nuestra voz. Esto siempre me ha parecido uno de los aspectos más gratificantes de la lucha histórica que emprendimos en 1928: que la noticia de nuestra lucha alcanzó a los camaradas rusos en todos los rincones de las prisiones y los campos de exilio, infundiéndoles nuevas esperanzas y energías para perseverar en la lucha.

Como dije, iniciamos nuestra lucha con una visón bastante clara de lo que enfrentábamos. No dimos ese paso a la ligera o sin pensarlo y prepararlo debidamente. Anticipábamos una lucha larga y prolongada contra probabilidades muy adversas. Por eso, desde el principio, no abrigábamos esperanzas optimistas de una victoria rápida. En cada número de nuestro periódico, en cada declaración, hacíamos hincapié en el carácter fundamental de la lucha. Recalcábamos la necesidad de apuntar hacia muy lejos, de tener resistencia y paciencia, de aguardar el desarrollo posterior de los sucesos para demostrar lo acertado de nuestro programa.

Lo primero por hacer, por supuesto, era lanzar nuestro periódico, el *Militant*. El *Militant* no era un boletín mimeografiado y distribuido a escondidas, según les resulta suficiente a muchas camarillas, sino un periódico impreso de tamaño pleno. Entonces pusimos manos a la obra los tres: Abern, Shachtman y Cannon, a quienes desdeñosamente llamaban los "tres generales sin ejército". Ese llegó a ser un apodo popular y hay que reconocer que algo tenía de cierto. No podíamos dejar de reconocer que carecíamos de ejército, pero eso no minó nuestra confianza. Contábamos con un programa, y estábamos seguros que el programa nos permitiría reclutar el ejército.

Iniciamos una correspondencia enérgica; donde fuera que conociéramos a alguien, o siempre que nos enteráramos de alguien que estuviera interesado, le escribíamos una carta extensa. El carácter de nuestra labor de agitación y propaganda obligatoriamente se transformó. Antes nos habíamos acostumbrado, y yo en particular me había acostumbrado, a hablar ante públicos bastante numerosos. Poco antes de nuestra expulsión yo había realizado mi gira nacional, hablando ante centenares y a veces miles de personas. Ahora teníamos que hablar con individuos. Nuestra labor propagandística consistía principalmente en averiguar los nombres de individuos aislados en el Partido Comunista, o cercanos al partido, que pudieran estar interesados, y concertar una entrevista, pasar horas y horas hablándole a un solo individuo, escribiendo cartas extensas que explicaban todas nuestras posiciones de principios en un intento de reclutar a una persona. Y así reclutamos: no por decenas, no por centenares, sino uno por uno.

Tan pronto se produjo el estallido en el movimiento americano, es decir, en Estados Unidos, Spector cumplió su parte del pacto en Canadá. Allí ocurrió lo mismo; se formó un grupo canadiense considerable y comenzó a colaborar con nosotros. En Chicago, Minneapolis, Kansas City, Filadelfia, camaradas con quienes habíamos mantenido contacto se adhirieron a nuestra bandera; en general no eran grupos grandes. Creo que Chicago comenzó con una veintena. Un número igual en Minneapolis. Tres o cuatro en Kansas City; dos en Filadelfia, los temibles Morgenstern y Goodman. En algunos lugares hubo individuos que se unieron a nuestra lucha solos. En Nueva York, captamos unos cuantos individuos aquí y allá. En Cleveland, St. Louis y las zonas mineras del sur de Illinois. Ese fue más o menos el alcance de nuestro contacto organizativo en el período inicial.

Mientras nos dedicábamos a nuestra agitación *singlejack*, como solíamos decir en el IWW —es decir, proselitismo de una persona a otra— el *Daily Worker*, con su difusión comparativamente grande, arremetía contra nosotros día tras día con artículos de una página y a veces hasta de dos páginas. Estos artículos explicaban con lujo de detalle que nos habíamos vendido al imperialismo americano; que éramos unos contrarrevolucionarios aliados a los enemigos de los trabajadores y a las potencias imperialistas, conspirando para derrocar a la Unión Soviética; que nos habíamos convertido en la "guardia de avanzada de la contrarrevolución burguesa". Esto se publicaba día tras día en una campaña de terror político y calumnias contra nosotros, destinada a impedir que guardáramos contacto alguno con miembros individuales del partido. El hablarnos en la calle, visitarnos, mantener cualquier comunicación con nosotros pasaban a ser delitos sancionables con la expulsión. Dentro del Partido Comunista se hicieron juicios a personas acusadas de haber asistido a una reunión en la que habíamos hablado; de haber comprado un periódico que vendíamos en la calle frente a la sede en la plaza Union Square; o de haber tenido alguna relación con nosotros en el pasado: se les obligaba a demostrar que no habían mantenido ese contacto posteriormente. Un muro de ostracismo nos separó de los miembros del partido. Personas a las que habíamos conocido por años pasaron a ser extraños de la noche a la mañana.

Hay que recordar que toda la vida la habíamos pasado en el movimiento comunista y su periferia. Eramos trabajadores profesionales del partido. No teníamos intereses ni asociaciones de carácter social más allá del partido y su periferia. Todos nuestros amigos, todos nuestros socios, todos nuestros colaboradores en las tareas cotidianas habían pertenecido a este entorno por muchos años. Entonces, de la noche a la mañana, todo esto se nos cerró. Quedamos completamente aislados de ello. Ese tipo de cosas suele suceder cuando uno cambia su lealtad de una organización a otra. Como norma, no es tan grave porque cuando uno deja una serie de asociaciones —políticas, personales y sociales— inmediatamente se ve impulsado hacia un nuevo entorno. Uno encuentra amigos nuevos, gente nueva, socios nuevos. Pero nosotros solo experimentamos un lado de ese proceso. Quedamos separados de nuestras viejas asociaciones sin tener nuevas. No había una organización a la que nos pudiéramos afiliar y donde pudiéramos encontrar nuevos amigos y compañeros de trabajo. Sin otra cosa que el programa y nuestras propias manos, teníamos que crear una nueva organización.

En aquellos primeros días vivíamos bajo un tipo de presión que de muchas formas es el peor que se puede ejercer contra un ser humano: el ostracismo social por parte de gente del mismo tipo que uno. En gran medida, a mí personalmente me había preparado para esa prueba una experiencia del pasado. Durante la Primera Guerra Mundial viví como un paria en mi propio pueblo entre gente que yo había conocido toda la vida. Por lo tanto, la segunda experiencia quizás no fue tan dura como para algunos de los demás. A muchos camaradas que simpatizaban con nosotros a nivel personal, que habían sido nuestros amigos, así como muchos que simpatizaban al menos en parte con nuestras ideas, los aterrorizaron para que no se nos juntaran o se asociaran con nosotros a causa de ese terrible castigo del ostracismo. Esa no fue una experiencia fácil para nuestra pequeña banda de trotskistas, pero de todas maneras fue una buena escuela. Las ideas que valen la pena tener son ideas por las cuales vale la pena luchar. Las calumnias, el ostracismo y la persecución que nuestro joven movimiento resistió en todo el país en los primeros días de la Oposición de Izquierda en Estados Unidos fueron un excelente entrenamiento a fin de prepararnos para resistir la presión social y el aislamiento que han de venir en relación a la Segunda Guerra Mundial, cuando el verdadero peso de la sociedad capitalista comienza a recaer sobre los tercos disidentes y oposicionistas.

La primer arma de los estalinistas fue la calumnia. La segunda arma que emplearon contra nosotros fue el ostracismo. La tercera fue el gangsterismo.

Solo imagínense, éste era un partido con una militancia y una periferia de decenas de miles de personas, no con uno sino con no menos de 10 diarios en su arsenal, con un sinnúmero de semanarios y publicaciones mensuales, con dinero y un enorme aparato de trabajadores profesionales. Esta fuerza relativamente formidable se movilizó contra un mero puñado de personas sin recursos, sin vínculos: sin nada más que su programa y su decisión de luchar por él. Nos calumniaron, nos sometieron al ostracismo, y cuando eso no logró doblegarnos, intentaron apabullarnos físicamente. Para no tener que responder a ningún argumento, intentaron hacer que nos resultara imposible hablar, escribir o existir.

Nuestro periódico se orientaba directamente a los miembros del Partido Comunista. No intentamos convertir al mundo entero. Primero llevamos nuestro mensaje a quienes considerábamos la vanguardia, a los más probables de interesarse en nuestras ideas. Sabíamos que al menos los primeros destacamentos los tendríamos que reclutar de sus filas.

Después que se imprimía nuestro periodiquito, tanto los directores como los miembros teníamos que salir a venderlo. Redactábamos el periódico. Luego íbamos a la imprenta, cerniéndonos sobre las galeras hasta que se corrigiera el último error, esperando ansiosos hasta ver salir el primer ejemplar de la imprenta. Eso siempre nos entusiasmaba: un nuevo número del *Militant*, una nueva arma. Entonces, con los paquetes de periódicos bajo el brazo, salíamos a venderlos en las esquinas de Union Square. Por supuesto que no era lo más eficiente del mundo que tres directores se transformaran en tres vendedores de periódicos. Pero nos hallábamos escasos de ayuda y teníamos que hacerlo; no siempre, pero a veces sí. Y eso no era todo. Para poder vender nuestros periódicos en Union Square teníamos que defendernos contra agresiones físicas.

Hoy, al hojear el primer tomo de ediciones del *Militant*, refrescándome la memoria sobre algunos de los sucesos de aquellos días, leí el primer relato sobre los ataques físicos contra nosotros, los cuales comenzaron a las pocas semanas de que nos expulsaran. A los estalinistas los habíamos pescado desprevenidos al principio. Antes que supieran qué los había golpeado, ya teníamos un periódico impreso y nuestros camaradas estaban enfrente del local del Partido Comunista vendiendo el *Militant* a cinco centavos por ejemplar. Eso causó tremenda sensación. Por unas semanas no supieron qué hacer al respecto. Después decidieron probar el método estalinista de la fuerza física.

El primer informe en el *Militant* habla de dos mujeres camaradas del grupo húngaro que fueron allí una tarde con paquetes del periódico e intentaron venderlo. Unos matones las atacaron, las empujaron, patearon y echaron de la vía pública, y les destrozaron los periódicos. Eso se informó en el *Militant* como el primer ataque gangsteril contra nosotros. Después se convirtió en algo más o menos regular. Nosotros no cedimos terreno. Les armamos un gran revuelo y les creamos un escándalo en toda la ciudad. Movilizamos todas nuestras fuerzas para ir ahí los sábados por la tarde, formando una guardia alrededor de los directores y desafiando a los matones estalinistas a que nos echaran. Se dio una lucha tras otra.

Esto ocupó las primeras semanas. El 17 de diciembre se celebró en la ciudad de Nueva York el pleno del Comité Central del Partido Comunista. Y aquí nuevamente quiero señalar una de las lecciones importantes de nuestras tácticas en esta lucha. Es decir, no le dimos la espalda al partido, sino que volvimos inmediatamente hacia él. Habiendo sido expulsados el 27 de octubre, llegamos al pleno el 17 de diciembre, tocamos la puerta y dijimos: "Hemos venido a apelar nuestra expulsión". Fijaron una hora y nos permitieron presentar nuestra apelación ante aproximadamente 100 ó 150 dirigentes del partido. Ahora, los lovestonistas no lo hicieron por respeto a la democracia o por su fiel apego a la constitución. Lo hicieron por motivos faccionales. Porque nuestra expulsión no puso fin a la pugna faccional entre los fosteristas y los lovestonistas. Los lovestonistas, que contaban con la mayoría, concibieron la idea astuta de que si nos daban el uso de la palabra, eso les ayudaría a comprometer a los fosteristas como "conciliadores trotskistas". Por esa grieta entramos al pleno. No teníamos ilusiones. Ni siquiera pensábamos convencerlos. No nos preocupaba su estrategia de ratería contra los fosteristas. Pensábamos presentar nuestra apelación formal y publicar el discurso en el *Militant* como propaganda a ser distribuida.

Los "tres generales sin ejército" se presentaron ante el

pleno de diciembre como representantes de todos los expulsados. Yo di un discurso de unas dos horas. Después nos hicieron salir. Al día siguiente el discurso estaba compuesto en el linotipo para el próximo número del *Militant* bajo el titular "Nuestra apelación ante el partido".

Mencioné que los estalinistas emplearon contra nosotros las armas de la calumnia, el ostracismo y el gangsterismo. La cuarta arma en el arsenal de los dirigentes del estalinismo americano fue el allanamiento de morada. Le tenían tanto miedo a este grupito, armado con las grandes ideas del programa de Trotsky, que querían aplastarlo por todos los medios antes de que lograra encontrar un público. Un domingo por la tarde, al volver de una reunión de nuestra primera rama en Nueva York —12 ó 13 personas reunidas solemnemente para formar la organización y preparar el terreno para el derrocamiento del capitalismo americano— descubrí que habían saqueado todo el apartamento. En nuestra ausencia habían forzado la cerradura de la puerta de mi casa y la habían allanado. Era un desorden total; todos mis papeles, documentos, archivos y correspondencia privados —todo lo que pudieran encontrar— estaban regados por el suelo. Al parecer, los habíamos sorprendido antes de que pudieran cargar con el botín. Mientras estuve de gira unas semanas después regresaron y completaron la operación. Ahí sí se lo llevaron todo.

Continuamos la lucha siguiendo nuestro curso. Les armamos escándalos despiadadamente, pusimos el grito en el cielo, divulgamos sus allanamientos y su gangsterismo, y los hicimos retorcerse ante nuestras denuncias. No podían ni deshacerse de nosotros ni silenciarnos. Aquí, desde luego, contábamos con la tremenda ventaja de nuestras experiencias pasadas. Habíamos pasado pruebas duras. Habíamos tomado parte en un buen número de luchas y no podían asustarnos con unos cuantos allanamientos o calumnias. Sabíamos cómo explotar bien todas estas cosas en su contra. Peleamos con armas políticas, que son más sólidas que la cachiporra del gángster o la ganzúa del ladrón. Apelamos a la buena voluntad y a la conciencia comunista de los miembros del partido y comenzamos a reclutar a los que al principio se nos acercaban en protesta contra las prácticas estalinistas.

Al cabo de unas semanas, el 8 de enero de 1929, organizamos el primer mitin público trotskista en Estados Unidos. Al hojear hoy el primer tomo encuadernado del *Militant*, vi el anuncio de ese mitin en la portada del número del primero de enero de 1929. Reconozco que me sentí un poco emocionado pues recordé la ocasión en que causamos esa gran sensación entre los círculos radicales de Nueva York. Al frente de este Templo del Trabajo, un gran rótulo anunciaba que yo iba a hablar acerca de "La verdad sobre Trotsky y la Oposición rusa". Fuimos a ese mitin listos para protegerlo. Contábamos con la ayuda del grupo italiano de los bordiguistas, nuestros camaradas húngaros, unos cuantos individuos simpatizantes del comunismo que no creían en obstruir la libertad de expresión, y nuestras propias fuerzas valientes recién reclutadas. Se desplegaron alrededor de la tribuna del Templo del Trabajo y cerca de la puerta para asegurarse que el mitin no fuese interrumpido. Y ese evento se llevó a cabo sin interrupción.

El salón estaba lleno, no solo con simpatizantes y conversos, sino con todo tipo de personas que asistieron por los más diversos motivos, intereses, curiosidad, etcétera. La charla fue muy exitosa, consolidó a nuestros partidarios y captó algunos reclutas. También provocó más alarma en el campo de los estalinistas, llevándolos aún más hacia la vía de la violencia contra nosotros.

Después planeamos una gira nacional para abordar el

mismo tema. Intenté hablar en New Haven, pero allí fueron mucho más numerosos que nosotros. Los estalinistas nos rodearon y el mitin fue completamente desbaratado. Hablé en Boston; allí habíamos hecho mejores preparativos. Llegué con unos días de anticipación, anduve visitando varios de mis viejos amigos del IWW a ver si podían conseguir a unos muchachos de los muelles para que nos ayudaran a defender la libertad de expresión. Tuvimos como una decena de estos muchachos alrededor de la tarima. Allí también estaba una pandilla de matones estalinistas, empeñados en desbaratar el mitin, pero aparentemente se convencieron de que serían ellos los que terminarían con la cabeza quebrada si lo intentaban. El evento de Boston fue un éxito. No está de más decir que mi moderadora en esa histórica ocasión fue Antoinette Konikow. Y en torno al programa de Trotsky se consolidó en Boston un grupo de ocho o 10 camaradas.

En Cleveland nos enfrascamos en una lucha. El conocido Amter era organizador de distrito en Cleveland y trajo un escuadrón a nuestro mitin para desbaratarlo. Nosotros también teníamos a unos cuantos muchachos que se habían pasado a nuestro lado, y ellos organizaron a unos cuantos simpatizantes, radicales y otros más que querían un intercambio justo y libertad de expresión. Aleccionados por nuestra experiencia de New Haven, habíamos organizado nuestras fuerzas en un escuadrón alrededor del orador. Comencé mi charla y después de unas cuantas oraciones, según recuerdo, usé la expresión, "Quiero explicarles el significado revolucionario de esta lucha".

Amter se paró y dijo, "Querrás decir el significado contrarrevolucionario".

Parece que ésa era la señal. La pandilla estalinista comenzó a abuchear y silbar. "Siéntate, contrarrevolucionario", "traidor", "agente del imperialismo americano" y así

"El trotskismo no es un nuevo movimiento, una nueva doctrina, sino la restauración, el renacimiento, del marxismo genuino tal como se expuso y se practicó en la Revolución Rusa y en los primeros días de la Internacional Comunista".

1. Petrogrado, 1917. Por millones, los trabajadores, campesinos y soldados rusos irrumpieron en la historia bajo la dirección del Partido Bolchevique, tomando el poder de manos de los capitalistas y terratenientes y estableciendo su propio gobierno. La pancarta dice: "Unidades blindadas por la libertad".

2. Mayo de 1920. Tres dirigentes del gobierno soviético y de la Internacional Comunista en despedida de soldados del Ejército Rojo durante la guerra civil. De izquierda a derecha: León Trotsky, Vladímir Lenin y León Kámenev.

"La revolución bolchevique en Rusia cambió todo casi de la noche a la mañana. Demostró en acción la conquista del poder por el proletariado. Al igual que en casi todos los demás países, el tremendo impacto de esta victoria proletaria estremeció las propias bases del movimiento socialista en Estados Unidos".

5

6

3. Berlín, Alemania, enero de 1919. Manifestación de trabajadores armados y soldados. A partir de noviembre de 1918, una ola de acciones revolucionarias de trabajadores y campesinos, inspirados por el ejemplo de Rusia y decididos a derrocar al viejo régimen, se propagó por Alemania.

4. Canton, Ohio, junio de 1918. Eugene V. Debs, cuatro veces candidato a presidente de Estados Unidos por el Partido Socialista, denuncia la entrada de Washington a la guerra imperialista y llama a los trabajadores estadounidenses a apoyar a los revolucionarios bolcheviques Lenin y Trotsky. Fue condenado a 10 años de cárcel por este discurso y estuvo preso hasta 1921.

5. Madrid, España, Primero de Mayo de 1919. Manifestación del Día Internacional de los Trabajadores.

6. India, primavera de 1919. La policía británica suprime una movilización anticolonial.

7. Chicago, septiembre de 1919. Congreso de fundación del Partido Comunista en Estados Unidos.
8. Nueva York, noviembre de 1919. Durante las infames "redadas rojas" organizadas por el fiscal general norteamericano Palmer, el gobierno arrestó a miles de trabajadores, los acusó de participar en actividades comunistas y deportó a cientos. Las organizaciones comunistas se vieron forzadas a la clandestinidad por varios años.
9. Moscú, marzo de 1919. Presidium en el congreso de fundación de la Internacional Comunista. Lenin está de pie.
10. El recién formado movimiento comunista en Estados Unidos se identificó políticamente con la Internacional Comunista y se afilió a ella. James P. Cannon (centro) fue delegado del PC estadounidense al cuarto congreso de la Comintern en 1922. Aquí aparece en Moscú ese mismo año con otros dos partidarios de la Revolución Rusa, Max Eastman (izquierda) y William (Big Bill) Haywood.
11. La revolución transformó profundamente la vida del pueblo trabajador en Rusia. Aquí se ve una escuela ambulante que visita una zona rural a principios de los años 20.

"El movimiento comunista inicial lo conformaron revolucionarios valientes y dedicados, dispuestos a hacer sacrificios y asumir riesgos. A pesar de todos sus errores, construyeron un partido como nunca antes se había visto en este país, un partido fundado en un programa marxista, con una dirección profesional y filas disciplinadas".

9

10

11

12

13

12. Passaic, Nueva Jersey, 1926. La policía ataca a huelguistas. Esta lucha, en la que los trabajadores comunistas constituyeron una parte importante de la dirección, "enfocó la atención de todo el país", escribe Cannon. **13.** Virginia del Oeste, septiembre de 1928. Mineros que intentan sindicalizarse son arrestados y encadenados. **14.** Washington, principios de 1928. Marcha a la Casa Blanca que protesta contra la invasión militar norteamericana de Nicaragua para aplastar el movimiento de liberación dirigido por Augusto César Sandino. En el centro, Max Shachtman, dirigente de la Defensa Obrera Internacional (ILD) y del Partido Comunista. **15.** Nueva York, fines de 1927. Una manifestación de 20 mil trabajadores exige el indulto y la libertad de los anarquistas Nicola Sacco y Bartolomeo Vanzetti. Acusados de cargos fabricados por el gobierno de Estados Unidos, fueron condenados a muerte y ejecutados. La ILD fue la principal organizadora de la campaña para su defensa. **16.** Abril de 1928. Caricatura de la revista de la ILD anuncia una gira nacional de conferencias de James P. Cannon, secretario ejecutivo de la organización, sobre el tema "Contra el sistema de cargos fabricados en América".

"Las luchas faccionales que convulsionaron al partido durante los primeros años no impidieron que realizáramos mucho trabajo en la lucha de clases. Los comunistas pasaron a ser más y más los dirigentes indiscutibles de toda tendencia progresista y combativa en el movimiento obrero americano".

"La ayuda que recibimos de Lenin, de Trotsky y de toda la Comintern hasta 1922 nos permitió resolver las dificultades y liquidar las viejas luchas faccionales. Tras la muerte de Lenin en 1924, seguimos acudiendo a la Comintern en busca de ayuda, pero más y más la verdadera causa del problema estaba allí".

17. Gran Bretaña, mayo de 1926. Concentración masiva de mineros del carbón. El Comité Anglo-Ruso impuesto por la casta burocrática que consolidaba su poder en la Unión Soviética "llegó a convertirse en sustituto de la actividad independiente del Partido Comunista inglés", escribe Cannon.
18. Cantón, China, diciembre de 1927. A partir de 1925, una profunda lucha revolucionaria por la tierra y contra la dominación imperialista recorrió China. Al subordinar el movimiento de trabajadores y campesinos a la dirección de la burguesía "progresista" china, la Comintern, cada vez más estalinizada, dejó al pueblo trabajador desarmado e indefenso cuando los aterrados gobernantes capitalistas suprimieron al movimiento de masas en 1927, masacrando a miles.

por el estilo. Eso duró como 15 minutos, un pandemonio. Su intención era que resultara imposible escucharme con todo el tumulto. Era así que iban a aclarar la cuestión, simplemente impidiéndome hablar. Nosotros teníamos otras ideas. Quedaba evidente que los amteristas estaban dispuestos a aullar toda la noche de ser necesario. Nuestro escuadrón estaba listo, a la espera de que yo diera la señal. Finalmente dije, "Bueno, adelante". Acto seguido, fueron tras Amter y su pandilla, los tomaron uno por uno y los tiraron por la escalinata, limpiando el salón y el ambiente de estalinistas. Después todo marchó bien; la actividad continuó sin más interferencia. Gozamos de la más estupenda paz y tranquilidad.

En Chicago, varias noches después, los estalinistas se aparecieron con una pandillita, pero no podían decidirse si querían empezar un pleito o no. Seguí adelante con la presentación.

Durante mi recorrido, diversos funcionarios estalinistas me fueron a ver durante la noche como a la figura bíblica de Nicodemo. Uno de ellos fue B.K. Gebert, quien en años posteriores fue una figura prominente en el Partido Comunista y organizador de distrito en Detroit. Me vino a ver al hotel en Chicago; era un hombre angustiado. Detestaba todos estos métodos que se empleaban contra nosotros. Gebert era un comunista concienzudo, simpatizaba con nuestra lucha, pero no podía abandonar el partido. No podía hacerse la idea de romper con toda la vida que él había conocido y empezar de nuevo. Igual sucedió con muchos otros. Diversas formas de compulsión afectan a diversas personas. Algunos tienen miedo de un golpe físico, otros temen las calumnias, otros se atemorizan ante el ostracismo. Los estalinistas usaron todos estos métodos. Esto tuvo el efecto acumulativo de aterrorizar a cientos e incluso a miles de personas que, en un ambiente libre, habrían simpatizado con nosotros y nos habrían apoyado de una u otra forma. En mi reunión en Minneapolis, según atestigüé años después en el Tribunal Federal del Distrito Norte de Minnesota, nos pescaron desprevenidos. Nuestras fuerzas eran bastante sólidas en Minneapolis. Todos los dirigentes reconocidos del movimiento comunista en Minneapolis —V.R. Dunne, Carl Skoglund y demás— habían salido a apoyarnos. Además eran fuertes físicamente, y se descuidaron. Al organizar el mitin bajo la teoría de que allí los matones no intentarían sus triquiñuelas, no se hicieron planes especiales para la defensa. Eso fue un error. Nuestra gente llegó tarde. La pandilla estalinista llegó temprano, atacaron a Oscar Coover con cachiporras, entraron a la fuerza y ocuparon sillas en la primera fila de una sala muy pequeña. Cuando me levanté a hablar, se pusieron a gritar como lo habían hecho Amter y su pandilla en Cleveland. Después de unos minutos les caímos, y se desató una trifulca. Entonces llegó la policía y disolvió el mitin. Eso fue algo bastante escandaloso y desmoralizador para Minnesota. Se decidió que me quedaría y que intentaríamos celebrar otra reunión. Fuimos a la sede del IWW con una propuesta de formar un frente único para proteger la libertad de expresión. Con ellos, unos cuantos simpatizantes y varios individuos aislados formamos una Guardia de Defensa Obrera. Se programó una reunión en el salón del IWW; en el volante se anunciaba que esa actividad se realizaría bajo la protección de la Guardia de Defensa Obrera. La guardia llegó equipada con garrotes, grandes mangos de hacha adquiridos en la ferretería, muy prácticos. Los guardias se formaron a lo largo de las paredes y delante del orador. Otros se apostaron en la puerta. El moderador anunció tranquilamente que se iban a permitir preguntas y discusión, pero que nadie debía interrumpir mientras el orador hiciera uso de la palabra. La actividad se llevó a cabo tranquilamente sin señales de disturbios. La organización de nuestro grupo en Minneapolis se completó en buena forma.

En Nueva York, cuando comenzamos a celebrar eventos más regulares, los estalinistas arreciaron sus intentos de pararnos. Aquí en el Templo del Trabajo se desbarató una reunión. Su plan normal consistía en llegar con tal fuerza que pudieran echar al orador de la tarima, apoderarse de la reunión y convertirla en una manifestación antitrotskista. Nunca lo lograron porque siempre manteníamos en la tribuna a nuestra guardia equipada con los implementos necesarios. Los estalinistas nunca llegaron a la tarima, pero desataron tal trifulca que llegó un gran número de policías y la reunión quedó disuelta en un desorden. Los estalinistas intentaron lo mismo una segunda vez pero fueron echados en desbandada. Las cosas realmente alcanzaron su punto culminante cuando los estalinistas hicieron sus últimos intentos de desbaratar nuestras actividades en una sala en el Este del Alto Manhattan, donde solía reunirse nuestro grupo húngaro. Allí realizamos una celebración del Primero de Mayo en 1929, la primavera después de nuestra expulsión. Al repasar hoy el *Militant*, vi el anuncio del evento del Primero de Mayo en el Salón Húngaro y la declaración adjunta de que se realizaría bajo la protección de la Guardia de Defensa Obrera. Estaba bien protegida; nuestra estrategia era de no dejar entrar a los perturbadores. A nuestros propios camaradas, simpatizantes y todos aquellos que claramente habían llegado para celebrar el Primero de Mayo, se les dejó entrar. Cuando los estalinistas intentaron abrirse paso por la fuerza, se toparon con nuestra guardia al pie de las escaleras, y recibieron golpes en la cabeza hasta que decidieron que no podrían asaltar esa escalinata. La reunión se celebró en paz.

El viernes siguiente, creo que fue, los estalinistas decidieron vengarse del grupo húngaro por no haber podido desbaratar la actividad del Primero de Mayo como se les había instruido. Los camaradas húngaros estaban celebrando una reunión privada, ocho o 10 personas desempeñando tranquilamente las funciones normales de una rama. Entre los presentes estaban el veterano comunista Louis Basky, un hombre de unos 50 años de edad, y su anciano padre, que tenía unos 80 años, un combativo partidario de su hijo y del movimiento trotskista. Allí había varias mujeres camaradas. De repente una pandilla de matones estalinistas invadió el salón. Irrumpieron y se pusieron a agredir tanto a hombres como a mujeres, incluso al viejo Basky. Nuestros camaradas agarraron sillas o patas de sillas y se defendieron lo mejor que pudieron. En un momento de esa pelea sangrienta, uno de los presentes, un carpintero de profesión que tenía una de las herramientas de su oficio en el bolsillo, observó a un par de estos matones que atacaban al anciano. Al verlo perdió los estribos y le empezó a dar una paliza a uno de los dos. Tuvieron que llevar al matón estalinista al hospital. Allí estuvo tres semanas, sin que los médicos supieran si se iba a recuperar o no.

Eso frenó los ataques contra nuestras reuniones. Los estalinistas habían llevado las cosas al borde de una tragedia terrible y del escándalo de todo el movimiento comunista. Se persuadieron de que no íbamos a ceder nuestro derecho de reunirnos y expresarnos, que íbamos a mantenernos firmes y pelear, que no nos podían desbaratar. A partir de entonces, solo hubo casos aislados de violencia contra nosotros. Nuestra libertad de expresión no la ganamos de los pandilleros estalinistas porque éstos hubiesen cambiado de parecer, sino gracias a nuestra defensa decidida y combativa de nuestros derechos.

Entretanto, captamos a nuevos miembros y simpatizantes gracias a la lucha que veníamos librando. Apenas éramos un puñado de personas, y se nos atacaba con todas las armas de las calumnias, del ostracismo y de la violencia. Sin embargo, no cedimos terreno. De una forma u otra lográbamos sacar nuestro periódico sistemáticamente. Volvíamos de cada lucha más fuertes, y eso despertaba simpatía y apoyo. Mucha de la gente radical de Nueva York, simpatizantes del Partido Comunista, y hasta algunos de sus miembros, solían ir a nuestras actividades para ayudar a protegerlas en aras de defender la libertad de expresión. Se veían atraídos por nuestra lucha, por nuestra valentía, y les repugnaban los métodos de los estalinistas. Luego comenzaban a leer nuestros materiales y a estudiar nuestro programa. Empezamos a captarlos, uno por uno, y a convertirlos políticamente al trotskismo. Así que podemos decir que el núcleo inicial del trotskismo americano se reclutó en el crisol de una verdadera lucha. Semana tras semana, mes tras mes, forjamos estos grupitos en diversas ciudades, y al poco tiempo ya teníamos el esqueleto de una organización nacional.

El *Militant* salía cada dos semanas; hoy no sabría decirles cómo lo hicimos ni desearía tener la responsabilidad financiera que supondría hacerlo de nuevo. Lo logramos con la ayuda de amigos leales. Lo hicimos por una u otra vía y al costo de enormes sacrificios. Pero esos sacrificios no eran nada comparados con la recompensa intelectual y espiritual que derivábamos al sacar nuestro periódico, al difundir nuestro mensaje y sentir que estábamos realizando de manera digna la gran misión que se nos había encomendado.

Durante toda esta época no tuvimos contacto con el camarada Trotsky. No sabíamos si estaba vivo o muerto. Había informes de que estaba enfermo. Nunca nos atrevimos a abrigar esperanzas de que íbamos a verlo jamás o que tendríamos algún contacto directo con él. Lo único que nos vinculaba a él era aquel documento que traje desde Moscú y otros documentos que recibimos más tarde de los grupos europeos. En cada número del *Militant,* uno tras otro, comenzamos a publicar los diversos documentos de la Oposición de Izquierda rusa que abarcaban todo el período, desde 1924 hasta 1929. Rompimos el bloqueo contra las ideas de Trotsky y de sus compañeros en Rusia.

Entonces a comienzos de la primavera de 1929, a los pocos meses de nuestra expulsión, la prensa del mundo fue estremecida con la noticia de que a Trotsky lo iban a deportar de Rusia. El anuncio no decía adónde lo enviarían. Día tras día, la prensa estaba repleta de toda suerte de noticias especulativas, pero sin información sobre su paradero. Así continuó por poco más de una semana. Seguíamos en vilo al no saber si Trotsky estaba vivo o muerto, hasta que por fin llegó la noticia de que había desembarcado en Turquía. Allí establecimos nuestro primer contacto con él en la primavera de 1929, cuatro o cinco meses después de haber iniciado el movimiento en su nombre y sobre la base de sus ideas. Le escribí una carta; pronto recibimos respuesta. Desde entonces —salvo la época en que estuvo internado en Noruega— hasta el día de su muerte, nunca carecimos del más íntimo contacto con el fundador e inspirador de nuestro movimiento.

El 15 de febrero de 1929, antes que se cumplieran cuatro meses de nuestra expulsión, mientras el Partido Comunista preparaba su congreso nacional, publicamos la "Plataforma" de nuestra facción: una declaración completa de nuestros principios y nuestra posición sobre los problemas del momento, nacionales e internacionales. Al comparar esta plataforma con las resoluciones y tesis que nosotros, así como las demás facciones, solíamos redactar en las luchas faccionales internas a nivel nacional, se puede ver el abismo que existe entre los que han adquirido una perspectiva teórica internacional y los faccionalistas de óptica nacional que luchan en un ámbito restringido. Nuestra plataforma comenzaba con nuestra declaración de principios a escala internacional, nuestro concepto de la cuestión rusa, nuestra posición sobre las grandes cuestiones teóricas que subyacían la lucha en el partido ruso: la cuestión del socialismo en un solo país. De ahí la plataforma pasaba a abordar problemas nacionales, el problema sindical en Estados Unidos, los pormenores de la organización del partido, etcétera. Por primera vez en la larga y prolongada lucha faccional del movimiento comunista americano, se echaba al ruedo un documento marxista internacional que era verdaderamente integral. Eso era el resultado de adherir a la Oposición de Izquierda rusa y a su programa.

Publicamos esta plataforma en el *Militant,* primero como propuesta al congreso del Partido Comunista, porque aunque habíamos sido expulsados manteníamos nuestra posición como facción. No huimos del partido. No creamos otro partido. Recurrimos de nuevo a los miembros del partido y dijimos: "Pertenecemos a este partido y éste es nuestro programa, nuestra plataforma, para el congreso del partido". Naturalmente, tampoco esperábamos que los burócratas nos permitieran defenderla en el congreso. No esperábamos que la fueran a adoptar. Nos dirigíamos a las filas del Partido Comunista. Era esa línea, esa técnica, la que orientaba nuestro enfoque hacia las filas del Partido Comunista. Cuando Lovestone, Foster y Compañía les decían: "Estos tipos, estos trotskistas, son enemigos de la Internacional Comunista; quieren destruir el partido", les podíamos demostrar que no era así. Nuestra respuesta era: "No, aún somos miembros del partido, y estamos presentando una plataforma para el partido a fin de darle una posición de principios más clara y una mejor orientación". Así manteníamos contacto con los mejores elementos del partido. Rechazábamos que se nos calumniara como enemigos del comunismo y los convencíamos de que nosotros éramos sus fieles defensores. Por esa vía primero nos granjeamos su atención, y al final reclutamos a muchos de ellos, uno por uno, a nuestro grupo.

El 19 de marzo de 1929, como puedo ver por mis apuntes, celebramos un mitin en el Templo del Trabajo para protestar contra la deportación de Trotsky de la Unión Soviética. En el punto álgido de la sensación mundial creada por esa noticia, convocamos a un mitin masivo aquí en el Templo del Trabajo y anunciamos como oradores a Cannon, Abern y Shachtman. Denunciamos esa infamia y nuevamente declaramos en público nuestra solidaridad con Trotsky.

En la edición del 17 de mayo de 1929, el *Militant* publicó una convocatoria a la primera Conferencia Nacional de la Oposición de Izquierda en Estados Unidos. La tarea primordial de esa conferencia, según se anunció en la convocatoria y en los siguientes artículos previos a la conferencia, era aprobar una plataforma. Esta plataforma, que Cannon, Abern y Shachtman habían redactado y presentado como proyecto ante el Partido Comunista, pasó a ser el proyecto de plataforma para nuestra organización, y fue presentada a nuestra primera conferencia.

Otra tarea de la conferencia era clarificar más entre nuestras filas nuestra posición sobre el problema ruso. Si uno estudia la historia del bolchevismo americano desde 1917 hasta el presente, constatará que en cada coyuntura, en cada ocasión crítica, en cada momento decisivo, es la cuestión rusa la que ha dominado el conflicto. Fue la cuestión rusa la que definió la lealtad de la gente, ya fueran revolucionarios o reformistas, desde 1917 hasta la escisión en el Partido Socialista en 1919. Al ser expulsados los trotskistas en 1928; en las innumerables luchas que sostuvimos con los diversos grupos y facciones durante nuestro propio desarrollo; hasta nuestra propia lucha con la oposición pequeñoburguesa en el Partido Socialista de los Trabajadores en 1939 y 1940: el tema primordial fue siempre la cuestión rusa. Primó siempre porque la cuestión rusa es la cuestión de la revolución proletaria. No es el problema abstracto de una posible revolución; es el problema de la revolución misma, una revolución que realmente sucedió y que aún vive. La actitud hacia esa revolución hoy día, al igual que ayer, al igual que lo fue al comienzo, es el factor decisivo para definir el carácter de un grupo político.

Teníamos que aclarar esa cuestión en nuestra primera conferencia, porque apenas fuimos expulsados y comenzamos a combatir a la burocracia estalinista, todo tipo de gente se nos quiso unir con una pequeña condición: que volviéramos la espalda a la Unión Soviética y al Partido Comunista y que construyéramos una organización anticomunista. De haber aceptado esa condición podríamos haber reclutado a cientos de miembros en los primeros días.

Había otros que querían abandonar la idea de actuar como facción del Partido Comunista y querían proclamar un movimiento comunista completamente independiente. Era tarea de nuestra conferencia también aclarar esa cuestión. ¿Debemos crear un nuevo partido independiente y renunciar a todo trabajo futuro en el PC, o debemos continuar declarándonos una facción? Había que contestar esa interrogante de manera decisiva.

Otro problema que se remitió a la primera Conferencia Nacional era el carácter y la forma que asumiría nuestra organización nacional, así como la elección de nuestros dirigentes nacionales. Hasta esa fecha, "los tres generales" se habían desempeñado como liderazgo sencillamente en virtud del hecho que eran ellos quienes habían iniciado la lucha. Eso constituía credenciales suficientes para comenzar: quienes toman la iniciativa se convierten en dirigentes de acción por una ley superior a todo referéndum. Pero eso no podía continuar de forma indefinida. Reconocíamos que era necesario realizar una conferencia y elegir un comité dirigente. Fuimos muy afortunados al recibir la respuesta del camarada Trotsky a nuestro comunicado a tiempo para la conferencia. Su respuesta, como todas sus cartas, como todos sus artículos, estaba impregnada de sabiduría política. Su amistoso consejo nos ayudó a resolver nuestros problemas.

El *Militant* informa que a la primera conferencia de los trotskistas americanos asistieron 31 delegados y 17 suplentes, procedentes de 12 ciudades, representando en total a unos 100 miembros de todo el país. La conferencia se celebró en Chicago en mayo de 1929. A partir de las cifras que he citado se puede observar que cerca de la mitad de los miembros de nuestra joven organización asistieron como delegados o suplentes para constituir esa histórica conferencia. Esta se realizó con espíritu de unanimidad, entusiasmo y confianza ilimitada en nuestro gran futuro. Los primeros preparativos que hicimos fueron las tareas prácticas de proteger la conferencia de los matones estalinistas. Todos los delegados, 48 en total, se alistaron en el ejército de autodefensa. Si los estalinistas hubiesen intentado interferir con la conferencia, sus esfuerzos habrían recibido una buena respuesta. No obstante, decidieron dejarnos en paz y por varios días pudimos sesionar tranquilos.

Permítanme repetir. Había 31 delegados y 17 suplentes de 12 ciudades, que representaban aproximadamente a 100 miembros de nuestra organización nacional. Nos llamamos *La Liga Comunista de América, Oposición de Izquierda del Partido Comunista*. Estábamos seguros que teníamos razón. Estábamos seguros que nuestro programa era correcto. Salimos de esa conferencia con la firme confianza de que todo el desarrollo futuro del movimiento comunista regenerado en Estados Unidos —hasta el momento en que el proletariado tome el poder y comience a organizar la sociedad socialista— se ha de remontar a esa primera Conferencia Nacional de los trotskistas americanos celebrada en Chicago en mayo de 1929.

5
Los días de perros de la Oposición de Izquierda

Nuestra última charla nos llevó hasta la primera Conferencia Nacional de la Oposición de Izquierda en mayo de 1929. Habíamos sobrevivido los difíciles seis meses iniciales de nuestra lucha y mantenido intactas nuestras fuerzas, a la vez que habíamos conseguido nuevos reclutas. En la primera conferencia consolidamos nuestras fuerzas como organización nacional, establecimos una dirección electa y definimos con más precisión nuestro programa. Nuestras filas eran firmes, resueltas. Contábamos con escasos recursos y numéricamente éramos muy pocos, pero estábamos seguros que nos habíamos apoderado de la verdad y que con esa verdad al final venceríamos. Regresamos a Nueva York para comenzar la segunda fase de la lucha por la regeneración del comunismo americano.

La suerte de todo grupo político —ya sea para vivir y crecer o para degenerarse y morir— se decide en sus primeras experiencias por la forma en que responde a dos cuestiones decisivas.

La primera es la adopción de un programa político correcto. Pero eso, solo, no garantiza la victoria. La segunda es que el grupo decida acertadamente cuál será el carácter de sus actividades y qué tareas se va a plantear, dados el tamaño y la capacidad del grupo, la etapa de desarrollo de la lucha de clases, la correlación de fuerzas en el movimiento político, etcétera.

Si el programa de un grupo político, sobre todo un grupo político pequeño, es falso, al final nada podrá salvarlo. Es imposible farolear tanto en el movimiento político como en la guerra. La única diferencia es que en tiempos de guerra las cosas llegan a tal extremo que toda debilidad queda expuesta casi de inmediato, según queda demostrado en una etapa tras otra de la actual guerra imperialista. En la lucha política esta ley es igual de implacable. El farolear no resulta. A lo sumo se logra engañar a la gente por un tiempo, pero las principales víctimas del engaño, a fin de cuentas, son los propios faroleros. Hay que tener la cosa auténtica. Es decir, hay que tener un programa correcto a fin de sobrevivir y servir la causa de los trabajadores.

Un ejemplo de las consecuencias fatales de farolear y tratar a la ligera el programa es el tristemente célebre grupo de Lovestone. Algunos de ustedes que son nuevos en el movimiento revolucionario puede que nunca hayan oído hablar de esta facción que en un momento determinado ocupó un papel muy prominente, ya que ha desaparecido totalmente del escenario. No obstante, en aquellos días los que constituían el grupo de Lovestone eran los dirigentes del Partido Comunista americano. Fueron ellos los que llevaron a cabo nuestra expulsión, y cuando unos seis meses más tarde ellos mismos fueron expulsados, comenzaron con fuerzas y recursos mucho más numerosos que nosotros. En los primeros días parecían mucho más impresionantes. Pero no tenían un programa correcto y tampoco trataron de desarrollarlo. Creían que podían engañar un poco la historia; que podían tomar atajos en relación a los principios y mantener fuerzas más numerosas transigiendo en cuanto al programa. Y por un tiempo lo hicieron. Pero al final, este grupo con tantas energías y capacidades y con gente muy talentosa, fue totalmente destruido en la lucha política, se disolvió de forma ignominiosa. En la actualidad la mayoría de sus dirigentes —que yo sepa, todos— se han subido al tren de la guerra imperialista, sirviendo intereses totalmente opuestos a los que se habían propuesto servir al comienzo de su labor política. El programa es decisivo.

Por otro lado, si el grupo entiende mal las tareas que le imponen las condiciones del momento, si no sabe responder a la más importante de las cuestiones en política —o sea: qué hacer ahora—, entonces el grupo, por más méritos que tenga, se puede desgastar realizando esfuerzos mal orientados y actividades fútiles, e ir al traste.

Así que, como dije en mis palabras iniciales, nuestro destino se decidió en aquellos primeros días con la respuesta que dimos a la cuestión del programa y la forma en que analizamos las tareas del momento. En eso consistió nuestro mérito, como fuerza política recién creada en el movimiento obrero americano, el mérito que aseguró el progreso, la estabilidad y el desarrollo ulterior de nuestro grupo: que respondimos correctamente a estas dos cuestiones.

La conferencia no abordó todos los problemas planteados por las condiciones políticas del momento. Abordó únicamente los problemas más importantes, o sea, a los que había que dar respuesta primero. Y el primero era el problema ruso, la cuestión de la revolución existente. Como dije en la última presentación, desde 1917 se ha demostrado una y otra vez que la cuestión rusa es la piedra de toque para toda corriente política en el movimiento obrero. Quienes adoptan una posición equivocada sobre la cuestión rusa, tarde o temprano abandonan la vía revolucionaria. La cuestión rusa ha sido aclarada un sinnúmero de veces en artículos, folletos y libros. Sin embargo, surge cada vez que ocurre un giro importante de los acontecimientos. Hasta fecha tan reciente como 1939 y 1940 tuvimos que debatir una vez más la cuestión rusa con una corriente pequeñoburguesa dentro de nuestro movimiento. Los que deseen estudiar la cuestión rusa en toda su profundidad, toda su agudeza y toda su urgencia pueden encontrar material abundante en la literatura de la Cuarta Internacional. Por eso no necesito aclararla detalladamente esta noche. Simplemente la reduzco a lo más esencial y digo que la cuestión que enfrentábamos en nuestro primer congreso era la de si debíamos continuar apoyando el estado soviético, la Unión Soviética, a pesar del hecho que su dirección había caído en manos de una casta conservadora y burocrática. En esos días había personas que se denominaban y se consideraban revolucionarios, que habían roto con el Partido Comunista o que habían sido expulsados de él, y que querían dar completamente la espalda a la Unión Soviética y lo que quedaba de la Revolución Rusa y comenzar de nuevo, con "borrón y cuenta nueva" como partido antisoviético. Nosotros rechazamos ese programa y a todos los que nos instaron a adoptarlo. Si hubiésemos transigido en ese asunto, en esos días podríamos haber conseguido muchos miembros. Tomamos una posición firme de apoyo a la Unión Soviética; no de derrocarla sino de intentar reformarla mediante los instrumentos del partido y de la Comintern.

En el curso de los acontecimientos se demostró que todos aquellos que, por impaciencia, ignorancia o subjetividad —independientemente de la causa—, anunciaron prematuramente la muerte de la Revolución Rusa, en realidad estaban anunciando su propio fin como revolucionarios. Todos y cada uno de esos grupos y tendencias se degeneraron, se desmoronaron desde la base, se retiraron al margen y en muchos casos se pasaron al campo de la burguesía. Nuestra salud política y nuestra vitalidad revolucionaria fueron resguardadas, ante todo, por la actitud correcta que tomamos respecto a la Unión Soviética, a pesar de los crímenes que habían cometido —incluso contra nosotros— los individuos que controlaban la administración de la Unión Soviética.

El problema sindical tuvo una importancia extraordinaria, la tuvo entonces como la ha tenido siempre. En esa época era un problema particularmente agudo. Después de un largo experimento con políticas oportunistas de derecha, la Internacional Comunista y los Partidos Comunistas que estaban bajo su dirección y control habían dado un giro grande hacia la izquierda, hacia el ultraizquierdismo: una manifestación característica del centrismo burocrático de la facción de Stalin. Habiendo perdido la brújula marxista, se distinguieron por una tendencia de saltar de la extrema derecha a la izquierda y viceversa. En la Unión Soviética habían pasado por una prolongada experiencia con política derechista, conciliándose con los kulaks y los *Nepmen,* hasta que la Unión Soviética —y con ella la burocracia— llegó al borde del desastre. En el ámbito internacional, políticas similares dieron resultados similares. Al reaccionar a esto, y ante las críticas implacables de la Oposición de Izquierda, hicieron una sobrecorrección ultraizquierdista en todos los campos. En relación a la cuestión sindical viraron hasta la posición de abandonar los sindicatos establecidos, incluida la Federación Americana del Trabajo, y crearon un nuevo movimiento sindical hecho a la medida y bajo el control del Partido

Comunista. La política descabellada de construir "sindicatos rojos" pasó a ser la orden del día.

Nuestra primera Conferencia Nacional adoptó una posición firme contra esa política, y se declaró a favor de trabajar dentro del movimiento sindical existente, limitando el sindicalismo independiente al sector no organizado. Denunciamos sin clemencia el sectarismo renovado que formaba parte de esta teoría de un nuevo movimiento sindical "comunista" creado por medios artificiales. Al tomar esa postura, por lo acertado de nuestra política sindical, nos aseguramos que cuando llegara el momento en que pudiéramos tener cierto acceso al movimiento de masas, sabríamos cuál sería la ruta más corta para llegar a él. Los sucesos posteriores confirmaron lo correcto de la política sindical que aprobamos en nuestra primera conferencia y que hemos mantenido consecuentemente desde entonces.

La tercera gran cuestión de importancia a la que teníamos que responder era si debíamos crear un nuevo partido independiente, o si todavía nos considerábamos una facción del Partido Comunista existente y de la Comintern. Aquí también fuimos asediados por personas que se creían radicales: ex miembros del Partido Comunista que se habían agriado completamente y querían tirar lo sano con lo podrido; elementos sindicalistas y ultraizquierdistas que, por su antagonismo al Partido Comunista, estaban dispuestos a juntarse con cualquiera que quisiera crear un partido para oponérsele. Es más, en nuestras propias filas hubo quienes reaccionaron subjetivamente ante las expulsiones burocráticas, las calumnias, la violencia y el ostracismo que se emplearon contra nosotros. Ellos también querían renunciar al Partido Comunista y empezar un nuevo partido. Esta propuesta tenía un atractivo superficial. Pero resistimos, rechazamos esa idea. Los que simplificaban el asunto nos decían: "¿Cómo pueden ser una facción de un partido cuando de allí los han expulsado?" Les explicábamos: Se trata de evaluar correctamente a los miembros del Partido Comunista y de encontrar el enfoque táctico adecuado hacia ellos. Si el Partido Comunista y sus miembros se han degenerado a tal punto que no tienen salvación y si hay un grupo más progresista de trabajadores (ya sea existente o potencial a partir del rumbo que lleve el grupo) del cual podamos formar un partido nuevo y mejor, entonces el argumento a favor de un nuevo partido es correcto. Sin embargo, decíamos, no vemos tal grupo por ningún lado. No vemos nada de progresista, de combativo, una verdadera inteligencia política en ninguna de estas diversas oposiciones, en estos individuos y tendencias. Casi todos son críticos de sillón y sectarios. La verdadera vanguardia del proletariado está integrada por las decenas de miles de trabajadores que han sido despertados por la Revolución Rusa. Estos se mantienen fieles a la Comintern y al Partido Comunista. No han seguido de cerca el proceso de degeneración gradual. No han desentrañado los problemas teóricos que están detrás de esta degeneración. Es imposible que ellos siquiera consideren nuestros planteamientos a menos que nos situemos sobre el terreno del partido y busquemos no destruirlo sino reformarlo, exigiendo ser readmitidos al partido con derechos democráticos.

Ese problema lo resolvimos correctamente al declararnos una facción del partido y de la Comintern. A nuestra organización la llamamos *La Liga Comunista de América (Oposición),* para indicar que no éramos un nuevo partido sino simplemente una facción de oposición al antiguo partido. La experiencia ha demostrado con creces lo correcto de esta decisión. Al mantenernos como partidarios del Partido Comunista y de la Internacional Comunista, al oponernos a los dirigentes burocráticos en la cima, pero valorando correctamente a las filas tal y como eran en aquella época, y al buscar contacto con ellos, seguimos captando nuevos reclutas de las filas de los trabajadores del Partido Comunista. La mayoría abrumadora de nuestros miembros en el primer lustro de nuestra existencia surgió del PC. Así creamos las bases de un movimiento comunista regenerado. En cuanto a los antisoviéticos y antipartidistas, nunca produjeron más que confusión.

De esta decisión de formar, en esos momentos, una facción y no un partido nuevo, se deriva otra cuestión importante y problemática, la cual se debatió y disputó extensamente en nuestro movimiento por cinco años, desde 1928 hasta 1933. Esa cuestión era la siguiente: ¿Qué tarea concreta debemos plantearle a este grupo de 100 personas dispersas por todo lo ancho de este vasto país? Si nos constituimos como partido independiente, entonces debemos apelar directamente a la clase trabajadora, dar la espalda al degenerado Partido Comunista y emprender una serie de esfuerzos y actividades en el movimiento de masas. En cambio, si hemos de constituirnos no como partido independiente sino como facción, de ahí se desprende que debemos dirigir nuestros más importantes esfuerzos, llamamientos y actividades, no a la masa de 40 millones de trabajadores americanos, sino a la vanguardia de la clase nucleada en el Partido Comunista y su entorno. Se puede ver cómo esas dos cuestiones estaban ligadas. En la política —y no solo en la política— una vez que se dice "A" se debe decir "B". O bien nos orientábamos hacia el Partido Comunista, o nos alejábamos del Partido Comunista hacia las masas no desarrolladas, no organizadas y no formadas. No puede haber pollo en corral y en cazuela.

El problema consistía en comprender la verdadera situación, la etapa de desarrollo en ese momento. Por supuesto, hay que encontrar un camino hacia las masas a fin de crear un partido que pueda dirigir una revolución. Pero el camino hacia las masas pasa por la vanguardia y no por encima de ella. Algunos no entendían eso. Creían que podían soslayar a los trabajadores comunistas y echarse en medio del movimiento de masas de manera de encontrar allí a los mejores candidatos para el grupo más avanzado y más desarrollado teóricamente del mundo, es decir, la Oposición de Izquierda, que era la vanguardia de la vanguardia. Esta concepción era errónea, producto de la impaciencia y de la incapacidad de pensar las cosas a fondo. Planteamos en cambio que nuestra tarea principal era la *propaganda*, no la *agitación*.

Dijimos: Nuestra primera tarea es dar a conocer a la vanguardia los principios de la Oposición de Izquierda. No nos hagamos creer que ahora podemos llegar a la gran masa indocta. Primero debemos conseguir lo que se pueda de este grupo de vanguardia, que consiste de decenas de miles de miembros y simpatizantes del Partido Comunista, y a partir de ellos cristalizar cuadros suficientes, ya sea para reformar el partido o, si tras un gran esfuerzo que al final fracasa —y solo después de demostrar contundentemente dicho fracaso—, para construir un partido nuevo con las fuerzas reclutadas a través de este proceso. Solo así nos será posible reconstituir el partido en el verdadero sentido de la palabra.

Por aquel entonces apareció en el horizonte un personaje que también quizás les resulte desconocido a muchos de ustedes, pero que en esos días hizo muchísimo alboroto. Albert Weisbord había sido miembro del PC y logró que lo expulsaran en 1929 por hacer críticas, o por una u otra razón; nunca quedó muy claro. Después de su expulsión Weisbord decidió estudiar un poco. Sucede a menudo, pues, que después que alguien recibe un golpe duro, empieza a preguntarse qué lo causó. Al poco tiempo Weisbord emergió de sus estudios para proclamarse trotskista; pero no trotskista en un 50 por ciento como éramos nosotros, sino un trotskista verdadero y genuino al 100 por ciento, cuya misión en la vida era aclararnos las cosas.

Esta era su revelación: los trotskistas no deben ser un círculo de propaganda, sino que deben pasar directamente al "trabajo de masas". Esa concepción debía llevarlo lógicamente a proponer la formación de un nuevo partido, algo que no podía hacer muy fácilmente porque no tenía miembros. Tuvo que aplicar la táctica de ir primero a la vanguardia, y aplicarla a nosotros. Con algunos de sus amigos personales y otros, lanzó una enérgica campaña de "taladrar desde adentro" y golpear desde afuera a este pequeño grupo de 25 ó 30 personas que para entonces teníamos organizadas en la ciudad de Nueva York. A la vez que nosotros proclamábamos la necesidad de hacer propaganda entre los miembros y simpatizantes del Partido Comunista como vínculo al movimiento de masas, Weisbord, proclamando un programa de acción de masas, dirigía el 99 por ciento de sus actividades de masas no a las masas, ni siquiera al Partido Comunista, sino a nuestro pequeño grupo trotskista. Con nosotros estaba en desacuerdo en todo y nos denunciaba como falsos representantes del trotskismo. Cuando decíamos "sí", él decía, "decididamente sí". Si ofrecíamos 75, él pujaba más aún. Cuando dijimos "Liga Comunista de América", él denominó a su grupo la "Liga Comunista de Lucha" para hacerlo más fuerte. El meollo de la pugna con Weisbord fue esta cuestión de la naturaleza de nuestras actividades. Él se impacientaba por lanzarse al trabajo de masas por encima del Partido Comunista. Rechazamos su programa y él nos denunció en gruesos boletines mimeografiados uno tras otro.

Algunos de ustedes quizás aspiren a ser historiadores del

movimiento, o por lo menos estudiantes de la historia del movimiento. De ser así, estas charlas informales que estoy dando pueden servir como guías para un estudio más profundo de las cuestiones y las coyunturas más importantes. El material escrito abunda. Si lo buscan, literalmente encontrarán fardos enteros de boletines mimeografiados, dedicados a críticas y denuncias de nuestro movimiento y especialmente, por alguna razón, de mí. Esa clase de cosas ha ocurrido tan a menudo que desde hace mucho aprendí a aceptarlo como hecho cotidiano. Siempre que alguien en nuestro movimiento se vuelve loco, comienza a denunciarme a gritos, sin ninguna provocación por parte mía. Así que Weisbord nos denunció, sobre todo a mí, pero lo debatimos. Mantuvimos nuestro rumbo.

En nuestras filas había gente impaciente que creía que tal vez valdría la pena probar la receta de Weisbord: una manera para que un grupito pobre hiciera fortuna rápidamente. Es muy fácil que un grupo de personas aisladas, reunidas en un cuartito y discutiendo entre sí, se convenzan de las propuestas más radicales a menos que guarden un sentido de proporción, sensatez y realismo. Algunos de nuestros camaradas, decepcionados por nuestro crecimiento lento, se dejaron seducir por la idea de que lo único que nos faltaba era un programa de trabajo de masas para salir a captar a las masas. Ese sentimiento creció hasta tal punto que Weisbord creó una pequeña facción dentro de nuestra organización. Nos vimos obligados a declarar una reunión abierta para debatir el asunto. Admitimos a Weisbord, que formalmente no era miembro, y le concedimos el uso de la palabra. Debatimos el asunto luchando a brazo partido. Al final aislamos a Weisbord. Nunca alistó a más de 13 miembros en su grupo en Nueva York. Ese grupito atravesó una serie de expulsiones y escisiones y finalmente desapareció del escenario.

Consumimos una tremenda cantidad de tiempo y de energía debatiendo y luchando en torno a esta cuestión. Y no solo con Weisbord. En aquellos días, constantemente había gente impaciente en nuestras filas que nos daba lata. Las dificultades de la época ejercían mucha presión sobre nosotros. Semana tras semana y mes tras mes parecía que apenas avanzábamos una pulgada. Brotó el desaliento, y junto a él la demanda que ideáramos un plan para crecer más rápidamente, una fórmula mágica. Esa idea la resistimos, la debatimos y echamos atrás, y mantuvimos a nuestro grupo sobre la línea correcta, de cara a la única fuente posible de crecimiento saludable: las filas de los trabajadores comunistas que aún permanecían bajo la influencia del Partido Comunista.

El "viraje a la izquierda" de los estalinistas nos colmó de nuevas dificultades. Stalin diseñó este viraje en parte para socavar a la Oposición de Izquierda; hacía que los estalinistas parecieran aún más radicales que la Oposición de Izquierda de Trotsky. Echaron del partido a los lovestonistas acusándolos de "derechistas", entregaron la dirección del partido a Foster y Compañía y proclamaron una política de izquierda. Con esta maniobra nos asestaron un golpe devastador. Los elementos descontentos en el partido, que se habían inclinado hacia nosotros y se habían opuesto al oportunismo del grupo de Lovestone, se reconciliaron con el partido. Nos decían: "Ya ven, se equivocaron. Stalin está rectificando todo. Está tomando una posición radical en todo: en Rusia, en Estados Unidos, en todas partes". En Rusia la burocracia estalinista declaró la guerra contra los kulaks. Por todo el mundo se estaba socavando la posición de la Oposición de Izquierda. En Rusia se produjo toda una serie de capitulaciones. Rádek y otros renunciaron a la lucha bajo el pretexto de que Stalin había adoptado la política de la Oposición. Yo diría que había quizás cientos de miembros del Partido Comunista que se habían inclinado hacia nosotros, a quienes les dio la misma impresión y volvieron al estalinismo en la época del giro ultraizquierdista.

Esos días fueron los verdaderos días de perros de la Oposición de Izquierda. Habíamos pasado los primeros seis meses progresando de manera bastante constante y en la conferencia formamos nuestra organización nacional con muchas esperanzas. Y de repente se detuvo el reclutamiento de las filas del partido. Tras la expulsión de los lovestonistas, una ola de ilusiones se propagó por el Partido Comunista. La reconciliación con el estalinismo estaba a la orden del día. Nos vimos frenados. Y entonces empezó todo el bullicio del primer Plan Quinquenal. Los miembros del Partido Comunista se llenaron de entusiasmo con el Plan Quinquenal, que la Oposición de Izquierda había iniciado y reivindicado. El pánico en Estados Unidos, la "depresión", provocó una fuerte ola de decepción con el capitalismo. En esa situación, el Partido Comunista parecía ser la fuerza más radical y revolucionaria del país. El partido empezó a crecer, a expandir sus filas y atraer simpatizantes a montones.

Nosotros, con nuestras críticas y explicaciones teóricas, les parecíamos a todos como un grupo de imposibilistas, discutidores de nimiedades, latosos. Andábamos tratando de hacer que se comprendiera que la teoría del socialismo en un solo país es fatal para un movimiento revolucionario en última instancia; que teníamos que aclarar esta cuestión teórica a toda costa. Seducidos por los primeros éxitos del Plan Quinquenal, nos miraban y decían: "Esta gente está loca, no vive en este mundo". En momentos en que decenas y cientos de miles de nuevos elementos empezaban a orientarse hacia la Unión Soviética, la cual avanzaba con el Plan Quinquenal, cuando el capitalismo parecía irse a pique, aquí venían estos trotskistas, con sus documentos bajo el brazo, exigiendo que uno leyera libros, que estudiara, que discutiera, y así por el estilo. Nadie nos quería escuchar.

En esos días de perros para el movimiento, quedamos excluidos completamente de contactos. No teníamos ni amigos, ni simpatizantes, ni periferia en torno a nuestro movimiento. No teníamos la menor posibilidad de poder participar en el movimiento de masas. Cada vez que intentábamos ingresar a una organización obrera, nos expulsaban como trotskistas contrarrevolucionarios. Intentábamos enviar delegaciones a las asambleas de los desempleados. Rechazaban nuestras credenciales aduciendo que éramos enemigos de la clase trabajadora. Estábamos completamente aislados, replegados sobre nosotros mismos. Nuestro reclutamiento cayó casi a cero. El Partido Comunista y su enorme periferia parecían herméticos a nuestros esfuerzos.

En ese entonces, como siempre sucede con los movimientos políticos nuevos, empezamos a reclutar fuerzas no muy saludables. Si ustedes de nuevo se ven reducidos a un puñado pequeño, lo cual puede sucederles a los marxistas dadas las mutaciones que se dan en la lucha de clases; si las cosas nuevamente les van mal y tienen que empezar desde el principio, entonces les puedo adelantar algunos de los dolores de cabeza que van a padecer. Todo movimiento nuevo atrae elementos que se podrían denominar correctamente como lunáticos marginales. Maniáticos que buscaban la expresión más extrema del radicalismo, inadaptados, charlatanes y oposicionistas crónicos que ya habían sido expulsados de media docena de organizaciones: en medio de nuestro aislamiento se nos empezó a acercar ese tipo de gente, gritando, "Hola, camaradas". Siempre me opuse a admitir a este tipo de personas, pero la marea era demasiado fuerte. En la rama de Nueva York de la Liga Comunista libré una recia lucha en contra de admitir a un hombre como miembro simplemente por su aspecto y forma de vestir.

Me preguntaban, "¿Qué tienes contra él?" Yo decía, "Anda de arriba abajo por Greenwich Village vestido con traje de pana, bigote postizo y melena. Algo anda mal con este tipo". Y no lo decía como broma. Yo decía que esa clase de individuos no van a ser aptos para abordar al trabajador americano común y corriente. Van a hacer que nuestra organización parezca algo estrafalario, anormal, exótico; algo que no tiene nada que ver con la vida normal de un trabajador americano. Yo tenía toda la razón en general, y también en este caso específico del que hablo. Nuestro muchacho con traje de pana, después de causar todo tipo de líos en la organización, terminó siendo oehlerista.

Mucha gente que se acercó a nosotros se había rebelado contra el Partido Comunista, no por sus aspectos malos sino por sus aspectos buenos: es decir, la disciplina del partido, la subordinación del individuo a las decisiones del partido en el trabajo actual. Mucha gente de mentalidad pequeñoburguesa y diletante, que no soportaba ningún tipo de disciplina y que se había salido del PC o había sido expulsada de él, quería —o más bien pensaba que quería— hacerse trotskista. Algunos se unieron a la rama de Nueva York, trayendo consigo a nuestra organización ese mismo prejuicio contra la disciplina. Muchos de los recién llegados hacían un fetiche de la democracia. Les repugnaba tanto el burocratismo del Partido Comunista que deseaban una organización sin ningún tipo de autoridad o disciplina o centralización.

Toda la gente de este tipo comparte un rasgo: les gusta discutir las cosas sin límites ni fin. La rama de Nueva York del movimiento trotskista en aquellos días era un hervidero constante de discusiones. Jamás he visto a uno de estos elementos que no se exprese con facilidad. Lo he buscado pero nunca lo he encontrado. Todos saben hablar; y no solo saben sino que *lo hacen;* y lo hacen interminablemente sobre todos los temas. Eran iconoclastas que no aceptaban nada como autoridad, como algo ya decidido en la historia del movimiento. Una y otra vez había que probar todo y a todos a partir de cero.

Aislados de la vanguardia que representaba el movimiento del Partido Comunista y sin contacto con la masa viva de trabajadores, nos veíamos replegados sobre nosotros mismos y sometidos a esta invasión. No había salida. Tuvimos que atravesar este prolongado período de hervidero y debates. Yo tuve que escucharlos, y es una razón por la que tengo tantas canas. Nunca fui sectario ni disparatado. Nunca tuve paciencia con los que confunden la mera verborrea con las cualidades de una dirección política. Sin embargo, no se podía darle la espalda a este grupo tan acosado. Había que mantener a este núcleo frágil y pequeño del futuro partido revolucionario. Tenía que pasar por esta experiencia. De alguna forma tenía que sobrevivir. Había que ser paciente con miras al futuro; por eso escuchábamos a los charlatanes. No fue fácil. Muchas veces he pensado que si —a pesar de que no creo en ello— hay algo de cierto en lo que dicen del más allá, a mí me va a tocar una buena recompensa: no por lo que he hecho, sino por lo que he tenido que escuchar.

Esos fueron los tiempos más duros. Y entonces, naturalmente, el movimiento entró en su inevitable período de dificultades, fricciones y conflictos internos. Teníamos fuertes riñas y disputas, muchas veces sobre cosas sin importancia. Eso tenía una causa. Ningún pequeño movimiento aislado ha logrado librarse de esto. Un grupo pequeño y aislado, replegado sobre sí mismo, con el peso de todo el mundo sobre sus espaldas, sin contacto con el movimiento obrero de masas y sin recibir de él ningún correctivo aleccionador, está destinado, en el mejor de los casos, a pasar tiempos difíciles. Nuestras dificultades crecieron debido a que muchos reclutas no eran material de primera. Muchos de los que se afiliaron a la rama de Nueva York no eran miembros por razones merecidas. No eran el tipo de persona que a la larga podría forjar un movimiento revolucionario; eran diletantes, elementos pequeñoburgueses indisciplinados.

Y luego, la pobreza perenne del movimiento. Estábamos tratando de publicar un periódico, pretendíamos publicar toda una lista de folletos, y todo sin los recursos necesarios. Cada centavo que obteníamos lo devoraban inmediatamente los gastos del periódico. No teníamos ni un quinto. Esos fueron los días de verdadera presión, los días difíciles de aislamiento, de pobreza, de dificultades internas desalentadoras. Esto no duró ni semanas ni meses, sino años. Y bajo esas condiciones severas, que duraron años, toda debilidad de un individuo salía a la superficie; todo lo mezquino, egoísta y desleal. Yo había conocido a algunos de los individuos con anterioridad, cuando el clima era más favorable. Ahora los llegué a conocer en sus entrañas. Y también en esos días terribles aprendí a conocer a Ben Webster y a los hombres de Minneapolis. Ellos siempre me respaldaron, nunca me defraudaron, me supieron apoyar.

El movimiento más grande, con su magnífico programa para la liberación de toda la humanidad, con las más grandiosas perspectivas históricas, estaba inundado en esa época por un mar de problemas insignificantes, celos, camarillas y luchas internas. Lo peor de todo es que estas luchas faccionales no eran totalmente comprensibles a los miembros porque las grandes cuestiones políticas implícitas en ellas aún no habían aflorado. Sin embargo, no eran riñas puramente personales —como parecían serlo tan a menudo— sino que, como pueden ver todos hoy tan claramente, era el ensayo prematuro de la gran y definitiva lucha de 1939-40 entre las tendencias proletaria y pequeñoburguesa en nuestro movimiento.

Esos fueron los días más difíciles de los 30 años que he militado en el movimiento: aquellos días desde la conferencia de Chicago en 1929 hasta 1933, los años del terrible aislamiento hermético, con todas las dificultades que le acompañaron. El aislamiento es el medio natural del sectario, pero para el que tiene el instinto del movimiento de masas, es el más cruel de los castigos.

Fueron los días difíciles, pero a pesar de todo realizamos nuestras tareas propagandísticas, y en general lo hicimos muy bien. En la conferencia de Chicago decidimos publicar a toda costa el mensaje entero de la Oposición rusa. Ya teníamos a nuestra disposición todos los documentos acumulados, que habían sido suprimidos, y los escritos contemporáneos de Trotsky. Llegamos a la conclusión de que la acción más revolucionaria que podíamos tomar no era la de salir a proclamar la revolución en Union Square, ni de tratar de ponernos a la cabeza de decenas de miles de trabajadores que aún no nos conocían; no era la de adelantarnos a nosotros mismos.

Nuestra tarea, nuestro deber revolucionario, consistía en imprimir las palabras, llevar a cabo *propaganda* en el sentido más estricto y concentrado, o sea, la edición y distribución de publicaciones teóricas. Con ese fin a nuestros miembros les agotamos el dinero para poder comprar una linotipia de segunda mano y montar nuestra propia imprenta. De todas las empresas comerciales que se han ideado en la historia del capitalismo, creo que ésta fue la mejor, teniendo en cuenta los recursos disponibles. Si no estuviéramos interesados en la revolución, creo que fácilmente podríamos calificarnos, solo por esta iniciativa, como muy buenos expertos de negocios. Sin duda ahorramos muchos recursos para que el negocio marchara. Le encargamos a un joven camarada, que acababa de terminar un curso de linotipo, a que operara la máquina. En ese entonces no era mecánico de primera; ahora no solo es buen mecánico, sino que es dirigente del partido y conferencista en la Escuela de Ciencias Sociales de Nueva York. En aquellos días todo el peso de la propaganda del partido descansaba sobre este camarada que operaba la linotipia. Se contaba una anécdota acerca de él, no sé si sea cierta o no, que no sabía mucho de esa máquina. Era una máquina vieja y destartalada, un aparato de segunda que nos habían encajado. De vez en cuando dejaba de funcionar, como una mula cansada. Charlie ajustaba unas cuantas piezas y si eso no funcionaba, tomaba un martillo y le daba uno o dos golpes a la linotipia para que entrara en razón. Entonces empezaba a funcionar debidamente y salía otro número del *Militant*.

Más tarde tuvimos tipógrafos aficionados. Cerca de la mitad de la rama de Nueva York trabajó en la imprenta en una u otra ocasión —pintores, albañiles, trabajadores de la costura, contadores— todos trabajaron una temporada como cajistas aficionados. Con una imprenta bastante ineficiente y una plantilla excesiva logramos ciertos resultados trabajando sin remuneración. Ese era el secreto de la imprenta trotskista. No era eficiente desde ningún otro punto de vista, pero se mantenía operando gracias al secreto que desde el faraón han conocido todos los amos esclavistas: si uno tiene esclavos no necesita mucho dinero. No teníamos esclavos, pero contábamos con camaradas apasionados y dedicados que trabajaban día y noche en los aspectos mecánicos y editoriales del periódico, prácticamente sin recibir nada. Estábamos escasos de fondos.

Todas las cuentas siempre se vencían, y los acreedores siempre estaban encima exigiendo que se les pagara de inmediato. Tan pronto cancelábamos la cuenta del periódico, teníamos que pagar el alquiler del local, bajo amenaza de desalojo. La cuenta del gas tenía que pagarse inmediatamente porque sin gas la linotipia no funcionaba. Se tenía que pagar la cuenta eléctrica porque sin electricidad y luz no funcionaba el taller. Todas las cuentas había que pagarlas, ya fuera que tuviéramos dinero o no. Lo máximo que esperábamos pagar en cualquier momento era el alquiler, el costo del papel, las mensualidades y reparaciones de la linotipia y las cuentas del gas y la electricidad. Muy rara vez había algo de sobra para pagar a los "contratados", no solo a los camaradas que trabajaban en la imprenta, sino a los que trabajaban en la oficina, los dirigentes de nuestro movimiento.

Nuestras filas realizaron grandes sacrificios continuamente, pero nunca mayores que los sacrificios hechos por la dirección. Por eso los dirigentes del movimiento tuvieron siempre una fuerte autoridad moral. Los dirigentes de nuestro partido siempre tenían la autoridad para exigir sacrificios de las filas, porque ellos sentaban el ejemplo y todo el mundo lo sabía.

De una u otra forma el periódico salía. Se imprimieron folletos, uno tras otro. Distintos grupos de camaradas patrocinaban sendos folletos nuevos de Trotsky, contribuyendo el dinero para comprar el papel. En aquel anticuado taller nuestro se imprimió un libro completo sobre los problemas de la revolución china. Todos los camaradas que quieran saber acerca de los problemas del Oriente deben leer el libro que se publicó en esas condiciones adversas: en el 84 al este de la Calle 10, en la ciudad de Nueva York.

Y a pesar de todo —he citado muchos de los aspectos negativos y las dificultades— a pesar de todo, logramos avanzar un poco. Instruimos al movimiento con los grandes principios del bolchevismo sobre un plano jamás antes visto en este país. Formamos a cuadros destinados a desempeñar un papel muy importante en el movimiento obrero americano. Logramos eliminar a algunos de los inadaptados y reclutamos a gente buena uno por uno; aquí y allá captábamos un miembro nuevo; empezamos a establecer nuevos contactos.

Tratamos de celebrar mítines públicos. Fue muy difícil porque en aquellos días nadie nos quería escuchar. Recuerdo que en una ocasión hicimos un gran esfuerzo por movilizar a toda la organización para distribuir volantes, para tener un mitin masivo en este mismo salón. Llegaron 59 personas, incluidos nuestros miembros, y toda la organización se llenó de entusiasmo. Comentábamos entre nosotros: "Hubo 59 personas en la presentación de la otra noche. Estamos empezando a crecer".

Recibimos ayuda desde afuera de Nueva York. De Minneapolis, por ejemplo. Los camaradas que más tarde cobraron fama como dirigentes sindicales no siempre fueron famosos dirigentes sindicales. En aquella época eran paleadores de carbón que trabajaban entre 10 y 12 horas diarias en los depósitos de carbón, paleando carbón, el trabajo físico más duro. De sus sueldos lograban juntar hasta cinco o 10 dólares por semana y lo mandaban directamente a Nueva York para asegurarse que saliera el *Militant*. Muchas veces no teníamos dinero para el periódico. Enviábamos un cable a Minneapolis y ellos nos mandaban un giro cablegráfico por 25 dólares o algo así. Lo mismo hacían camaradas en Chicago y en otras ciudades. Fue por una combinación de todos estos esfuerzos y sacrificios en todo el país que sobrevivimos y fuimos publicando el periódico.

De vez en cuando recibimos fondos inesperados. En una o dos ocasiones un simpatizante nos dio 25 dólares.

Esos eran verdaderos días de fiesta en la oficina. Teníamos un "fondo rotativo de alquiler", que era el último recurso en nuestras desesperadas artimañas financieras. Un camarada que tenía que pagar su alquiler, digamos 30 ó 40 dólares que debía el 15 del mes, nos lo prestaba el día 10 para pagar alguna cuenta urgente. Cinco días más tarde conseguíamos que otro camarada nos prestara el dinero de su alquiler para pagarle al primer camarada a tiempo para satisfacer a su casero. El segundo camarada entonces entretenía a su casero hasta que nosotros pudiéramos hacer otro arreglo, tomábamos prestado el alquiler de alguien más para pagarle. Esto pasaba constantemente. Eso nos facilitaba un capital circulante para superar los aprietos.

Esos fueron tiempos crueles y pesados. Los sobrevivimos porque tuvimos fe en nuestro programa y porque contamos con la ayuda del camarada Trotsky y de nuestra organización internacional. El camarada Trotsky empezaba su gran obra desde el exilio por tercera vez. Sus escritos y su correspondencia nos inspiraron y nos abrieron una ventana a todo un mundo nuevo de teoría y conocimientos políticos. La intervención del Secretariado Internacional constituyó una ayuda decisiva para resolver nuestras dificultades. Buscábamos sus consejos y teníamos la sensatez de atenderlos cuando nos los ofrecían. Sin la colaboración internacional —eso es lo que significa la palabra "internacionalismo"— es imposible en esta época que un grupo político sobreviva y se desarrolle por un camino revolucionario. Eso nos dio la fuerza para perseverar y perdurar, para mantener la organización y estar listos cuando se nos presentara la oportunidad.

En mi próxima charla les voy a mostrar que cuando sí se presentó la oportunidad, estábamos listos. Cuando apareció la primera grieta en ese muro de aislamiento y estancamiento, logramos saltar para atravesarla y salir de nuestro círculo sectario. Empezamos a desempeñar un papel en el movimiento político y sindical. Para eso era necesario mantener claro nuestro programa y firme nuestro coraje, en aquellos días en que se producían capitulaciones en Rusia y el desaliento se apoderaba de los trabajadores en muchas partes. Una derrota tras otra cayó sobre la vanguardia de la vanguardia. Muchos comenzaron a cuestionarse. ¿Qué hacer? ¿Es posible hacer algo? ¿No es mejor aflojar las cosas un poco? Trotsky escribió un artículo, "¡Tenacidad! ¡Tenacidad! ¡Tenacidad!" Fue su respuesta a la ola de desaliento que siguió a la capitulación de Rádek y de otros. Resistir y luchar: eso es lo que deben aprender los revolucionarios, por pocos que sean, sin importar lo aislados que se encuentren. Resistan y luchen hasta que se presente la oportunidad, y entonces aprovechen toda oportunidad. Resistimos hasta 1933 y entonces empezamos a ver la luz del día. Fue entonces que los trotskistas empezaron a colocarse en el mapa político de este país. De eso hablaré en la próxima charla.

6
La ruptura con la Comintern

Ya hemos tenido cinco presentaciones en este curso. Como recordarán, la semana pasada cubrimos con la quinta los primeros cuatro años de la Oposición de Izquierda, la Liga Comunista de América, desde 1928 hasta 1932. Como recalqué la semana pasada, para el nuevo movimiento esa fue la época del aislamiento más severo y de las mayores dificultades. La semana pasada hice hincapié, quizás demasiado, en los aspectos negativos del movimiento en esa época: el estancamiento, la pobreza de fuerzas y de medios materiales, las inevitables dificultades internas que se acumulaban a partir de esas circunstancias y los lunáticos marginales que nos plagaban como plagan a todo movimiento radical nuevo. Factores objetivos más allá de nuestro control nos imponían este aislamiento junto con sus males concomitantes. No podíamos evitarlo ni con los mejores esfuerzos ni con la mejor voluntad. Así estaba la situación en esos momentos. De los factores que hacían que nuestro aislamiento fuese casi absoluto, el más importante era el auge del movimiento estalinista que se desprendía de la crisis que ocurría en todos los países burgueses al mismo tiempo que la Unión Soviética avanzaba bajo el primer Plan Quinquenal de Industrialización. El aumento del prestigio de la URSS, y del estalinismo que parecía ser su representante legítimo ante los ojos de gente sin sentido crítico —y las grandes masas no tienen sentido crítico— hizo que nuestro movimiento oposicionista pareciera algo extravagante, irrealista. Además, en el movimiento obrero había un gran estancamiento. No había huelgas. Los trabajadores estaban inactivos. En aquel momento no se interesaban en acciones de ningún tipo. Todo eso iba en detrimento de nuestro pequeño grupo, confinándolo a un rincón.

Nuestra tarea en esa época difícil era de mantenernos firmes, aclarar las cuestiones fundamentales, formar a nuestros cuadros con miras a un futuro en que las condiciones objetivas ofrecieran posibilidades para la expansión del movimiento. Nuestra tarea también era de explorar de forma exhaustiva las posibilidades de reformar los Partidos Comunistas y la Internacional Comunista, que hasta ese momento abarcaban prácticamente a toda la vanguardia obrera en este país y el resto del mundo. Los sucesos que empezaron a estallar por el mundo a principios de 1933 demostraron que habíamos cumplido magníficamente nuestra tarea principal. Cuando las cosas comenzaron a moverse, cuando se nos presentó la oportunidad de romper nuestro aislamiento, estábamos listos. No desperdiciamos ni un minuto para aprovechar las oportunidades que se nos presentaron a partir de 1933, y especialmente de 1934.

Nuestro movimiento se había educado en una escuela formidable bajo la dirección e inspiración del camarada Trotsky, la escuela del internacionalismo. Nuestros cuadros se habían forjado al calor del estudio y del debate de los problemas mundiales más importantes.

Según he mencionado en conferencias anteriores, la gran debilidad del movimiento comunista americano en el pasado había sido su visión nacionalista, no en la teoría sino en la práctica, su ignorancia de los acontecimientos internacionales y su falta de interés en ellos, la falta de una verdadera formación y de un interés serio en la teoría. Esos defectos se corrigieron en nuestro joven movimiento.

Formamos a un grupo de personas que abordaban todos los problemas a partir de consideraciones teóricas fundamentales, de la experiencia internacional, y que aprendieron a analizar los acontecimientos internacionales. Nuestro movimiento desentrañó los misterios del problema ruso. En un artículo tras otro, en un folleto tras otro, en un libro tras otro, el camarada Trotsky nos reveló una óptica mundial de todas las cuestiones. Nos brindó un entendimiento claro de la complejidad de lo que es un estado obrero cercado por el capitalismo, un estado obrero que se va degenerando y que va engendrando una burocracia retrógrada, pero que aún retiene sus cimientos fundamentales.

Alemania ya comenzaba a ser el centro del problema mundial. Ya en 1931 Trotsky había escrito un folleto que tituló *Alemania, la clave de la situación internacional*. Él percibió antes que los demás el creciente peligro del fascismo y la inevitabilidad de un enfrentamiento fundamental entre el fascismo y el comunismo. Antes que cualquiera, y con más claridad que cualquiera, analizó lo que se aproximaba en Alemania. Nos educó para que lo entendiéramos e intentó preparar al Partido Comunista de Alemania y a los trabajadores alemanes para esa prueba fatal.

Nuestro joven movimiento también estudió y comprendió la revolución española que estalló en diciembre de 1930, gracias ante todo a la ayuda de los escritos y las interpretaciones teóricos del camarada Trotsky. Durante esos días de aislamiento dedicamos tiempo a estudiar la cuestión china. La semana pasada mencioné que en este período tan difícil, a pesar de la pobreza y la debilidad de nuestro movimiento, logramos publicar todo un libro, *Problems of the Chinese Revolution* (Problemas de la revolución china). Ese libro contenía tesis, artículos y ponencias de la Oposición rusa que habían sido suprimidos, redactados durante los días decisivos de la revolución china: 1925, 1926 y 1927. Se puede decir que esa gran batalla histórica mundial se libró a espaldas de los miembros de la Comintern, quienes tenían los ojos vendados; a ellos nunca se les permitió conocer lo que los grandes maestros del marxismo en la Oposición de Izquierda rusa tenían que decir sobre esos acontecimientos. Nosotros publicamos los documentos suprimidos. Nuestros camaradas se educaron en torno a los problemas de la revolución china. Es una de las razones importantes —de hecho, es *la* razón importante— por las que hoy nuestro partido tiene una posición tan clara y firme sobre la cuestión colonial; por lo que no perdemos la cabeza frente a la defensa de China y la lucha independentista de India. Nuestro partido entiende claramente el significado que este enorme levantamiento de los pueblos asiáticos puede tener para la revolución proletaria internacional. Es parte de nuestro legado de esos días de aislamiento y estudio.

A comienzos de 1933 empezamos a intervenir más activamente en el movimiento obrero en general. Tras una larga preparación propagandística, iniciamos nuestro viraje hacia el trabajo de masas. Ya les hablé de la lucha que sostuvimos en nuestra organización con alguna gente impaciente que quería empezar por el trabajo de masas, saltar, por así decirlo, por encima de nuestras propias cabezas y dejar para el futuro tanto la formación de nuestros cuadros como la definición de nuestro programa y nuestra labor de propaganda. Eso era poner las cosas patas arriba. Nosotros primero elaboramos nuestro programa, formamos a nuestros cuadros y realizamos nuestra labor preliminar de propaganda. Luego, cuando surgieron oportunidades de participar en el movimiento obrero, estábamos listos para llevar a cabo nuestra actividad en función de un fin determinado. No realizamos actividades simplemente por ser activos, lo que algún ingenioso describió una vez como movimiento total sin rumbo alguno. Estábamos preparados para entrar al movimiento de masas con un programa claramente definido y con métodos destinados a brindar los máximos resultados al movimiento revolucionario con el mínimo necesario de actividad.

Al leer los tomos del *Militant* —que documentan cronológicamente nuestras actividades, nuestros planes y nuestras esperanzas— se informa que el 22 de enero de 1933 en Nueva York se celebró una conferencia sobre el tema del desempleo. Se había convocado, desde luego, a iniciativa de la organización estalinista, pero era un tanto distinta de algunas de sus conferencias anteriores, de las cuales se nos había excluido. En esa ocasión, al vacilar y andar de derecha a izquierda, empezaron a hacer escarceos con el frente único, tratando de interesar a algunas organizaciones no estalinistas en un movimiento general contra el desempleo. Con ese fin, hicieron un llamamiento en que invitaron a dicha conferencia a todas las organizaciones. En nuestro periódico comentamos que era un viraje en sentido correcto hacia el frente único, o al menos un viraje a medias. Yo escribí un artículo en que señalaba que al invitar a "todas las organizaciones" finalmente habían abierto una pequeña brecha por la cual la Oposición de Izquierda podría entrar a ese movimiento; pasaríamos por esa brecha y la abriríamos más. Llegamos a la conferencia

—Shachtman y Cannon, en carne y hueso— preparados para decirle a todo el proletariado cómo debía librarse la lucha contra el desempleo. Y no se trata de una broma. Nuestro programa era el correcto, y lo explicamos a fondo. El *Militant* publicó un reportaje completo de nuestros discursos en que abogamos por un frente único de los partidos políticos y los sindicatos a favor de asistencia para los desempleados.

El 29 de enero de 1933, en Gillespie, Illinois, se celebró una conferencia del Sindicato de Mineros Progresistas (Progressive Miners Union) y otras organizaciones obreras independientes, para considerar el asunto de una nueva federación sindical. Asistí a la conferencia invitado por un grupo de los Mineros Progresistas, y allí hablé. Era la primera vez que lograba salir de Nueva York en casi cinco años. Era también la primera vez que un representante de la Oposición de Izquierda americana tenía la oportunidad de dirigirse a trabajadores como tales, más allá del pequeño círculo de radicales intelectuales. No dejamos escapar la oportunidad. Nuestra Liga me envió allá, pasé unos días con los mineros y establecí varios contactos importantes. Me sentí muy bien al estar de nuevo en contacto con el movimiento vivo de los trabajadores, con el movimiento de masas.

Al regresar en autobús de Gillespie a Chicago —lo recuerdo muy nítidamente— leí informes de prensa que el presidente Hindenburg había nombrado a Hitler como canciller. En ese momento tuve el presentimiento que las cosas comenzaban a abrirse. El estancamiento, el punto muerto del movimiento obrero mundial estaba cediendo totalmente. Las cosas se encaminaban a un enfrentamiento. Estábamos completamente listos para asumir nuestro papel en la nueva situación. Cuando consultaba los reportajes el otro día, al preparar mis apuntes para esta conferencia, me pareció que esta acción de nuestra Liga, nuestro primer esfuerzo por participar en una asamblea obrera de masas en Gillespie, Illinois, simbolizaba nuestra sintonía con el nuevo período. Nuestra acción estuvo sincronizada inconscientemente con la ruptura del estancamiento en Alemania. Reaccionamos muy enérgicamente ante este nuevo fenómeno, ante los inicios de una nueva actividad en el movimiento obrero aquí, y especialmente ante la situación en Alemania. Eramos como atletas, entrenados y listos para la acción, pero restringidos por las dificultades externas y sin poder avanzar. Entonces, de repente se nos abrió una nueva situación y nos metimos de lleno en ella.

Nuestra primera reacción frente a los sucesos alemanes fue convocar a un mitin de masas en Nueva York. Hacía mucho tiempo que habíamos abandonado la idea de mítines de masas porque las masas no llegaban. A lo sumo podíamos realizar pequeños foros abiertos, conferencias, reuniones de círculos, etcétera. Esta vez ensayamos un mitin público: el Casino Stuyvesant, 5 de febrero de 1933. "El significado de los sucesos en Alemania" con Shachtman y Cannon como oradores. El reportaje del *Militant* dice que a nuestro mitin de masas concurrieron 500 personas.

Dimos la voz de alerta sobre el inminente enfrentamiento entre el fascismo y el comunismo en Alemania. Luego, mientras el asunto permanecía tan agudo —a diario se presenciaban nuevos hechos en Alemania—, hicimos algo sin precedentes para un grupo tan pequeño como el nuestro. Transformamos nuestro semanario, el *Militant* —que para entonces había pasado a ser un semanario—, y lo sacamos tres veces por semana, desatando con fuego intenso en cada número el mensaje del trotskismo sobre los sucesos de Alemania. Si me preguntan cómo lo hicimos, no sería capaz de explicarlo. Pero lo hicimos. No era posible, pero existe un dicho entre los trotskistas, que en tiempos de crisis no se hace lo que es posible, sino lo que es necesario. Y nos pareció necesario romper con nuestras discusiones y críticas de rutina sobre los estalinistas, y hacer algo que conmocionara a todo el movimiento obrero para que comprendiera lo decisivos que eran los sucesos de Alemania para el mundo entero. Queríamos llamar la atención de todos los trabajadores, especialmente los trabajadores miembros del Partido Comunista. Apretamos el paso. Comenzamos a exclamar, a tocar la alarma. Nuestros camaradas corrían a toda reunión que pudieran hallar, a la reunión más pequeña de trabajadores, y con bultos de ejemplares del *Militant* bajo del brazo gritaban a todo pulmón: "¡Lea el *Militant*!" "¡Lea la verdad sobre Alemania!" "¡Lea lo que dice Trotsky!"

Durante los sucesos alemanes nuestra consigna era: *¡El frente único de las organizaciones obreras y batalla hasta la muerte!* ¡El frente único combativo de todas las organizaciones obreras contra el fascismo! Los estalinistas y los socialdemócratas rechazaban el frente único en Alemania. Después de los acontecimientos, ambos han fingido lo contrario, y pretenden culparse mutuamente, pero ambos son mentirosos, ambos son culpables de traición. Dividieron a los trabajadores, y ninguno de ellos tuvo la menor voluntad para luchar. Gracias a esta división, la monstruosa plaga del fascismo tomó el poder en Alemania y proyectó su sombra tenebrosa sobre el mundo entero.

Durante esas semanas fatídicas, hicimos todo lo posible por despertar, avivar y educar a los trabajadores miembros del Partido Comunista americano. Organizamos una serie de mítines de masas, no solo el que mencioné. Sostuvimos una serie en Manhattan y, por primera vez, nos extendimos hacia los diversos distritos de Nueva York. Nos habían tenido tan rodeados y aislados que en los primeros días nunca habíamos logrado salir de la Calle 14. Teníamos solo una rama porque no teníamos gente suficiente para dividirnos; todo se concentraba en esa zona pequeña de la Calle 14 y la plaza Union Square donde se congregaban los trabajadores radicales.

Sin embargo, con la crisis de Alemania nos extendimos y celebramos mítines en Brooklyn y el Bronx. En el *Militant* se informa que en todo el país se celebraban mítines de masas convocados por las ramas locales de la Liga Comunista de América. A Hugo Oehler —en ese entonces miembro de nuestra organización— se le envió de gira para que hablara sobre Alemania. Fuimos sumamente dinámicos al abordar a los estalinistas. Estábamos decididos a toda costa a que nuestro mensaje llegara al que quisiera escucharlo. Incluso invadimos un mitin de masas de los estalinistas en el Bronx, volviéndoles las tornas. Shachtman y yo, flanqueados por algunos de nuestros camaradas, simplemente entramos a este mitin de masas estalinista y pedimos el uso de la palabra. La audacia de la demanda pareció dejar perplejos a los farsantes que estaban a cargo del evento, y entre el público hubo gritos de "¡Déjenles hablar!" En ese mitin estalinista hablamos y dimos nuestro mensaje.

Conforme el movimiento obrero en general cobraba nuevos bríos, no dejábamos escapar una sola oportunidad de participar en las nuevas actividades. En marzo de 1933, los estalinistas patrocinaron en Albany una conferencia estatal sobre el desempleo a la que asistieron unos 500 delegados. Las mismas reglas que nos permitieron presentarnos en la conferencia local en Nueva York, también nos permitieron enviar delegados a Albany. Yo me presenté en la conferencia, tomé la palabra y di un discurso ante los 500 delegados sobre la concepción marxista del frente único en el movimiento de los desempleados. Ese discurso aparece en el *Militant* del 10 de marzo de 1933.

Se coordinaron temas nacionales e internacionales. A la vez que gritábamos a todo pulmón sobre la situación en Alemania, dedicábamos tiempo a participar en una conferencia sobre el desempleo en el estado de Nueva York.

Ustedes saben que los consejos, las explicaciones, las advertencias de Trotsky fueron desatendidos. El Partido Comunista de Alemania, bajo el liderazgo y control directos de Stalin y su camarilla en Moscú, capituló en Alemania sin una lucha. El fascismo triunfó sin siquiera la apariencia de una guerra civil, sin siquiera una pelea callejera. Y ésa —como muchas veces lo ha explicado Trotsky, y Engels antes que él— es la más desmoralizadora de todas las derrotas, la derrota sin batalla, porque los que son derrotados así pierden confianza en sí mismos por mucho tiempo. Es posible que un partido que luche sea vencido por fuerzas superiores. Pero deja una tradición, una inspiración moral, que puede llegar a ser un tremendo factor que galvanice al proletariado para que más adelante se alce de nuevo en una coyuntura más favorable. Ese es el papel que ocupó la Comuna de París en la historia. El movimiento socialista internacional se erigió sobre su gloriosa memoria.

La revolución de 1905 en Rusia se inspiró en la heroica lucha de los comuneros de París de 1871. De forma similar, la revolución de 1905 en Rusia, derrotada después de una batalla, fue el gran capital moral del proletariado ruso y tuvo una tremenda influencia en desatar la revolución proletaria que triunfó en 1917. Los bolcheviques siempre decían que 1905 fue el ensayo general para 1917.

¿Pero qué papel puede ocupar en la historia la miserable capitulación de los socialdemócratas y los estalinistas en Alemania? Allí estaba el proletariado más poderoso de Europa occidental. En la última elección, los socialdemócratas combinados con los estalinistas habían obtenido más de 12 millones de votos. Si los trabajadores alemanes se hubiesen unido en la acción, de un golpe sólido habrían podido dispersar a los cuatro vientos a la escoria fascista. A este proletariado poderoso, desunido y traicionado por el liderazgo, se le conquistó sin una batalla. Los fascistas le impusieron el régimen más horrible y bárbaro. Antes de estos acontecimientos, Trotsky había dicho que el negarse a luchar sería la peor traición de la historia. Y lo fue. El fracaso de 10 insurrecciones, dijo Trotsky, no podría desmoralizar al proletariado ni una centésima parte de lo que lo significaría una capitulación sin lucha, la cual les quitaría confianza en sí mismos. Después de esta capitulación, de esta trágica culminación de la situación alemana, mucha gente comenzó a pensar en todo lo que Trotsky había dicho y hecho en aras de ayudar a que los trabajadores evitaran la catástrofe. Lo que terminó sucediendo comenzó a parecerles a muchos una verificación total, aunque en sentido negativo, de todo lo que él había dicho y explicado. El prestigio y la autoridad de Trotsky y del movimiento trotskista empezaron a crecer enormemente, aun entre aquellos círculos que habían tendido a catalogarnos como sectarios dados a las nimiedades.

Sin embargo, en el Partido Comunista —tanto aquí como en otros países— y en la Comintern en su conjunto no hubo una reacción profunda. Quedó evidente entonces que estos partidos se habían burocratizado tanto, se habían corrompido tanto desde adentro, estaban tan desmoralizados, que ni siquiera la traición más cruel de la historia era capaz de producir una verdadera rebelión entre las filas. Quedó patente que la Internacional Comunista estaba muerta del punto de vista de la revolución, había sido destruida por el estalinismo.

Y luego, en el desarrollo dialéctico de la historia, comenzó a manifestarse un fenómeno peculiar y contradictorio. En 1914–18, la socialdemocracia internacional traicionó al proletariado en apoyo de la guerra imperialista. Los partidos socialdemócratas renunciaron al internacionalismo y se pusieron al servicio de sus propias burguesías. Fue esta traición lo que hizo que los revolucionarios marxistas formaran una nueva internacional, la Internacional Comunista, en 1919. La Internacional Comunista surgió de la lucha contra los traidores, con el programa del marxismo regenerado como estandarte y con Lenin y Trotsky como sus dirigentes. Sin embargo, en el transcurso de los acontecimientos de 1919 a 1933 —apenas 14 años— esa misma internacional se había convertido en totalmente lo contrario; se había transformado en el mayor obstáculo y el principal factor de retraso del movimiento obrero internacional. La Internacional Comunista de Stalin traicionó al proletariado aún más vergonzosamente, más ignominiosamente, de lo que había hecho la Segunda Internacional de los socialdemócratas en 1914.

A los trabajadores revolucionarios de la nueva generación les repugnaba el estalinismo. Con el decursar de los acontecimientos, bajo la tremenda presión de estos sucesos internacionales y especialmente el ascenso del fascismo en Alemania, los partidos socialdemócratas comenzaron a manifestar tendencias izquierdistas y centristas de todo tipo. Había muchas razones para explicar este fenómeno. La burocracia tenía tan aislados a los Partidos Comunistas contra todo pensamiento independiente o vida revolucionaria que los trabajadores radicales los rechazaban. En busca de una expresión revolucionaria, muchos de ellos terminaron integrándose a los partidos de la socialdemocracia, que estaban construidos de manera menos rígida. A la vez, la generación más joven de socialdemócratas, que no cargaban con la culpa de las traiciones de 14 años atrás, y que no formaban parte de esa tradición o mentalidad, se estaban impacientando bajo la tremenda presión de los sucesos y buscaban una solución radical. De forma similar, empezaron a surgir agrupaciones de izquierda en el seno de los socialdemócratas, especialmente dentro de las organizaciones juveniles. Y esa tendencia mundial se reflejó también en Estados Unidos con un auge del Partido Socialista. La escisión de 1919 y una escisión secundaria ocurrida en 1921 habían dejado al Partido Socialista en Estados Unidos hecho un desastre. No quedaba nada más que un armatoste hueco. La juventud rebelde —todo lo que era vital y vivaz— se incorporó a la organización comunista juvenil. El Partido Socialista languideció por años con unos cuantos miles de miembros, apoyado principalmente por la pandilla traicionera del diario judío *Forward* (Adelante) y de los burócratas de los sindicatos de la costura en Nueva York, los cuales necesitaban al Partido Socialista para que les diera un cariz y protección seudoradical frente a sus trabajadores de izquierda. Durante años el Partido Socialista fue solo una fea caricatura de partido. Sin embargo, a medida que el Partido Comunista se volvió más y más burocrático, expulsando a más y más trabajadores honestos y cerrándoles las puertas a otros, el Partido Socialista comenzó a experimentar una revitalización. Su estructura suelta y democrática atrajo a todo un nuevo estrato de trabajadores que nunca antes habían estado en un movimiento político. Miles de ellos, que por la crisis económica adquirieron conciencia radical, ingresaron al Partido Socialista. Este experimentó una revitalización y un crecimiento; para 1933 se habían integrado a sus filas no menos de 25 mil miembros. Además, gracias a esta infusión de sangre nueva y del desarrollo de la generación joven, el partido empezó a demostrar un poco de vigor, surgió de sus filas una tendencia de izquierda, centrista.

De forma parecida, tanto aquí como en otros países, más allá del Partido Comunista se desarrollaron agrupaciones independientes de trabajadores que antes no habían tenido vínculos con partidos radicales pero que por sus propias experiencias adquirieron conciencia radical. Un movimiento único de esa índole en este país fue el de la Conferencia para la Acción Progresista del Trabajo (Conference for Progressive Labor Action—CPLA). Lo dirigía A.J. Muste. La CPLA comenzó como movimiento progresista en los sindicatos. Ante el impacto de la crisis adquirió una dirección cada vez más radical. Para fines de 1933, el movimiento de Muste estaba ocupado en discusiones sobre el problema de dejar de ser una agrupación informal de activistas en los sindicatos y transformarse en un partido político.

Al capitular la Comintern en Alemania, Trotsky dio la señal a los marxistas revolucionarios del mundo. "La Comintern está en quiebra. Debemos formar nuevos partidos y una nueva Internacional". El prolongado experimento, los largos años de esfuerzos como facción para influenciar al Partido Comunista, aunque expulsados del mismo, habían agotado su curso. No fue algún decreto nuestro lo que hizo irreformable al Partido Comunista. La historia misma lo había demostrado. Simplemente reconocimos la realidad. Sobre esa base cambiamos completamente nuestra estrategia y nuestras tácticas.

De una facción de la Internacional Comunista, nos declaramos precursores de un nuevo partido y de una nueva internacional. Empezamos a apelar directamente a los trabajadores que adquirían conciencia como radicales y carecían de afiliación o experiencia políticas. A través de muchos años de esfuerzo —al mantener nuestra posición como facción de la Comintern— habíamos reclutado de las filas de la vanguardia del Partido Comunista a los preciosos cuadros del nuevo movimiento. Ahora empezamos a dirigir nuestra atención hacia los Partidos Socialistas y los grupos independientes y hacia los grupos de izquierda y centristas dentro de ellos. En esa época el *Militant* publicó numerosos reportajes y análisis del desarrollo del Ala Izquierda en el Partido Socialista. Hubo artículos sobre la Conferencia para la Acción Progresista del Trabajo y su plan para transformarse en partido político. Hubo acercamientos favorables hacia la Liga Socialista de los Jóvenes (Young People's Socialist League—YPSL). Y, siguiendo la línea de Trotsky, lo que hicimos aquí se hizo también a nivel internacional. En todas partes, los grupos de trotskistas comenzaron a entablar contacto con la recién desarrollada y aparentemente viable Ala Izquierda de la socialdemocracia.

Había llegado la hora de transformar toda nuestra actividad y realizar el viraje hacia el trabajo de masas. Así como en nuestros primeros días habíamos rechazado la demanda prematura que —con nuestro puñadito de gente— dejáramos todo de un lado y nos echáramos de lleno al movimiento de masas, ahora, hacia fines de 1933, habiendo completado nuestra labor preliminar y habiéndonos preparado, adoptamos la consigna: "De un círculo de propaganda viremos al trabajo de masas".

Esa propuesta precipitó una nueva crisis interna. El "viraje" sacó a la luz el problema del sectarismo. Se tenía que combatir hasta el final. La política es el arte de hacer el movimiento preciso en el momento preciso. En los primeros días de nuestra organización, la impaciencia de cierta gente por escapar del aislamiento impuesto por las circunstancias objetivas había provocado una crisis y un conflicto interno. Ahora la situación se daba a la inversa. Las condiciones objetivas habían cambiado de forma radical. Se presentaba la oportunidad que entráramos en el movimiento de masas, estableciéramos contacto con trabajadores, penetráramos profundamente en los movimientos de los socialistas de izquierda y de grupos independientes que estaban en efervescencia. Había que aprovechar la oportunidad sin demora alguna. Nuestra decisión de hacerlo enfrentó la resistencia decidida de camaradas que se habían adaptado al aislamiento y que se habían acomodado a él. En ese ambiente, algunos habían desarrollado una mentalidad sectaria. Les daba escalofríos el intento de dar impulso al movimiento trotskista para sacarlo de su aislamiento y sumirlo en las aguas frías y turbulentas del movimiento de masas. Estos escalofríos los justificaban como "principios". Así comenzó la lucha contra el sectarismo en nuestra organización, lucha que se libró hasta el final de forma clásica.

Comenzamos a reclutar más rápidamente. Llamábamos mucho más la atención con nuestra propaganda sobre los acontecimientos en Alemania. Se nos empezaba a acercar gente de forma inesperada, gente desconocida, para buscar nuestra literatura. "¿Qué dice Trotsky?" "¿Qué escribió sobre Alemania?"

Pasamos un hito enorme: Hacia el final de nuestros primeros cinco años de lucha, habíamos desarrollado la rama de Nueva York hasta llegar a un total de 50 personas. Lo recuerdo porque una regla en la constitución de nuestra organización limitaba el tamaño de las ramas a 50 miembros. Una rama que alcanzara ese tamaño debía dividirse en dos ramas. Esto lo incorporamos a la constitución en nuestra primera conferencia en 1929. En aquellos días podíamos haber puesto a todos los miembros a nivel nacional en dos ramas, pero aspirábamos al día que llegara nuestra hora. Recuerdo que en 1933 se planteó por primera vez el problema de cumplir con esta parte de la constitución, y tuvimos una disputa sobre cómo se debía dividir la rama.

El 1 y 2 de mayo de 1933 se celebró en Chicago el gran Congreso Mooney, de alcance nacional, iniciado por los estalinistas pero que contó con la participación de muchos sindicatos. Enviamos una delegación a este congreso y tuve la oportunidad de hablar ante varios miles de personas. Fue una experiencia refrescante tras aquel prolongado confinamiento en el limitado círculo de los debates internos. Allí comencé la colaboración política con Albert Goldman, quien aún estaba en el Partido Comunista pero que ya estaba encaminado hacia romper con su línea. Tanto su discurso en el Congreso Mooney como el mío sobre el frente único fueron ataques directos contra la política estalinista. Esto preparó el terreno para la expulsión de Goldman y su posterior afiliación a nosotros. Fue el comienzo de una colaboración muy fructífera.

De Chicago, según informa el *Militant,* salí de gira para hablar sobre dos temas: "La tragedia del proletariado alemán" y "El camino a la revolución en América". A un grupo de intelectuales estalinistas de Nueva York, que pertenecían al partido o trabajaban en su periferia, les empezó a irritar la falsedad manifiesta de la línea estalinista, puesta en evidencia por los acontecimientos en Alemania. Finalmente rompieron con el PC y se nos unieron. Esa fue nuestra primera adquisición en cantidad. Hasta ese momento, se nos habían venido afiliando personas una por una. Ahora se nos unía un grupo, un grupo de intelectuales. Eso era muy significativo. Los movimientos de los intelectuales deben estudiarse muy atentamente como síntomas. En el terreno de las ideas se mueven un poco más rápidamente que los trabajadores. Como las hojas en la cima de un árbol, se agitan primero. Cuando vimos en Nueva York que un grupo de intelectuales serios rompía con el estalinismo, comprendimos que era el comienzo de un movimiento que pronto se manifestaría en las filas y que muchos trabajadores estalinistas se nos acercarían.

Un suceso importante en los últimos meses de 1933

fue la acción adoptada por la Conferencia para la Acción Progresista del Trabajo. Bajo el ímpetu de la creciente radicalización entre las filas de los trabajadores que habían reclutado, y sin duda al percibir que a los trabajadores radicales les resultaba cada vez menos atractivo el Partido Comunista, la CPLA organizó una conferencia en Pittsburgh y anunció provisionalmente la formación de un nuevo partido político. Es decir, eligió provisionalmente un comité encargado de la tarea de organizar el "Partido Americano de los Trabajadores" (American Workers Party—AWP).

En esos momentos se produjo la escisión de Benjamin Gitlow y su pequeño grupo de los lovestonistas. En esa época ocurrió también un gran auge de la centrista Ala Izquierda del Partido Socialista, y la adopción de una posición cada vez más radical por la Liga Socialista de los Jóvenes. En todas las organizaciones obreras había efervescencia y cambios. Quien tuviera una visión política podía ver que las cosas ahora realmente comenzaban a desarrollarse, y que no era el momento de quedarse sentados en la biblioteca para meditar sobre principios. Era el momento de actuar de acuerdo a esos principios; era el momento de estar atentos a todo, de aprovechar toda oportunidad que presentaran los nuevos acontecimientos ocurridos en otras organizaciones y movimientos.

Debo decir que no dejamos que se nos escapara ni una sola. No esperamos a que nos invitaran. Nos acercábamos a ellos. En la primera plana del *Militant* publicamos un manifiesto en que llamábamos a la formación de un nuevo partido y de una nueva Internacional. Invitamos a todo grupo, al que fuera, que estuviese interesado en formar un nuevo partido revolucionario y una nueva Internacional, para debatir con nosotros las bases del programa. Les decíamos: tenemos un programa, pero no se los presentamos como ultimátum. Es nuestro aporte al debate. Si ustedes tienen otras ideas para el programa, pongámoslas todas sobre la mesa para debatirlas de forma pacífica y como camaradas. Tratemos de resolver las diferencias sobre el programa y unamos fuerzas para construir un nuevo partido unificado. Hicimos campaña a favor del nuevo partido. La gran ventaja que teníamos sobre los otros grupos —la ventaja que aseguraba nuestra hegemonía— era que sabíamos lo que queríamos. Teníamos un programa claramente definido y eso nos daba cierto empuje. Los otros elementos de izquierda no estaban suficientemente seguros de sí mismos como para tomar la iniciativa. Eso nos tocó a nosotros. Eramos quienes todas las semanas, en realidad en todo momento, propugnaban un nuevo partido, escribiendo cartas a toda esa gente, escribiendo reseñas críticas pero favorables sobre los artículos que aparecían en sus publicaciones y sobre todas sus resoluciones. A nuestros camaradas en las filas les dimos instrucciones y los entrenamos para que establecieran contacto con las filas de esos otros grupos, para interesarlos en la discusión desde todos los ángulos y de arriba abajo, y preparar así el terreno para la futura fusión de los elementos revolucionarios, serios y honestos en un solo partido. Entretanto nuestra propia organización crecía, recibiendo más atención y ganando más prestigio y respeto. En todos estos círculos radicales, se respetaba a los trotskistas como los comunistas honestos, y a Trotsky como el gran pensador marxista que había comprendido el significado de los acontecimientos en Alemania, cuando nadie más lo hizo. Se nos admiraba por habernos mantenido firmes y no haber cedido terreno a pesar de la persecución y la adversidad. En todo el movimiento obrero se respetaba a nuestra organización. Esto fue un capital importante cuando llegó el momento de promover la fusión de los distintos grupos de izquierda en un solo partido. Después de cinco años de lucha, nuestras filas se habían consolidado sobre una base programática firme. Se habían formado en torno a las grandes cuestiones de principios, habían adquirido facilidad para explicarlas y aplicarlas con relación a los acontecimientos del día. Estábamos listos, nuestra experiencia anterior nos había preparado. Indudablemente, en muchos aspectos esa experiencia había sido más o menos sombría y negativa. Pero fue precisamente ese período de aislamiento, de dificultades, de debates, de estudio y asimilación de ideas teóricas, lo que preparó a nuestro joven movimiento para este nuevo florecer cuando el movimiento se abría en todas las direcciones. Entonces estábamos listos para un rotundo viraje táctico. En esos días nuestras filas se vieron infundidas de nuevas esperanzas y de anhelos grandes y ambiciosos. Al final de 1933, estábamos seguros que nos dirigíamos a la reconstitución en este país de un Partido Comunista genuino. Estábamos seguros que el futuro era nuestro. Si bien nos quedaban muchas luchas por delante, teníamos la sensación que habíamos superado lo peor, que avanzábamos. La historia ha demostrado que nuestras suposiciones eran acertadas. A partir de entonces las cosas sucedieron muy rápidamente y continuamente a favor nuestro. Desde ese momento, nuestro progreso ha sido prácticamente ininterrumpido.

7
El viraje al trabajo de masas

He comentado que la más importante de todas las cuestiones que se debe plantear un grupo o un partido político, una vez que ha elaborado su programa, es la de dar una respuesta correcta a la pregunta: *¿Qué hacer ahora?* La respuesta a esta pregunta no la determina, ni la puede determinar, simplemente el deseo o el capricho del partido o de la dirección del partido. La determinan las circunstancias objetivas y las posibilidades inherentes a las circunstancias.

Hemos hablado sobre los primeros cinco años de nuestra existencia como organización trotskista en Estados Unidos. Durante aquella época, nuestro reducido número, el estancamiento general del movimiento obrero y el dominio total que ejercía el Partido Comunista sobre todos los movimientos radicales nos impusieron la condición de facción del Partido Comunista. Asimismo, esas circunstancias exigieron que nuestro trabajo fuese primordialmente de propaganda y no de agitación de masas. Como ya se ha señalado, en la terminología del marxismo se hace una marcada distinción entre propaganda y agitación, distinción que se nubla en el lenguaje popular. En general la gente describe como propaganda cualquier tipo de publicidad, agitación, enseñanza, propagación de principios, etcétera. En la terminología del movimiento marxista, según lo definió Plejánov, agitación y propaganda son dos formas distintas de actividad. La propaganda la definió como la diseminación de muchas ideas fundamentales a un grupo reducido de gente; lo que quizás en Estados Unidos solemos llamar educación. La agitación la definió como la diseminación de unas pocas ideas, o de una sola idea, a mucha gente. La propaganda se dirige hacia la vanguardia; la agitación hacia las masas.

Al final de nuestra última conferencia llegamos a un cambio en la situación objetiva en la que nuestro partido había estado trabajando. La debacle en Alemania había hecho añicos de la Comintern; e iba perdiendo su autoridad en la periferia del movimiento comunista. Mucha gente que antes había hecho oídos sordos a todo lo que decíamos, comenzaba a interesarse en nuestras ideas y críticas. Por otro lado, las masas que habían permanecido aletargadas y estancadas durante los primeros cuatro años de la cataclísmica crisis económica, de nuevo comenzaban a moverse. La administración de Roosevelt estaba en el poder. Había una ligera reactivación de la industria. Los trabajadores regresaban a raudales a las fábricas y recuperaban la confianza en sí mismos que habían perdido en gran medida durante el terrible desempleo masivo. Había un gran movimiento hacia la organización sindical y comenzaban a desarrollarse huelgas. Este cambio rotundo en la situación objetiva impuso tareas totalmente nuevas al movimiento trotskista, a la Liga Comunista de América, la Oposición de Izquierda, según nos llamábamos hasta ese entonces. La debacle alemana había confirmado la bancarrota de la Comintern y había hecho que los trabajadores de pensamiento más avanzado y crítico comenzaran a alejarse de ella. En cambio, la moribunda socialdemocracia comenzaba a dar nuevas señales de vida dentro de su Ala Izquierda, debido a la tendencia revolucionaria en los sectores juvenil y proletario. Comenzaban a surgir movimientos independientes de inclinación radical, compuestos de trabajadores y algunos intelectuales a quienes les repelía el Partido Comunista por su vida burocrática pero que aún no se sentían atraídos a la socialdemocracia. El movimiento obrero americano comenzaba a despertar de su largo sueño, el estancamiento daba paso a una nueva vida y a un nuevo movimiento. La organización trotskista en este país se enfrentaba a una oportunidad y a una exigencia, inherentes a la situación objetiva, de hacer un cambio radical de orientación y de tácticas. Como he dicho, esa oportunidad nos encontró plenamente preparados y listos.

No perdimos tiempo al adaptarnos a la nueva situación. Transformamos completamente la naturaleza de nuestro trabajo y nuestra perspectiva. Sacudimos a nuestros miembros hasta el fondo con discusiones sobre las propuestas de la dirección para cambiar nuestro rumbo y romper con nuestro lustro de aislamiento. Con nuestras fuerzas y recursos limitados aprovechamos toda oportunidad de trabajar en un ambiente más amplio. Desde ese momento, toda nuestra actividad se rigió por un solo concepto general concretizado en la consigna: "De un círculo de propaganda, viremos al trabajo de masas", y hacerlo en ambos campos, el político y el económico.

Una de las mayores pruebas de la viabilidad de nuestro movimiento y su firme cimiento de principios fue el hecho que llevamos a cabo una transformación uniforme y simétrica de nuestra labor en ambos terrenos. En cada oportunidad nos adentrábamos en el movimiento de masas sin atascarnos en el fetichismo sindical. Nos manteníamos atentos a toda señal y toda tendencia hacia la izquierda en los otros movimientos políticos sin descuidar por ello el trabajo sindical. En el campo político nuestra consigna rectora era el llamamiento a un nuevo partido y a una nueva Internacional. Abordábamos otros grupos que antes se nos habían enfrentado solo como rivales y con los cuales no habíamos tenido un contacto estrecho. Comenzamos a estudiar estos otros grupos con más cuidado, a leer su prensa, a hacer que nuestros miembros establecieran contacto de carácter personal con miembros entre las filas para saber lo que pensaban. Tratamos de familiarizarnos con todos los matices en la forma de pensar y de sentir de estos otros movimientos políticos.

Buscamos establecer contacto y colaboración más estrechos con ellos en acciones conjuntas de una u otra índole, y hablamos de amalgamas y fusiones con miras a consolidar un nuevo partido obrero revolucionario. En el campo económico cosechamos los primeros frutos de nuestra correcta política sindical, en la cual nos habíamos empeñado sistemáticamente por cinco años. Esa política la habíamos contrapuesto a la política sindical sectaria del dualismo sindical propugnada por el Partido Comunista durante su funesto "Tercer Período", el período de su viraje ultraizquierdista. Asimismo, en contraposición a la política oportunista de la socialdemocracia —la política de subordinar los principios a la búsqueda de cargos y de una influencia ficticia, no real— habíamos ofrecido una línea clara a todos los elementos combativos del movimiento sindical que leían nuestra prensa. Ejercíamos una influencia considerable al dirigirlos hacia la principal corriente sindical, representada entonces por la Federación

Americana del Trabajo. A pesar del gran conservadurismo, la mentalidad de gremio de oficios y la corrupción de la dirección de la AFL, siempre les insistíamos a los militantes en que no se separaran de esa principal corriente del sindicalismo americano y que no establecieran sindicatos artificiales e ideales que estarían aislados de las masas. La tarea de los militantes revolucionarios, según nuestra definición, era de sumirnos en el movimiento obrero según existía y tratar de influenciarlo desde adentro. La Federación Americana del Trabajo celebró un congreso en octubre de 1933. En ese congreso se registró, por primera vez en muchos años, un extenso incremento de miembros como resultado del despertar de los trabajadores, de las huelgas y las campañas de sindicalización que, en nueve de cada 10 casos, se iniciaban desde abajo. Los trabajadores ingresaban a raudales a los diferentes sindicatos de la AFL sin mucho aliento u orientación por parte de la burocracia osificada.

Al preparar mis apuntes para esta conferencia, repasé algunos de los artículos y editoriales que escribimos en aquel entonces. No éramos simplemente críticos. No nos quedábamos simplemente al margen para explicar cuán falsos y traidores eran los dirigentes de la Federación Americana del Trabajo, aunque sin duda lo eran. En un editorial escrito con relación al congreso de octubre de 1933 de la Federación Americana del Trabajo, dijimos que el gran movimiento de las masas hacia los sindicatos solo se puede influenciar realmente desde adentro. "De ahí se desprende: Entremos a los sindicatos, quedémonos allí y trabajemos allí". Ese concepto clave orientó todos nuestros comentarios.

Expandimos nuestras actividades en el ámbito político. El *Militant* de ese período, octubre–noviembre de 1933, informa sobre una gira del camarada Webster, quien en aquel entonces era secretario nacional de nuestra organización. Él acababa de regresar de Europa, donde había visitado al camarada Trotsky y había asistido a una Conferencia Internacional de la Oposición de Izquierda tras el colapso alemán. Su gira lo llevó al oeste hasta Kansas City y Minneapolis; habló sobre la Conferencia Internacional, propugnó el mensaje del nuevo partido y de la nueva Internacional, se dirigió a públicos más numerosos de los que habíamos tenido antes, y adquirió nuevos contactos, dando una más amplia difusión al movimiento trotskista reanimado.

En noviembre, según el *Militant,* hicimos un banquete en el Casino Stuyvesant para celebrar el Quinto Aniversario del Trotskismo Americano. Al banquete asistió como orador invitado uno de los ex dirigentes del Partido Comunista que cinco años antes habían sido instrumentales en nuestra expulsión del partido. Se trataba del conocido Ben Gitlow, quien, tras haber popularizado un poco la práctica de las expulsiones, había sido su víctima. Lo habían expulsado junto a los otros lovestonistas. Cuatro años y medio más tarde, rompió con los lovestonistas y andaba como comunista independiente. Así fue que asistió a nuestro banquete en el Casino Stuyvesant el 4 de noviembre del 1933.

En octubre del mismo año, mientras en el frente político se registraban esos sucesos, los obreros de la seda en Paterson realizaban una huelga general. Nuestra pequeña organización se volcó de lleno a esa huelga, trató de influenciarla y estableció así unos nuevos contactos. A la huelga de Paterson le dedicamos una edición completa del *Militant,* una edición especial. Menciono esto a modo de ilustración sintomática de nuestra orientación en aquella época. Buscábamos oportunidades y las aprovechábamos todas para sacar la doctrina del trotskismo del cerrado círculo de propaganda de la vanguardia, y llevarla, de forma agitacional, hacia las masas de los trabajadores americanos. Sobre el frente político, el *Militant* publicó en noviembre un editorial dirigido a la Conferencia para la Acción Progresista del Trabajo (CPLA). La organización de Muste estaba por celebrar un congreso en el que, según se proyectaba, la CPLA dejaría de ser una red de comités sindicales para convertirse en organización política. Estábamos muy atentos a ese nuevo hecho. Escribimos un editorial de tono muy amistoso, recomendándoles que en su congreso tuvieran en cuenta la invitación que les habíamos hecho a todos los grupos políticos radicales independientes para debatir la cuestión de formar un partido unificado, y ante todo sugiriéndoles que se interesaran en la cuestión del internacionalismo. La CPLA había sido no solo un grupo estrictamente sindical, sino estrictamente nacional sin contacto internacional alguno y sin mucho interés en asuntos internacionales. En ese editorial les señalábamos que todo grupo que aspirara a organizar un partido político independiente debía interesarse, como uno de los requisitos fundamentales, en el internacionalismo y tomar una posición sobre las cuestiones internacionales decisivas.

En noviembre, según observo, publicamos un editorial titulado: "Frente único contra el gangsterismo". Esto se escribió con relación a un mitin realizado en Chicago en el que habló el camarada Webster durante su gira. El Partido Comunista había reanudado su matonismo de años pasados; una pandilla de estalinistas intentó desbaratar el mitin. Afortunadamente nuestro partido estaba preparado; fueron por lana y salieron trasquilados. A lo sumo lograron interrumpir la actividad hasta que los camaradas de la guardia se deshicieron de ellos.

Con relación a este evento publicamos un editorial en el que llamábamos a todas las organizaciones obreras a colaborar con nosotros para organizar una guardia obrera de un frente único, como decía el editorial, a fin de "defender la libertad de expresión en el movimiento obrero y escarmentar a los que interfieran con ella". De forma esporádica, en estos 13, casi 14 años de nuestra existencia, los estalinistas han recurrido a sus intentos de silenciarnos con métodos de matones. Ante cada intento, no solo nos defendimos sino que buscamos la ayuda de otros grupos para que colaboraran en la defensa. Aunque nunca logramos formar un movimiento permanente de frente único de defensa, en cada ocasión obtuvimos un éxito parcial. Fue suficiente para asegurar nuestros derechos y hasta la fecha los hemos mantenido. Es muy importante recordar esto con relación a un nuevo intento estalinista, en una parte del país, de silenciarnos. Actualmente el *Militant* informa sobre dicho intento, allá en California, y nuevamente se ve a nuestro partido en acción, formando frentes únicos, yendo en todas las direcciones en busca de apoyo, denunciándolos por todas partes, obligando a la pandilla de Stalin a retroceder. Nuestra gente sigue distribuyendo el periódico en los lugares proscritos de California.

En el número del 16 de diciembre de 1933 del *Militant* leí una declaración dirigida al Partido Comunista por un grupo de camaradas en Brooklyn en la que anunciaban su ruptura con el Partido Comunista, denunciaban las tácticas gamberristas de los estalinistas y su política falsa, y declaraban su adhesión a la Liga Comunista de América. Esta declaración en particular tenía un significado especial porque el dirigente de este grupo había sido capitán de la banda de matones del Partido Comunista en Brooklyn. A él y a otros los habían enviado a desbaratar mítines callejeros de la Oposición de Izquierda. En el transcurso de la lucha vio a nuestros camaradas no solo defender su posición y responder golpe a golpe, sino darles a estos jóvenes pandilleros ignorantes y maldirigidos un discurso de propaganda y un folleto para beneficio de su conciencia. Él se convirtió ahí mismo, en la línea de fuego. Eso sucedía constantemente.

Muchos de los militantes más activos en los primeros días habían sido jóvenes estalinistas ignorantes al principio. Comenzaban peleando contra nosotros y luego, como Saúl en el camino de Damasco, les golpeaba una luz cegadora, se convertían y pasaban a ser buenos comunistas, es decir, trotskistas. Es importante recordar esto si los estalinistas nos atacan frente a locales sindicales: muchos de esos ignorantes jóvenes estalinistas, a quienes mandan a atacarnos, no saben lo que están haciendo. Con el tiempo a algunos los vamos a convertir si combinamos las dos formas de educación. Ya saben, en todo sindicato bien dirigido hay comités educativos y comités "educativos", y ambos cumplen objetivos muy buenos. Uno se encarga de organizar clases para la educación de los miembros y el otro les imparte educación a los esquiroles que no quieren escuchar las clases.

Hay una anécdota legendaria sobre un debate que se dio hace unos años en el Sindicato de Barberos de Chicago acerca de la actividad educativa. Este sindicato tenía un comité "educativo" y un aspecto de las obligaciones de sus miembros era encargarse de las vitrinas de las tiendas de esquiroles. Andaban en auto. El sindicato estaba atravesando una ola combinada de ahorro y de radicalismo. Un radical poco práctico presentó la moción de que para ahorrar dinero se le retiraran los autos al comité "educativo". Dijo: "Que vayan en bicicleta". Uno de los veteranos preguntó indignado: "¿Y dónde diablos van a llevar sus piedras si andan en bicicleta?" Así que permitieron que el comité "educativo" retuviera sus autos; el comité educativo organizó un buen programa de clases en las asambleas sindicales y todo marchó bien.

Al fin de ese memorable año de 1933, se inició un movimiento de sindicalización entre los trabajadores hoteleros de Nueva York, quienes estaban pasando apuros económicos y por largos años habían carecido de protección sindical. Después de una serie de huelgas fallidas y de la dañina labor de los estalinistas, el nivel de sindicalización había mermado. Se había reducido primordialmente a un pequeño sindicato independiente, un vestigio de épocas pasadas, con unos cuantos centros de trabajo bajo su control, y a un sindicato "rojo" especial de los estalinistas. Este reanimado movimiento de sindicalización nos ofreció nuestra primera gran oportunidad en el movimiento de masas desde 1928. Tuvimos la oportunidad de penetrar ese movimiento desde el comienzo, dar forma a su desarrollo, y al final de tener el liderazgo de una gran huelga general de trabajadores hoteleros en Nueva York. No obstante, por la incompetencia y la traición de algunos miembros individuales de nuestro movimiento que ocupaban puestos claves, el asunto terminó en una debacle vergonzosa. Sin embargo, de la experiencia y las lecciones de ese primer intento, que concluyó tan desastrosamente, cosechamos ricos resultados que nos aseguraron logros posteriores en el terreno sindical. Hasta el día de hoy seguimos utilizando el capital que adquirimos en esa primera experiencia en cuestiones sindicales.

Comenzó la campaña para sindicalizar los hoteles, y como suele suceder en asuntos sindicales, la suerte jugó su papel. Por casualidad, unos miembros de nuestro partido pertenecían a este sindicato independiente que se convirtió en el medio para la campaña de sindicalización. Cuando los trabajadores de hoteles comenzaron a orientarse de forma decidida hacia el sindicalismo, este puñado de trotskistas se encontró en medio del torbellino del movimiento de masas. Teníamos un camarada, un militante veterano en este oficio, quien después de años de aislamiento se convirtió de repente en una figura influyente. Además, teníamos en el partido entonces a un hombre llamado B.J. Field, un intelectual. Nunca antes había participado en trabajo sindical. Sin embargo, era un hombre de muchos logros intelectuales y, con nuestra campaña general hacia el trabajo de masas, con nuestro interés por establecer contacto con el movimiento de masas, se le encargó a Field que se insertara en la situación de los hoteles para ayudar a nuestra fracción y brindarle al sindicato el beneficio de sus conocimientos como estadístico, economista y lingüista.

Sucedía que el sector más importante a nivel estratégico en la situación hotelera era un grupo de jefes de cocina franceses. Por su posición estratégica en el oficio y el prestigio que tenían por ser del oficio más calificado, desempeñaron, como sucede siempre con los mejores mecánicos, un papel predominante. Muchos de estos cocineros franceses no podían hablar o debatir las cosas en inglés. Nuestro intelectual podía hablar con ellos en francés hasta el día del juicio. Esto le confirió una extraordinaria importancia entre ellos. El antiguo secretario estaba por dejar su puesto, y antes que nadie supiera qué pasó, los chefs franceses insistieron que Field fuera el secretario de este prometedor sindicato, y él fue debidamente electo; por supuesto, esto significaba no solo una oportunidad para nosotros, sino una responsabilidad. La campaña de sindicalización se desarrolló entonces con todo vigor. Desde el comienzo nuestra Liga le dio la ayuda más enérgica. En lo personal participé muy activamente y hablé en varias ocasiones en las asambleas de masas de la organización. Después de cinco años de aislamiento ahí en la Calle 10 y en la Calle 16, después de dar un sinnúmero de charlas en pequeños foros y reuniones internas —y no solo de dar charlas, sino de escuchar a otros hablar de forma inagotable— yo estaba contento de tener la oportunidad de hablar frente a cientos y cientos de trabajadores sobre asuntos fundamentales de sindicalismo.

A Hugo Oehler, quien más tarde pasó a ser un sectario muy famoso, pero que, por extraño que parezca, era un excelente sindicalista —y más aún, era miembro de este oficio—, también lo incorporamos a este sindicato para que ayudara. Asimismo, a varios camaradas más se les encargó que ayudaran con la campaña de sindicalización. Le dimos publicidad a la campaña en el *Militant* y le dimos toda la ayuda posible, incluso consejos y orientaciones a nuestros camaradas, hasta que el movimiento culminó en la huelga general de los trabajadores de hoteles de Nueva York el 24 de enero de 1934. A invitación del comité sindical, di el discurso principal en la asamblea de masas de los trabajadores de hoteles la noche que se declaró la huelga general. A partir de ese momento, el Comité Nacional de nuestra Liga me dio la responsabilidad de dedicarme a tiempo completo a apoyar y colaborar con Field y la fracción en el sindicato de trabajadores de hoteles. A muchos otros —una decena o más— se les dio todo tipo de responsabilidades, desde estar en las líneas de piquetes hasta hacer mandados, redactar material de propaganda, distribuir volantes y barrer con escoba el local; todas y cada una de las tareas que les exigieran las circunstancias.

Toda nuestra Liga se volcó de lleno hacia la huelga, tal como habíamos hecho durante la crisis de Alemania a comienzos de 1933. Cuando la situación en Alemania alcanzó su punto álgido, sacamos el *Militant* tres veces por semana para hacer hincapié en los sucesos y aumentar nuestra capacidad de impacto. Hicimos lo mismo en la huelga de hoteles de Nueva York. Nuestros camaradas llevaban el *Militant* a todas las asambleas y líneas de piquetes. De modo que cada dos días todos los trabajadores de la industria en huelga veían que el *Militant* popularizaba la huelga, presentaba el lado de los huelguistas, exponía las mentiras de los patrones y ofrecía algunas ideas sobre cómo lograr el éxito de la huelga. Toda nuestra organización, por todo el país, se movilizó para apoyar la huelga hotelera de Nueva York como tarea número uno; para ayudar a que el sindicato ganara la huelga y ayudar a nuestros camaradas a establecer la influencia y el prestigio del trotskismo en la lucha. Esta es una de las características del trotskismo. El trotskismo nunca hace nada a medias. El trotskismo actúa de acuerdo al viejo lema: Lo que valga la pena hacer, vale la pena hacerlo bien. Así actuamos en la huelga hotelera. Pusimos todo de nuestra parte en aras de hacer que fuera exitosa. La organización en Nueva York se movilizó en su totalidad; dieron hasta el último centavo que tenían para pagar el enorme gasto de publicar el *Militant* tres veces por semana. Por todo el país los camaradas hicieron lo mismo. Hicimos tal esfuerzo que llevamos a la organización hasta su límite para ayudar a la huelga.

Pero no nos hicimos fetichistas de los sindicatos. Simultáneamente con nuestra concentración en la huelga hotelera, tomamos una medida decisiva sobre el frente político. El *Militant* del 27 de enero, el mismo número que contenía el primer reportaje sobre la huelga general, publicó también una carta abierta dirigida al Comité Provisional de Organización del Partido Americano de los Trabajadores, que la Conferencia para la Acción Progresista del Trabajo había creado en su conferencia de Pittsburgh un mes atrás. En la carta abierta tomamos nota de su decisión de encaminarse hacia la constitución de un partido político; les propusimos iniciar discusiones a fin de llegar a un acuerdo sobre el programa para que lográramos formar un partido político unificado, para unir sus fuerzas y las nuestras en una sola organización. Es sintomático, es significativo, que la iniciativa fue nuestra. En toda relación que jamás se ha establecido entre los trotskistas y cualquier otra agrupación política, fuimos siempre los trotskistas los que tomamos la iniciativa. Eso no se debió a nuestra superioridad personal o a que fuéramos menos tímidos que otros —siempre hemos sido bastante modestos— sino a que siempre sabíamos lo que queríamos. Teníamos un programa más claramente definido y siempre estábamos seguros de lo que hacíamos, o por lo menos creíamos estarlo. Eso nos brindaba confianza, iniciativa.

La huelga hotelera tuvo un comienzo muy prometedor. Se realizó una serie de asambleas de masas que culminaron en un mitin masivo en el anexo del Madison Square Garden, en el que participaron al menos unas 10 mil personas. Allí tuve el privilegio de ser uno de los principales oradores del comité de huelga, junto a Field y otros más. Desde el comienzo, nuestros camaradas en el sindicato estaban bien situados para influenciar la política de la huelga de forma decisiva, aunque nunca seguimos la política de monopolizar el liderazgo de la huelga. Nuestra política siempre ha sido buscar la cooperación de los principales militantes y compartir responsabilidades con ellos, de modo que la dirección de la huelga sea verdaderamente representativa de los miembros y que responda sensiblemente a ellos.

Lógicamente, la huelga comenzó a toparse con muchas de las dificultades que echaron a pique a tantas otras huelgas de esa época, particularmente las intrigas de la Junta Laboral Federal. Se necesitaba tener conciencia política para impedir que la supuesta "ayuda" de esas agencias gubernamentales se convirtiera en una soga al cuello para matar la huelga. Teníamos suficiente experiencia política, sabíamos lo suficiente sobre el papel de los mediadores gubernamentales, como para tener ideas de cómo lidiar con ellos: no darles la espalda de forma sectaria, sino utilizar toda posibilidad que ellos pudieran facilitar para hacer que los patrones negociaran; y hacerlo sin depositar en esta gente la más mínima confianza o darles la iniciativa. Todo esto se lo tratamos de subrayar a nuestro joven y brillante prodigio intelectual, B.J. Field. Pero entretanto, él había sufrido cierta transformación: de la nada, había pasado súbitamente a serlo todo. Su foto aparecía en todos los periódicos de Nueva York. Era el líder de un gran movimiento de masas. Y por extraño que parezca, a veces esas cosas puramente externas, que no tienen absolutamente nada que ver con lo que tenga un hombre en su interior, ejercen un efecto profundo en su autoestima. Desgraciadamente, así pasó con Field. Por naturaleza era bastante conservador, y de ninguna manera estaba libre de sentimientos pequeñoburgueses, de dejarse impresionar por representantes del gobierno, políticos y farsantes del movimiento obrero, en cuya compañía de repente se encontraba. Comenzó a llevar a cabo sus negociaciones con esta gente y en general a conducirse como un Napoleón, a su parecer, aunque en realidad más bien como un niño. Desoyó a la fracción de su propio partido en el sindicato, lo cual es siempre la señal de un hombre que ha perdido la cabeza. Pero eso sucede a menudo con miembros del partido que de golpe se ven proyectados hacia importantes posiciones estratégicas en los sindicatos. Se dejan llevar por la idea totalmente irracional de que son más grandes que el partido, de que ya no necesitan más del partido. Field comenzó a desoír a los militantes de su propia fracción partidista, quienes estaban a su lado y deberían de haber sido la máquina mediante la cual él hacía todo. Y no solo eso. Comenzó a ignorar al Comité Nacional de la

Liga. Nosotros le hubiésemos podido ayudar mucho, ya que nuestro comité incorporaba la experiencia, no de una, sino de muchas huelgas, ya no digamos la experiencia política que hubiese sido tan valiosa a la hora de lidiar con los tiburones de la Junta Laboral. Queríamos ayudarle porque estábamos tan comprometidos con la situación como él. En toda la ciudad, en realidad en todo el país, todo el mundo hablaba de la huelga trotskista. Nuestro movimiento estaba sometido a la prueba frente al movimiento obrero de todo el país. Todos nuestros enemigos esperaban que fuera un desastre; nadie nos quería ayudar. Sabíamos muy bien que si la huelga terminaba mal, la organización trotskista saldría con un ojo amoratado. Por más que Field se alejara de la política del partido, no iba a ser él a quien se recordaría o culparía del fracaso, sino al movimiento trotskista, la organización trotskista.

Cada día que pasaba, nuestro intelectual despreocupado se alejaba más y más de nosotros. Hicimos grandes esfuerzos —de la manera más considerada como camaradas, de la forma más humilde posible— por convencer a este tonto presumido de que no solo estaba conduciéndose a sí mismo a la destrucción, sino que con él llevaba también a la huelga, y que amenazaba el prestigio de nuestro movimiento. Le rogamos que consultara con nosotros, que viniera y hablara con el Comité Nacional sobre la política de la huelga, que comenzaba a mermar porque se estaba dirigiendo mal. En vez de organizar la combatividad de las filas desde abajo, y así llegar a las negociaciones con una fuerza que lo apoyara —que es lo único que cuenta en las negociaciones a la hora de la verdad— él moderaba la combatividad de las masas y se pasaba todo el tiempo yendo de conferencia en conferencia con esos tiburones del gobierno, políticos y maldirigentes del movimiento obrero que no tenían otro fin sino el de apuñalar la huelga.

Field se tornó cada vez más desdeñoso. ¿Cómo iba él, que no tenía tiempo, a venir a reunirse con nosotros? Muy bien, dijimos, nosotros sí tenemos tiempo; nos podemos reunir contigo durante el almuerzo en un restaurante a una cuadra de la sede del sindicato. Tampoco tenía tiempo siquiera para eso. Comenzó a hacer comentarios despectivos. Allí en la Calle 16 había un grupito político, que no tenía más que un programa y un puñado de gente; en cambio, él ejercía influencia sobre 10 mil huelguistas. ¿Por qué habría de molestarse con nosotros? Decía: "No me podría comunicar con ustedes aunque quisiera, ya que ni siquiera tienen teléfono en la oficina". Era cierto, y esa acusación realmente nos dolía, porque no teníamos teléfono. Esa deficiencia era reliquia de nuestro aislamiento, cosa de un pasado cuando no necesitábamos teléfono porque nadie nos llamaba y tampoco teníamos a quién llamar. Y además, hasta ese entonces, no habíamos siquiera podido pagar un teléfono.

Finalmente, la huelga hotelera se atascó por falta de una política combativa porque confiaba servilmente en la Junta Laboral, cuyo objetivo era hundir la huelga. Se gastaron días enteros en negociaciones inútiles con el alcalde LaGuardia, mientras que la huelga se moría de pie por falta de liderazgo adecuado. Mientras tanto, nuestros enemigos no se aguantaban para poder decir: "Ya se lo advertimos: Los trotskistas no son más que unos sectarios que se preocupan en pequeñeces. No pueden hacer trabajo de masas. No pueden dirigir huelgas". Fue un golpe duro para nosotros. Gracias a la traición de Field, nominalmente dirigíamos la huelga pero no teníamos la influencia necesaria como para definir su política. Corríamos el riesgo de comprometer a nuestro movimiento. Si tolerábamos las acciones de Field y su grupo, solo sembraríamos la desmoralización entre nuestras propias filas. Podríamos convertir a nuestro joven grupo revolucionario en una caricatura del Partido Socialista, el cual tenía gente en todo el movimiento sindical pero que carecía de verdadera influencia partidista porque los sindicalistas del Partido Socialista nunca se sentían responsables hacia el partido.

Enfrentábamos un problema fundamental que es decisivo para todo partido político revolucionario: ¿Serán los funcionarios sindicales los que determinarán la línea del partido y le dictarán la ley al partido, o será el partido el que determinará la línea y les dictará la ley a los funcionarios sindicales? El problema se planteaba abiertamente en medio de la huelga. No esquivamos el problema. La acción decidida que tomamos en ese momento marcó desde entonces todo el desarrollo posterior de nuestro partido en el terreno sindical e influyó mucho el carácter de nuestro partido.

Al señor Field lo sometimos a juicio en medio de la huelga. Sin importar lo grande que era, le formulamos cargos ante la organización de Nueva York por haber violado la política y la disciplina del partido. Tuvimos una discusión muy completa —según recuerdo, duró dos tardes de domingo— para darles a todos en la Liga la oportunidad de hablar. El gran Field no se dignó a presentarse. No disponía de tiempo. Así que se le enjuició en su ausencia. Para ese entonces él ya había organizado una pequeña facción con miembros de la Liga a quienes había maldirigido, y quienes estaban desequilibrados por la magnitud del movimiento de masas en contraste con el tamaño de nuestro grupito político en la Calle 16. Ellos asistieron a las reuniones de la Liga como voceros de Field, llenos de arrogancia e insolencia, para decir: "No pueden expulsarnos. No harán más que expulsarse a sí mismos del movimiento sindical de masas".

Como muchos sindicalistas que les precedieron, se

sentían más grandes que el partido. Creían que podían violar impunemente la política del partido y su disciplina porque el partido no se atrevería a disciplinarlos. Eso es lo que realmente pasó en el caso del Partido Socialista, y es una de las razones más importantes por las que el Partido Socialista ha terminado en una situación tan lastimosa en el ámbito sindical. Todos sus grandes dirigentes sindicales, los cuales alcanzaron sus puestos gracias a la ayuda del partido, aún siguen ahí; pero una vez que ocuparon sus cargos dejaron de prestarle atención al partido o a su política. En el Partido Socialista los dirigentes sindicales estaban por encima de la disciplina. El partido nunca tuvo el valor suficiente para expulsar a ninguno de ellos, porque pensaban que de hacerlo iban a perder su "contacto" con el movimiento de masas. Nosotros no abrigábamos esas ideas. Resueltamente expulsamos a Field y a todos los que se solidarizaron con él en esa situación. Los echamos de nuestra organización en medio de la huelga. A los miembros de la facción de Field que no querían romper con el partido, que aceptaron la disciplina del partido, se les dio una oportunidad y aún son miembros del partido. Algunos de los que expulsamos permanecieron aislados políticamente por años. Al final sacaron las lecciones de esa experiencia y regresaron a nuestra organización.

Esa fue una acción muy drástica, tomando en cuenta las circunstancias de la huelga que se desarrollaba; y con esa acción asombramos al movimiento obrero radical. Nadie fuera de nuestra organización soñó jamás que un grupito político como el nuestro, enfrentado a un miembro que estaba a la cabeza de un movimiento de 10 mil trabajadores, osaría expulsarlo en la cúspide de su gloria, cuando su foto aparecía en todos los periódicos y él parecía ser mil veces más grande que nuestro partido. Al principio hubo dos reacciones. Una la resumía la gente que decía: "Esto significa el fin de los trotskistas; han perdido sus contactos y sus fuerzas sindicales". Estaban equivocados. La otra reacción, la importante, la resumían quienes decían: "Los trotskistas actúan en serio". Los que predecían consecuencias fatales por la desgracia y el fracaso de la huelga hotelera fueron desmentidos muy pronto por el desarrollo posterior de los hechos. Muchos que vieron a este pequeño grupo político asumir esta posición frente a un dirigente sindical "intocable" a la cabeza de una gran huelga adquirieron un respeto saludable de los trotskistas.

Se vio atraída a la Liga gente seria, y todos nuestros miembros se fortalecieron con un nuevo sentido de disciplina y responsabilidad hacia la organización. Después, inmediatamente después del desastre de la huelga hotelera, surgió la huelga contra las empresas del carbón de Minneapolis. Antes de que se enfriara la huelga hotelera, prendió en Minneapolis la huelga de los trabajadores de los almacenes de carbón. La dirigió este grupo de trotskistas de Minneapolis conocido por todos ustedes, y fue conducida como modelo de organización y combatividad. La disciplina partidista de nuestros camaradas en este empeño —eficaz en un 100 por ciento— se vio afectada y reforzada considerablemente por la desafortunada experiencia que tuvimos en Nueva York. Mientras que la tendencia de los dirigentes sindicales en Nueva York fue la de alejarse del partido, en Minneapolis los dirigentes se acercaron más al partido y dirigieron la huelga manteniendo el contacto más estrecho con el partido, tanto a nivel local como nacional.

La huelga contra los almacenes de carbón concluyó con una victoria rotunda. La política sindical trotskista —realizada por hombres hábiles y leales— quedó justificada brillantemente en esa lucha y ayudó mucho a contrarrestar las malas impresiones que se crearon en la huelga hotelera de Nueva York.

Después de estos acontecimientos, le remitimos otra carta al Partido Americano de los Trabajadores proponiéndole que enviara un comité para discutir una fusión con ellos. Entre sus filas había elementos que no querían para nada hablar con nosotros. Eramos los últimos con los cuales desearían unirse, pero había otros en el AWP que realmente estaban interesados en unirse con nosotros para formar un partido más grande. Y ya que no manteníamos nuestras iniciativas en secreto, sino que las publicábamos en nuestro periódico para que los miembros del Partido Americano de los Trabajadores pudieran leer al respecto, a los dirigentes les resultó prudente aceptar reunirse con nosotros. Las negociaciones formales para la fusión del Partido Americano de los Trabajadores y la Liga Comunista comenzaron en la primavera de 1934.

Como saben ustedes —y lo vamos a tocar en las próximas conferencias— este enfoque y estas negociaciones culminaron finalmente en la fusión del AWP con la Liga Comunista, y el lanzamiento de un partido político unificado. Esto no se consiguió sin realizar esfuerzos políticos o sin superar dificultades y obstáculos. Cuando uno se pone a pensar que en la dirección del Partido Americano de los Trabajadores, en aquel entonces, había individuos como Ludwig Lore, quien hoy día es uno de los principales chovinistas del frente democrático, y que otro de ellos era J.B. Salutsky-Hardman, sin duda pueden comprender que nuestra tarea no era fácil. Salutsky —el lacayo literario de Sidney Hillman y director del órgano oficial del Sindicato Amalgamado de Trabajadores de la Ropa (Amalgamated Clothing Workers)— sabía muy bien quiénes eran los trotskistas y no quería saber nada de ellos. Su papel dentro del Partido Americano de los Trabajadores era precisamente el de impedir que este partido fuera algo más que un juguete; impedir que se desarrollara en un sentido revolucionario; y sobre todo, mantenerlo libre de todo contacto con los trotskistas que son serios cuando hablan de un programa revolucionario. A pesar de ellos, las negociaciones comenzaron.

Nos mantuvimos activos en otros sectores del frente político. El 5 de marzo de 1934, en la Plaza Irving se llevó a cabo el debate histórico entre Lovestone y yo. Después de cinco años, se encontraban y se enfrentaban de nuevo los representantes de las dos tendencias del movimiento comunista que estaban en guerra. El marcador se estaba igualando. Ellos habían comenzado expulsándonos del Partido Comunista por trotskistas y por "contrarrevolucionarios". Luego, después de su propia expulsión, nos menospreciaban calificándonos como una pequeña secta sin miembros ni influencia, mientras que ellos habían empezado con un movimiento comparativamente grande. Sin embargo, en esos cinco años, los habíamos venido reduciendo gradualmente a nuestro tamaño. Nosotros íbamos creciendo, fortaleciéndonos; ellos declinaban. Había un amplio interés en la propuesta de formar un nuevo partido y la organización de Lovestone no se libraba de ello.

Por lo tanto, los lovestonistas se vieron obligados a aceptar nuestra invitación a sostener un debate sobre el tema. "Adelante por un nuevo partido y una nueva Internacional": ese era mi programa en el debate. El programa de Lovestone era: "Reformar y unificar la Internacional Comunista". Esto se daba como un año después de la debacle alemana. Lovestone todavía quería reformar la Internacional Comunista, y no solo reformarla sino unificarla. ¿Cómo? Primero, que se readmitiera a los lovestonistas. Luego, readmitirnos a nosotros, los trotskistas, a quienes habían echado tan bruscamente. Lo mismo a nivel internacional. Sin embargo, para ese entonces ya le habíamos vuelto la espalda a la Internacional Comunista en quiebra. Mucho había llovido desde entonces; la Internacional estalinista había cometido demasiados errores, demasiados crímenes y traiciones, y había derramado demasiada sangre. Hacíamos un llamamiento a favor de una nueva Internacional con una bandera limpia. Yo debatí partiendo desde ese punto de vista. Para nosotros ese debate fue un éxito tremendo. Había un amplio interés y tuvimos un público grande. El *Militant* informa que hubo 1500 personas, y sí creo que debió haber más o menos esa cifra. Era el público más grande al que nos dirigíamos sobre temas políticos desde nuestra expulsión. El estar peleando nuevamente con un viejo adversario ante un verdadero público —aunque ahora la lucha se daba sobre un plano muy distinto, superior— era como volver a los viejos tiempos. En el público, además de los miembros y partidarios de las dos organizaciones representadas por los que debatían, había muchos elementos de la izquierda del Partido Socialista y de la YPSL, algunos estalinistas y un buen número de radicales independientes y miembros del Partido Americano de los Trabajadores. Fue un momento crítico. En ese entonces, muchos que estaban rompiendo con los estalinistas, vacilaban entre los lovestonistas y los trotskistas. Nuestra consigna de un nuevo partido y una nueva Internacional estaba más acorde con la realidad y la necesidad del momento, y logró captar la simpatía de la gran mayoría de aquellos que se alejaban del estalinismo. Nuestro programa era mucho más persuasivo, mucho más realista, de modo que logramos que casi todos los que vacilaban pasaran a nuestro lado. Los lovestonistas no lograron avanzar mucho con su caduco programa de "unificar" a la Internacional Comunista en bancarrota política después de la traición alemana.

El éxito de este debate preparó el terreno para una serie de conferencias sobre el programa de la Cuarta Internacional. Para ilustrar el auge de nuestro movimiento vale señalar que para las conferencias tuvimos que conseguir una sala más grande que la que habíamos venido usando. Tuvimos que mudarnos a la Plaza Irving. El público que asistió a nuestras conferencias fue tres o cuatro veces más numeroso que al que estábamos acostumbrados en los cinco años de nuestro peor aislamiento.

En esos días el trotskismo se estaba ganando su lugar en el mapa político y estaba golpeando fuerte, lleno de confianza. En el *Militant* de marzo y abril de 1934 se informa de una gira nacional por parte de Shachtman, que por primera vez se extendía hasta la costa occidental. Su tema era: "El nuevo partido y la nueva internacional". El 31 de marzo de 1934, toda la primera plana del *Militant* se dedicó al Manifiesto de la Liga Comunista Internacional (la organización trotskista mundial), dirigido a los partidos y grupos socialistas revolucionarios de ambos hemisferios, instándolos a adherirse al llamamiento a una nueva internacional y contra la Segunda y la Tercera Internacional, que estaban en bancarrota política.

El trotskismo a escala mundial estaba en marcha. Y en Estados Unidos llevábamos el paso. En realidad, íbamos a la cabeza de la marcha de nuestra organización internacional, aprovechando toda oportunidad y avanzando con confianza sobre todos los frentes. Y cuando llegó nuestra oportunidad verdaderamente grande en el movimiento sindical, en las grandes huelgas de Minneapolis de mayo y de julio–agosto de 1934, estábamos completamente listos para demostrar lo que éramos capaces de hacer, y así lo hicimos.

8

Las grandes huelgas de Minneapolis

El año 1933, el cuarto de la gran crisis americana, marcó el inicio del despertar más grande de los trabajadores americanos y de su movimiento hacia la sindicalización a un grado nunca antes visto en la historia de Estados Unidos. Ese fue el trasfondo de todo lo ocurrido dentro de los diversos partidos, grupos y tendencias políticos. Este movimiento de los trabajadores americanos adoptó la forma de una enorme campaña para escapar la situación atomizada en la que se encontraban y hacerles frente a los patrones con la fuerza organizada del sindicalismo.

Este gran movimiento se desarrolló en oleadas. Durante el primer año de la administración de Roosevelt, la primera ola de huelgas de magnitud considerable dio muy pocos resultados desde el punto de vista organizativo, porque le faltaba suficiente ímpetu y una dirección adecuada. En la mayoría de los casos los esfuerzos de los trabajadores se vieron frustrados por la "mediación" del gobierno, por un lado, y la represión brutal, por el otro.

La segunda gran ola de huelgas y movimientos de sindicalización ocurrió en 1934. Le siguió un movimiento más poderoso aún en 1936-37, cuyos puntos álgidos fueron las huelgas de brazos caídos en las fábricas de autos y del caucho y el tremendo auge del CIO.

Esta tarde nuestra conferencia trata sobre la ola de huelgas de 1934, ejemplificada por las huelgas de Minneapolis. Allí se demostró, por primera vez, la participación eficaz de un grupo marxista revolucionario en la propia organización y dirección de una huelga. Estas olas de huelgas y movimientos de sindicalización se dieron a partir de una reactivación industrial parcial.

Esto se ha mencionado antes y se debe repetir una y otra vez. En lo peor de la depresión, cuando el desempleo era tan enorme, los trabajadores habían perdido la confianza en sí mismos y temían tomar cualquier medida ante la inquietante amenaza del desempleo. Pero con la reactivación de la industria, los trabajadores de nuevo cobraron confianza e iniciaron un movimiento para recuperar algunas de las cosas que les habían quitado durante lo peor de la depresión. La acción de las propias masas fue, desde luego, lo que preparó el terreno para la actividad de masas del movimiento trotskista en Estados Unidos. En la primavera de 1934, la huelga de la empresa Auto-Lite en Toledo había electrificado el país; en la huelga se habían usado unos nuevos métodos y técnicas de lucha combativa. Una agrupación política, o al menos semipolítica, representada por la Conferencia para la Acción Progresista del Trabajo —que había establecido el Comité Provisional para la formación del Partido Americano de los Trabajadores—, había dirigido esta huelga enormemente significativa en Toledo por medio de la Liga de los Desempleados. Allí se demostró por primera vez el papel importante que puede desempeñar una organización de desempleados, dirigida por elementos combativos, en las luchas de los obreros industriales. La organización de desempleados en Toledo, que había sido creada por el grupo de Muste y que estaba bajo su dirección, prácticamente se tomó el liderazgo de la huelga de la Auto-Lite y la elevó a un nivel de organización de piquetes de masas y de combatividad mucho más allá de los límites jamás contemplados por los burócratas de la vieja línea de gremios de oficios.

Las huelgas de Minneapolis elevaron el nivel más aún. Si la evaluamos por todos los criterios, incluido el factor decisivo del liderazgo político y la máxima explotación de todas las posibilidades inherentes en una huelga, debemos concluir que el punto culminante de la ola de 1934 fue la huelga en Minneapolis de los choferes, ayudantes y trabajadores internos en mayo, y su repetición a un nivel aún mayor en julio y agosto de ese año. Estas huelgas sometieron al trotskismo americano a una prueba crucial.

Por cinco años habíamos sido una voz en el desierto y nos limitábamos a criticar al Partido Comunista, a elucidar lo que parecían ser los problemas teóricos más abstractos. En más de una ocasión se nos acusó de no ser nada más que unos sectarios y polemistas sobre pequeñeces. Ahora, al presentarse en Minneapolis la oportunidad de participar en el movimiento de masas, el trotskismo americano fue sometido rotundamente a prueba. Tenía que demostrar en la acción si en efecto era un movimiento de polemistas sobre pequeñeces y sectarios inútiles, o si era una fuerza política dinámica capaz de participar con eficacia en el movimiento de masas de los trabajadores.

Nuestros camaradas en Minneapolis comenzaron su labor primero en las carbonerías y después extendieron su campaña organizativa entre los choferes y los ayudantes. No fue un plan preconcebido en el estado mayor de nuestro movimiento. Los choferes de Minneapolis estaban lejos de ser la sección más decisiva del proletariado americano. Iniciamos nuestra verdadera actividad en el movimiento obrero en los lugares donde se nos presentaron las oportunidades. Es imposible escoger esas oportunidades arbitrariamente por capricho o preferencia. Hay que entrar al movimiento de masas donde se le abran las puertas. Una serie de circunstancias hizo de Minneapolis el foco de nuestros primeros grandes esfuerzos y éxitos en el ámbito sindical. En Minneapolis teníamos un grupo de comunistas viejos y probados, quienes además eran sindicalistas experimentados. Eran hombres reconocidos, enraizados en su localidad. Durante la depresión trabajaron juntos en los depósitos de carbón. Cuando se presentó la oportunidad de sindicalizar las carbonerías, la aprovecharon y rápidamente demostraron sus habilidades en la exitosa huelga de tres días. Luego, la labor organizativa se extendió naturalmente a la industria del camionaje en general.

Minneapolis era un hueso duro de roer. En realidad, era uno de los más duros del país. Minneapolis era conocida como ciudad donde predominaba el *open shop* ("taller abierto"). Por 15 ó 20 años la Alianza Ciudadana, una organización de patrones duros, había gobernado Minneapolis con mano de hierro. En todos esos años no se había ganado una sola huelga de trascendencia. En Minneapolis, hasta a los gremios de la construcción —quizás los más estables y eficaces de todos los gremios de oficios— se los mantenía a la fuga y expulsados de las más importantes obras de construcción. Era una ciudad de huelgas perdidas, de "talleres abiertos", de salarios de miseria, de jornadas brutales y de un movimiento débil e ineficaz de gremios de oficios.

La huelga del carbón, que mencioné en nuestra discusión la semana pasada, fue una escaramuza preliminar a las grandes batallas por venir. La victoria aplastante de esa huelga, su combatividad, la calidad de su organización y la rapidez de su éxito, estimularon la sindicalización general de los choferes de camión y de los ayudantes, quienes hasta entonces y durante todos los años de la depresión habían sido cruelmente explotados y privados de los beneficios de la sindicalización. Si bien es cierto que existía un sindicato en la industria, éste pendía de un hilo. Había apenas un puñado de miembros que tenían un contrato miserable con una o dos compañías de transferencias; no existía una verdadera organización del grueso de los choferes y ayudantes en la ciudad.

El éxito de la huelga del carbón animó a los trabajadores de la industria del camionaje. Ellos eran como un polvorín listo para la chispa; sus salarios eran demasiado bajos y sus jornadas demasiado largas. Al haberse visto libres de toda restricción sindical por tantos años, los patrones sedientos de ganancias habían ido demasiado lejos —los patrones siempre van demasiado lejos— y los trabajadores oprimidos escucharon gustosamente el mensaje sindical.

Desde el principio hasta el final, nuestro trabajo sindical en Minneapolis fue una campaña dirigida políticamente. Las tácticas se guiaron por nuestra política general, inculcada persistentemente por el *Militant,* que instaba a los revolucionarios a integrarse a la corriente principal del movimiento sindical representada por la Federación Americana del Trabajo.

Nuestra trayectoria consciente consistía en seguir el rumbo organizativo que seguían las masas, y no construir sindicatos artificialmente en contradicción al impulso de las masas de ingresar al movimiento sindical establecido. Por cinco años habíamos librado una batalla resuelta contra el dogma ultraizquierdista de los "sindicatos rojos". Los trabajadores boicotearon esos sindicatos, creados artificialmente por el Partido Comunista, quedando aislados así los elementos de vanguardia. La masa de los trabajadores, que iban tanteando en busca de organización, poseían un instinto sensato. Percibían que necesitaban ayuda. Querían estar en contacto con otros trabajadores organizados, y no quedarse al margen con unos radicales clamorosos. Es un fenómeno que no falla: las indefensas masas no sindicalizadas en las industrias sienten un respeto exagerado de los sindicatos establecidos, por más conservadores o reaccionarios que sean esos sindicatos. Los trabajadores temen el aislamiento. En ese sentido son más sabios que todos los sectarios y dogmáticos que han tratado de recetarles detalladamente la fórmula precisa del sindicato perfecto. En Minnesota, como en otras partes, mostraban un fuerte deseo de integrarse al movimiento oficial, esperando que éste les ayudara en su lucha contra los patrones que les habían hecho la vida bastante pesada. Al seguir la tendencia general de los trabajadores, también nos dimos cuenta que si íbamos a aprovechar al máximo las oportunidades, no debíamos interponer obstáculos innecesarios en nuestro camino. No debíamos perder tiempo y energías tratando de convencer a los trabajadores de una nueva fórmula organizativa que no querían. Era mucho mejor que nos adaptáramos a su tendencia, y también que aprovecháramos las posibilidades de recibir ayuda del movimiento sindical oficial existente.

A nuestra gente no le resultó muy fácil entrar a la Federación Americana del Trabajo en Minneapolis. Eran hombres estigmatizados, doblemente expulsados y condenados. En el trayecto de sus luchas habían sido expulsados no solo del Partido Comunista sino de la Federación Americana del Trabajo. Durante la "Depuración Roja" de 1926 y 1927, en la cúspide de la reacción del movimiento sindical americano, habían sido expulsados prácticamente todos nuestros camaradas que habían militado en los sindicatos de Minneapolis. Un año después, para completar su aislamiento, fueron expulsados del Partido Comunista.

Sin embargo, la presión de los trabajadores hacia la sindicalización era más fuerte que los decretos de los burócratas sindicales. Se había demostrado que nuestros camaradas gozaban de la confianza de los trabajadores y que poseían los planes para poder organizarlos. La lastimosa debilidad del movimiento sindical en Minneapolis y el sentimiento de los miembros de los gremios de oficios de que hacía falta nueva vida: todo esto facilitó que nuestra gente reingresara a la Federación Americana del Trabajo por la vía del sindicato de camioneros Teamsters. Además, se dio una situación fortuita, un golpe de suerte, ya que el presidente del Local 574 y del Consejo Unido de los Teamsters era un sindicalista combativo llamado Bill Brown. Él tenía un instinto de clase sólido y le atraía mucho la idea de obtener la colaboración de alguna gente que sabía organizar a los trabajadores y darles a los patrones una verdadera batalla. Para nosotros fue una situación afortunada, pero esas cosas sí ocurren de vez en cuando. La suerte favorece a los santos. Si uno vive bien y se comporta como debe, de vez en cuando le sonríe la suerte. Y cuando a uno se le presenta un accidente —uno de los buenos— debe aprovecharlo y usarlo al máximo.

Nosotros sí aprovechamos al máximo este accidente, la circunstancia de que el presidente del Local 574 fuese ese tipo magnífico, Bill Brown, quien abrió las puertas del sindicato a los "nuevos hombres" que sabían organizar a los trabajadores y dirigirlos en la batalla. Sin embargo, nuestros camaradas eran militantes nuevos en este sindicato. No habían estado allí el tiempo suficiente como para ser miembros de la directiva; solo eran miembros cuando la lucha comenzó a estallar. Así que ni uno solo de los nuestros —es decir, de los miembros del grupo trotskista— fue funcionario del sindicato durante las tres huelgas. Pero de todas maneras organizaron y dirigieron las huelgas. Se constituyeron en un "Comité Organizador", una especie de cuerpo extralegal establecido con el fin de dirigir la campaña de sindicalización y conducir las huelgas.

Tanto la campaña de sindicalización como las huelgas se llevaron a cabo prácticamente por encima de la dirección oficial del sindicato. El único funcionario regular que realmente participó de forma directa en la verdadera dirección de las huelgas fue Bill Brown, junto con el Comité Organizador. Este Comité Organizador tenía un mérito que se demostró desde el principio —más tarde salieron a la luz otros méritos—: sabía organizar a los trabajadores. Eso era algo que los osificados vendeobreros en Minneapolis desconocían y, al parecer, era algo que no podían aprender. Sí sabían cómo desorganizarlos. Estos tipos son de la misma calaña en todas partes. Saben —a veces— cómo dejar entrar a los trabajadores a los sindicatos cuando éstos tumban las puertas. Pero ir y realmente organizar a los trabajadores, animarlos y llenarlos de fe y confianza, eso es algo que el burócrata tradicional de los gremios de oficios no puede hacer. No es su terreno, su función. Ni siquiera es algo que ambiciona.

El Comité Organizador trotskista organizó a los trabajadores en la industria del camionaje y luego comenzó a buscar el apoyo del resto del movimiento sindical para estos trabajadores. No los dirigieron a tomar una acción aislada. Empezaron a trabajar a través de la Unión Central del Trabajo —tanto por conferencias con los farsantes sindicales como por presión desde abajo— para que todo el movimiento obrero de Minneapolis se pronunciara oficialmente en apoyo de estos camioneros recién organizados. Se empeñaron incansablemente para involucrar a los funcionarios de la Unión Central del Trabajo en la campaña, para que se aprobaran resoluciones de apoyo a sus demandas, para que asumieran responsabilidad oficial. Al llegar la hora de la acción, el movimiento sindical en Minneapolis, representado por los sindicatos oficiales de la Federación Americana del Trabajo, se hallaba ya en la posición de haber apoyado de antemano las demandas y haberse comprometido lógicamente a apoyar la huelga.

En mayo estalló en llamas la huelga general. Acostumbrados por tanto tiempo a que nadie desafiara su dominio, los patrones recibieron una gran sorpresa. La lección de la huelga del carbón no los había convencido aún de que se había añadido "algo nuevo" al movimiento sindical en Minneapolis. Todavía creían que podrían deshacerse de este problema en sus etapas iniciales. Intentaron tácticas dilatorias y maniobras, y trataron de empantanar a nuestra gente en las negociaciones con la Junta Laboral, donde se había hecho trizas a tantos sindicatos. Justo en medio del asunto, cuando creían haber inmovilizado al sindicato en la maraña de negociaciones por tiempo indefinido, nuestra gente cortó el nudo de un solo tajo. Les dieron en las narices con una huelga general. Fueron los camiones los que quedaron paralizados y las "negociaciones" se trasladaron a las calles.

Esta huelga general de mayo estremeció a Minneapolis como nunca antes. Estremeció al país entero, porque no fue una huelga dócil. Fue una huelga que comenzó con tanta fuerza que todo el país supo de ella y del papel de los trotskistas en su dirección: eso lo anunciaban los patrones de forma amplia e histérica. Y entonces notamos la misma respuesta entre los trabajadores radicales atentos que habían observado nuestra acción resuelta en el caso de Field y la huelga hotelera de Nueva York. Cuando vieron el papel desempeñado en la huelga de mayo en Minneapolis, se manifestó el mismo sentimiento: "Estos trotskistas actúan en serio. Cuando emprenden algo, lo llevan hasta el fin". Los chistes sobre los "sectarios" trotskistas se comenzaron a agriar.

No había una diferencia fundamental, en verdad no creo que había ninguna diferencia real, entre los huelguistas de Minneapolis y los trabajadores que participaban en cientos de huelgas por todo el país en aquel período. Los trabajadores libraban casi todas las huelgas con muchísima combatividad. La diferencia radicó en el liderazgo y en la política que se siguió. En prácticamente todas las demás huelgas, la combatividad de los trabajadores entre las filas era restringida desde arriba. Los dirigentes se dejaban impresionar por el gobierno, los periódicos, el clero y una cosa u otra. Trataban de trasladar el conflicto de las calles y líneas de piquetes hacia las salas de conferencias. En Minneapolis no se restringió la combatividad de las filas, sino que se organizó y dirigió desde arriba.

Todas las huelgas modernas necesitan dirección política. Las huelgas de esa época ponían al gobierno, a sus agencias e instituciones en el centro mismo de cada situación. Un dirigente huelguístico que no tuviera concepto de una línea política ya se encontraba bastante desfasado en 1934. El viejo movimiento sindical, que solía negociar con los patrones sin la interferencia del gobierno, es una pieza de museo. El movimiento obrero moderno debe ser dirigido políticamente porque a cada paso se enfrenta al gobierno. Nuestra gente estaba preparada para esto por ser gente política, inspirada por conceptos políticos. La política de la lucha de clases guiaba a nuestros camaradas; no se los podía engañar o maniobrar —como les sucedió a tantos dirigentes de huelgas en aquella época— con este mecanismo de sabotaje y destrucción conocido como la Junta Laboral Nacional y todos sus organismos auxiliares. Ellos no confiaban para nada en la Junta Laboral de Roosevelt;

no se dejaban engañar por la idea de que Roosevelt, el presidente liberal "amigo del trabajador", iba a ayudar a que los choferes de camiones de Minneapolis consiguieran unos cuantos centavos más por hora. Ni tampoco se dejaban engañar por el hecho de que en aquel entonces el gobernador de Minnesota era del Partido de los Agricultores y Trabajadores, supuestamente del lado de los trabajadores. Nuestra gente no creía en nadie ni en nada que no fuera la política de la lucha de clases y la capacidad de los trabajadores de vencer en virtud de su fuerza masiva y la solidaridad. Por lo tanto, desde un principio anticipaban que el sindicato tendría que luchar por su derecho a existir; que los patrones no iban a acceder a reconocer el sindicato, ni a conceder ningún aumento salarial ni una reducción de la escandalosa jornada laboral a menos que se les presionara. Así que prepararon todo desde la óptica de la guerra de clases. Sabían que la fuerza, y no la diplomacia, decidiría el conflicto. El farolear no funciona cuando se trata de cosas fundamentales, solo cosas secundarias. En problemas tales como el conflicto de intereses de clases, hay que estar preparado para luchar.

A partir de estos conceptos generales, los trotskistas de Minneapolis, al organizar a los trabajadores, planearon una estrategia de batalla. En Minneapolis se presenció algo singular por primera vez. Es decir, una huelga organizada detalladamente de antemano, una huelga preparada con el cuidado meticuloso que se le atribuía al ejército alemán: hasta el último botón que se le cose al uniforme del último soldado. Cuando llegó la hora límite y los patrones creían que todavía podían maniobrar y farolear, nuestra gente estaba levantando una fortaleza para tomar acción. Esto lo señaló e informó el *Minneapolis Tribune*, vocero de los patrones, pero solo a último momento, el día antes de la huelga. El periódico apuntó: "Por lo que indicarían los preparativos que ha hecho el sindicato, la huelga de los choferes de camiones en Minneapolis va a ser un asunto de gran alcance... Aun antes del comienzo oficial de la huelga a las 11:30 p.m. del martes, la 'Sede General' establecida en el 1900 de la Avenida Chicago estaba funcionando con toda la precisión de una organización militar".

Nuestra gente tenía un centro de distribución de comida totalmente preparado. No esperaron hasta que los huelguistas tuvieran hambre. Lo habían organizado de antemano en preparación para la huelga. Montaron un hospital de emergencia en un garaje —la sede de la huelga estaba en un garage— con su propio médico y sus propias enfermeras aun antes de que la huelga empezara. ¿Por qué? Porque sabían que los patrones, su policía, sus matones y ayudantes tratarían en este caso, como en todos los demás, de aplastar la huelga. Estaban preparados para cuidar a su propia gente y no dejar que los llevaran, de resultar heridos, a un hospital municipal para que después los arrestaran y pusieran fuera de combate. Cuando un trabajador era herido en la línea de piquetes, lo llevaban a su propia sede y allí le atendían la herida.

Tomaron el ejemplo de los Mineros Progresistas de América (Progressive Miners of America) y organizaron un Comité Auxiliar de Mujeres para ayudar a hacerles líos a los patrones. Y créanme, las mujeres hicieron tremendos líos, andando por todos lados para protestar y escandalizar a los patrones y a las autoridades municipales, lo cual es una de las armas políticas más importantes. El liderazgo de la huelga organizó las líneas de piquetes a nivel de masas. Este asunto de designar o contratar a unas pocas personas, una o dos, para observar, contar e informar cuántos rompehuelgas han sido contratados, no funciona en una verdadera lucha. Ellos mandaron a un escuadrón para impedir que entraran rompehuelgas. Mencioné que tenían su sede de la huelga en un garage. Eso se debía a que los piquetes andaban sobre ruedas. No solo organizaron a los piquetes sino que movilizaron una flotilla de autos de piquetes. Se le pidió a todo huelguista, simpatizante y sindicalista de la ciudad que donara el uso de su auto o camión. Así es que el comité de huelga tenía toda una flota a su disposición. Se estacionó a escuadrones móviles de piquetes sobre ruedas en puntos estratégicos por toda la ciudad.

Cuando se recibía un informe de un camión que se estaba usando o de que había un intento de trasladar camiones, el "despachador" pedía por el altavoz del garage el número de autos, llenos de piquetes, que fueran necesarios para ir al lugar y darles una respuesta a los operadores de los camiones esquiroles.

El "despachador" en la huelga de mayo era un joven llamado Farrell Dobbs. Salió de una carbonería en Minneapolis para entrar al sindicato y a la huelga, y luego al partido. Primero lo llegamos a conocer como despachador que movilizaba a los carros y piquetes. Al principio los piquetes salían con las manos vacías pero regresaban con la cabeza quebrada y diversos tipos de heridas. Luego para los próximos viajes se equiparon con *shillalahs*. Como nos podría decir cualquier irlandés, un shillalah es un bastón en el que uno se apoya en caso que de repente se ponga a cojear. Por supuesto, también resulta muy práctica para otros fines. El intento de los patrones y la policía de aplastar la huelga a la fuerza culminó en la famosa "Batalla del Mercado". Varios miles de asistentes especiales de alguacil, además de toda la fuerza policial, fueron movilizados en un esfuerzo supremo para abrir una sección estratégica de la ciudad, el mercado de mayoreo, a fin de que operaran los camiones.

Esos asistentes de alguacil, reclutados de las clases

pequeñoburguesa y patronal de la ciudad así como de las capas profesionales, llegaron al mercado con un ánimo como de fiesta de gala. Iban a divertirse dando una golpiza a huelguistas. Uno de los asistentes especiales de alguacil llevaba puesto su casco de polo. Iba a pasarla de lo lindo, golpeando cabezas de huelguistas como si fueran bolas de polo. Este deportista mal aconsejado se equivocó; no se trataba de un partido de polo. Él y toda la chusma de asistentes de alguacil y policías se toparon con una masa de piquetes sindicales que estaban resueltos y organizados, complementados por sindicalistas solidarios de otros oficios y por miembros de las organizaciones de desempleados. Él intento de echar del mercado a los piquetes fracasó. El contraataque de los trabajadores los puso en desbandada. En la historia de Minneapolis la batalla se recuerda como *The Battle of Deputies Run* (La batalla de la estampida de los asistentes de alguacil). Hubo dos bajas, ambas del otro bando. Esa fue una de las características de la huelga que realzó el prestigio de Minneapolis ante los ojos de los trabajadores en todas partes. En huelga tras huelga de esa época, la prensa había repetido la misma historia monótona: 2 huelguistas muertos, 4 huelguistas baleados, 20 huelguistas arrestados, etcétera. En este caso se trataba de una huelga donde no todo era unilateral. Se dio un aplauso universal, de un extremo del movimiento obrero al otro, por la combatividad y firmeza de los luchadores de Minneapolis. Ellos habían invertido la tendencia, y en todas partes los trabajadores militantes encomiaban su nombre.

Conforme se desarrollaba la campaña de sindicalización, se le informaba de todo a nuestro Comité Nacional en Nueva York, el cual colaboraba lo más posible por correo. Pero cuando estalló la huelga, estábamos plenamente conscientes que era el momento de hacer más, de hacer todo lo posible por ayudar. Se me envió a Minneapolis en avión para ayudar a los camaradas, especialmente en las negociaciones por un acuerdo. Como recordarán, era la época en que éramos tan pobres que ni podíamos pagar por un teléfono en la oficina. No teníamos la más mínima base financiera para gastos extravagantes como boletos de avión. No obstante, el nivel de conciencia de nuestro movimiento se expresó muy gráficamente por el hecho que en el momento de necesidad, encontramos los medios para pagar por un viaje en avión para ahorrar unas cuantas horas. Esta acción, que costaba mucho más de lo que nuestro presupuesto normalmente permitiría, iba dirigida a darles a los camaradas locales que estaban enfrascados en la lucha el beneficio de todo consejo y asistencia que pudiéramos ofrecer, a los cuales tenían derecho como miembros de la Liga. Sin embargo, había otro aspecto de igual importancia. Al enviar a un representante del Comité Nacional a Minneapolis, nuestra Liga pretendía asumir responsabilidad por lo que ellos estaban haciendo. Si las cosas salían mal —y siempre existe la posibilidad de que las cosas salgan mal en una huelga— pensábamos asumir la responsabilidad y no dejar que los camaradas locales cargaran el muerto. Esa ha sido siempre nuestra manera de actuar. Cuando cualquier sección de nuestro movimiento participa en una acción, no se deja que los camaradas locales se las tengan que arreglar solos. La dirección nacional debe ayudar y en última instancia asumir la responsabilidad.

La huelga de mayo solo duró seis días y se llegó a un acuerdo rápido. Los patrones se vieron arrasados y todo el país clamó por una resolución del asunto. Hubo presión de Washington y del gobernador Olson. La prensa estalinista, que en aquel momento era muy radical, criticó severamente el acuerdo porque no era una victoria arrolladora sino que se había llegado a un arreglo; una victoria parcial que había reconocido al sindicato. Asumimos plena responsabilidad por el acuerdo que nuestros camaradas habían logrado y respondimos al desafío de los estalinistas. En esta controversia nuestra prensa sencillamente barrió del terreno a los estalinistas. Defendimos el acuerdo en la huelga de Minneapolis y frustramos su campaña de desprestigiarla y desprestigiar así nuestra labor en los sindicatos. Al movimiento obrero radical se le dio un cuadro completo de la huelga. Publicamos un número especial del *Militant* en que se describieron detalladamente todos los aspectos de la huelga y los preparativos que la precedieron. Ese número lo escribieron casi en su totalidad los principales camaradas que protagonizaron la huelga.

El punto principal en torno al cual elaboramos la explicación del acuerdo era el siguiente: ¿cuáles son los objetivos de un nuevo sindicato en este período? Señalábamos que la clase trabajadora americana aún está sin organizar, está atomizada. Solo una parte de los trabajadores especializados está organizada en gremios de oficios, y éstos no representan a la gran masa de los trabajadores americanos. Los trabajadores americanos son una masa no sindicalizada y su primer impulso y necesidad es dar el primer paso elemental antes de poder hacer algo más; es decir, formar un sindicato y obligar a los patrones a que reconozcan ese sindicato. Así formulamos el problema.

Sosteníamos, y creo que con plena justeza, que un grupo de trabajadores —quienes en su primera batalla lograron el reconocimiento de su sindicato y a partir de eso podían desarrollar y reforzar su posición— habían logrado los objetivos del momento y no debían exceder sus fuerzas y correr el riesgo de la desmoralización y la derrota. El acuerdo demostró ser correcto porque dio una base suficiente para seguir progresando. El sindicato se mantuvo estable. No fue un éxito pasajero. El sindicato empezó a avanzar, a reclutar nuevos miembros y a educar a cuadros de dirigentes nuevos. Al pasar las semanas, les fue quedando patente a los patrones que su ardid para robarles a los camioneros los frutos de su lucha no estaba resultando muy bien.

Los patrones llegaron entonces a la conclusión de que habían cometido un error, que debían haber luchado más tiempo y destruido el sindicato, para enseñarles a los trabajadores de Minneapolis que allí no podían existir sindicatos; que Minneapolis era una ciudad esclavista de "talleres abiertos" y que así debía seguir. Alguien los aconsejó mal. La Alianza Ciudadana —la organización general de los patrones y fuerzas antiobreras— seguía azuzando e incitando a los patrones de la industria del camionaje para que violaran el acuerdo, hicieran trampa en las concesiones que habían acordado y las aplazaran, y que poco a poco fueran minando los logros conquistados por los trabajadores.

La dirección del sindicato entendía la situación. Los patrones no habían quedado lo suficientemente convencidos en la primera prueba de fuerzas con el sindicato y necesitaban otra demostración. Comenzaron a preparar otra huelga. Nuevamente se preparó a los trabajadores en la industria para la acción. Nuevamente se movilizó a todo el movimiento obrero para que los apoyara, esta vez de la manera más impresionante y dramática. La campaña para que se adoptaran resoluciones en la Unión Central Central del Trabajo y sus sindicatos afiliados en apoyo al Local 574 se encaminó hacia un gran desfile del movimiento obrero organizado. A él concurrieron numerosos contingentes de miembros de los diversos sindicatos, marchando en filas sólidas hacia una enorme asamblea de masas en el auditorio municipal para respaldar a los choferes de camiones y prometerles apoyo en la lucha inminente. Fue una imponente manifestación de solidaridad obrera y de la nueva combatividad que reinaba entre los trabajadores. Los patrones siguieron inflexibles. Hablaban mucho del "peligro rojo" y denunciaban a los "comunistas de Trotsky" en anuncios sensacionalistas en la prensa. Del lado del sindicato, continuaron los preparativos como en la huelga de mayo, pero a un nivel organizativo aún superior. Cuando quedó evidente que no se podría evitar otra huelga sin sacrificar al sindicato, nuestro Comité Nacional tomó la decisión de que la Liga Comunista de América en su conjunto tendría que apoyarla con todos sus recursos. Sabíamos que ahí se encontraba la verdadera prueba, que no osaríamos tener escarceos con este asunto. Pensábamos que era una batalla que significaría para nosotros la consagración o la ruina por muchos años; que si la apoyábamos sin entusiasmo, o si no ofrecíamos una u otra forma de ayuda que pudiésemos dar, eso ayudaría a inclinar el equilibrio hacia la victoria o la derrota. Sabíamos que teníamos mucho que brindar a nuestros camaradas de Minneapolis.

En nuestro movimiento nunca jugamos con la idea absurda de que solo los que están directamente vinculados a un sindicato son capaces de brindar ayuda. Ante todo, lo que necesitan las huelgas modernas es dirección política. Si nuestro partido, nuestra Liga como la llamábamos entonces, era digna de existir, tendría que ayudar a los camaradas locales. Como sucede siempre con dirigentes sindicales, especialmente en tiempos de huelga, ellos se encontraban bajo la presión y la tensión de mil detalles urgentes. Un partido político, por otro lado, se pone por encima de los detalles y generaliza a partir de las cuestiones principales. Un dirigente sindical que rechace la idea de consejos políticos en la lucha contra los patrones y su gobierno —y sus taimados ardides, trampas y métodos de presión— es sordo, mudo y ciego. Nuestros camaradas de Minneapolis no eran así. Acudieron a nosotros en pos de ayuda. Enviamos una buena cantidad de fuerzas para esa situación. Yo fui unas dos semanas antes que estallara la segunda huelga. Después de que hubiera estado allí unos días, acordamos traer más ayuda, todo un equipo de personal, en realidad. Se trajo de Nueva York a dos personas más para el trabajo periodístico: Shachtman y Herbert Solow, un periodista experimentado y talentoso que en aquel entonces era una especie de simpatizante de nuestro movimiento. Tomando prestada una idea de la huelga de la Auto-Lite en Toledo, trajimos a otro camarada cuya tarea específica era la de organizar a los desempleados para que ayudaran la huelga. Se trataba de Hugo Oehler, quien era muy capaz como trabajador de masas y como sindicalista. Su trabajo en Minneapolis fue el último aporte que jamás hizo para nosotros. Poco después le dio la enfermedad del sectarismo. Pero hasta entonces, Oehler fue bueno y contribuyó a la huelga. Además, importamos a un abogado general para el sindicato, Albert Goldman. Por experiencias anteriores sabíamos que en una huelga un abogado es muy importante, si se puede conseguir uno bueno. Es muy importante tener su propio "portavoz" y frente legal que le dé a uno consejos honestos y le proteja sus intereses jurídicos. En una huelga enconada hay todo tipo de altibajos. A veces las cosas se vuelven demasiado calientes para los dirigentes huelguísticos "de mala fama". Entonces siempre se puede poner a un abogado al frente para que diga con calma: "Razonemos juntos y veamos lo que dice la ley". Resulta muy práctico, especialmente cuando se tiene a un abogado tan brillante y a un hombre leal como Al Goldman.

Desde nuestro centro en Nueva York dimos todo lo que pudimos a la huelga, siguiendo el mismo principio que mencioné antes, que debería servir de línea rectora para todo tipo de actividad de un partido serio, o, para el caso, de una persona seria. El principio es el siguiente: Si vas a hacer algo, por el amor de Dios, hazlo como se debe, hazlo bien. Nunca actúes como aficionado, nunca hagas nada a medias. ¡Ay de los tibios! "Mas porque eres tibio, y no frío ni caliente, te vomitaré de mi boca".

La huelga comenzó el 16 de julio de 1934, y duró cinco semanas. Creo que puedo decir sin la menor exageración, sin temor a ninguna contradicción, que la huelga de julio y agosto de los choferes de camiones y ayudantes en Minneapolis ha entrado en los anales de la historia del movimiento obrero americano como una de sus luchas más grandes, más heroicas y mejor organizadas. Es más: la huelga y el sindicato que se forjó en su crisol han quedado identificados para siempre en el movimiento obrero —no solo aquí, sino en todo el mundo— con el trotskismo en acción en el movimiento de masas de los trabajadores. El trotskismo hizo una serie de contribuciones específicas a esta huelga que diferenciaron notablemente la huelga de Minneapolis de cientos de otras huelgas en esa época, algunas de las cuales involucraron a un mayor número de trabajadores en lugares e industrias de mayor importancia social. El trotskismo contribuyó con la organización y los preparativos hasta el último detalle. Eso es algo nuevo, algo específicamente trotskista. En segundo lugar, el trotskismo introdujo en todos los planes y preparativos del sindicato y de la huelga, desde el comienzo hasta el final, la línea de clase de combatividad; no como reacción subjetiva —lo cual se ve en todas las huelgas— sino como política consciente basada en la teoría de la lucha de clases, de que no se puede ganar nada de los patrones a menos que se tenga la voluntad de luchar por ello y la fuerza para conquistarlo.

La tercera contribución del trotskismo en la huelga de Minneapolis —la más interesante y quizás la más decisiva— fue que enfrentamos a los mediadores del gobierno en su propio terreno. Realmente, una de las cosas más lamentables que se podía apreciar en esa época era ver cómo en una huelga tras otra, los "amigos del trabajador" que tomaban la forma de mediadores federales embaucaban y hacían trizas a los trabajadores y destruían sus huelgas.

Estos astutos sinvergüenzas llegaban, se aprovechaban de la ignorancia, inexperiencia y falta de preparación política de los dirigentes locales y les aseguraban que ellos estaban allí como amigos. Su tarea era "resolver el problema" arrancando concesiones del lado más débil. Los dirigentes huelguísticos inexpertos y sin formación política eran su presa. Tenían una rutina, una fórmula para pescar a los desprevenidos. "No les estoy pidiendo que hagan ninguna concesión a los patrones, pero denme una concesión a mí para que les pueda ayudar". Luego, una vez que se había cedido algo por credulidad: "Traté de obtener una concesión correspondiente de los patrones pero se negaron. Creo que es mejor que ustedes hagan más concesiones: la opinión pública se está volviendo contra ustedes". Y luego la presión y las amenazas: "Roosevelt va a emitir una declaración". O, "Si no son más razonables y responsables, nos veremos obligados a publicar algo contra ustedes en la prensa". Entonces llevaban a los pobres novatos a las salas de conferencia, los mantenían ahí por horas y horas, y los aterrorizaban. Esa era la trillada rutina que empleaban esos cínicos desvergonzados.

Llegaron a Minneapolis todos acicalados para otra función típica. Los esperábamos sentados. Dijimos, "Vamos. Quieren negociar, ¿sí? Pues, está muy bien". Claro que nuestros camaradas lo expresaron con el lenguaje más diplomático del "protocolo" de las negociaciones, pero ésa era la esencia de nuestra actitud. Pues, al negociar jamás les sacaron dos centavos a los dirigentes trotskistas del Local 574. Recibieron una dosis de negociaciones y diplomacia que aún les atraganta. Agotamos a tres de ellos antes de que se resolviera finalmente la huelga. En esos días un truco preferido de esos estafadores conocidos como mediadores federales era el de meter a los novatos dirigentes de huelga en un cuarto, explotar su vanidad e inducirles a comprometerse a algún tipo de concesión que no estaban autorizados a hacer. Los mediadores federales convencían a los dirigentes sindicales de que eran "peces gordos" que debían asumir una actitud "responsable". Los mediadores sabían que las concesiones hechas por dirigentes en las negociaciones rara vez se podían retirar. Por más que se opongan los trabajadores, el hecho que los dirigentes ya se han comprometido en público compromete la posición del sindicato y crea desmoralización entre las filas.

Esa maniobra hizo añicos de muchas huelgas en aquella época. En Minneapolis no dio resultado. Nuestra gente no eran "peces gordos" en las negociaciones. Ellos dejaban claro que su autoridad en las negociaciones era sumamente limitada, que en realidad representaban el ala más moderada y razonable del sindicato, y que si se pasaban de la raya serían reemplazados en el comité negociador por gente de otro tipo. Eso era un verdadero dilema para los matahuelgas que habían llegado a Minneapolis con sus cuchillos ya listos para las confiadas ovejas. De vez en cuando se añadía a Grant Dunne al comité. Él simplemente se sentaba en un rincón sin decir nada, pero fruncía el ceño cada vez que se mencionaban concesiones. Aunque la huelga fue una lucha cruenta y amarga, nos divertíamos mucho al planificar las sesiones del comité sindical de negociaciones con los mediadores. Nos resultaban despreciables tanto ellos como sus ardides y trucos taimados y sus hipócritas presunciones de camaradería y amistad con los huelguistas. No eran más que agentes del gobierno en Washington, el cual a su vez es agente de la clase patronal en su conjunto. Para un marxista eso estaba perfectamente claro, y considerábamos un insulto que pretendieran embaucarnos con los métodos que empleaban con novatos. Aun así, intentaron hacerlo. Parecía que no conocían ningún otro método. Pero no lograron avanzar ni una pulgada, hasta que tuvieron que ir al grano, ejercer presión sobre los patrones y hacer concesiones al sindicato. La experiencia política colectiva de nuestro movimiento resultó muy útil en los tratos con los mediadores federales. A diferencia de los sectarios estúpidos, no los ignoramos. A veces éramos nosotros quienes iniciábamos las conversaciones. Pero no permitimos que nos usaran, ni confiamos en ellos por un instante. En la huelga nuestra estrategia general era la de no dejar de luchar, no ceder nada a nadie, mantenerse firmes y no dejar de luchar. Esa fue la contribución trotskista número cuatro. Pareciera ser una receta muy sencilla y obvia, pero no es así. No le resultaba evidente a la gran mayoría de los dirigentes de huelgas de aquellos tiempos.

    La quinta y suprema contribución que hizo el trotskismo a la huelga de Minneapolis fue la publicación de un diario de la huelga, el *Daily Organizer*. Por primera vez en la historia del movimiento obrero americano, los huelguistas no tuvieron que depender de la prensa capitalista, no se vieron confundidos ni aterrorizados por ella, ni tampoco dejaron que el monopolio capitalista sobre la prensa desorientara la opinión pública. Los huelguistas de Minneapolis publicaron su propio diario. Esto no lo lograron medio millón de mineros del carbón, ni 100 mil obreros automotrices o siderúrgicos, sino que fue un solo local sindical de 5 mil choferes de camión, un sindicato nuevo en Minneapolis que contaba con una dirección trotskista. Este liderazgo comprendía que la publicidad y la propaganda son sumamente importantes, y es algo que muy pocos dirigentes sindicales saben. Es casi imposible expresar el tremendo efecto que tuvo ese diario. No era extenso, apenas un tabloide de dos páginas. Pero contrarestaba completamente la prensa capitalista. Después de uno o dos días, ya no nos importaba lo que decía la prensa diaria de los patrones. Imprimían todo tipo de cosas pero no tenía mucho efecto entre las filas de los huelguistas. Ellos tenían su propio periódico y aceptaban sus informes como si estuviera escrito en el evangelio. El *Daily Organizer* cubría la ciudad de punta a punta. En el local los huelguistas lo tomaban directamente de la imprenta. El Comité Auxiliar de Mujeres lo vendía en todas las tabernas de la ciudad que tuvieran clientela obrera. En muchas cantinas en los barrios obreros dejaban un paquete de periódicos en la barra con una lata para recoger las donaciones. Así se recaudaron muchos dólares, bajo el ojo alerta de los cantineros solidarios.

Había sindicalistas que llegaban todas las noches de los talleres y de los ferrocarriles para llevarse paquetes del *Organizer* para distribuirlo entre los hombres de sus turnos de trabajo. La fuerza de ese periodiquito, su influencia sobre los trabajadores, es indescriptible. Creían en el *Organizer* y en ningún otro periódico. A veces en la prensa burguesa aparecía un artículo sobre un nuevo acontecimiento en la huelga. Los trabajadores no lo creían. Esperaban a que saliera el *Organizer* para ver cuál era la verdad. Las tergiversaciones o falsedades descaradas sobre la huelga que aparecían en la prensa —que han destruido la moral de muchas huelgas— no dieron resultado en Minneapolis. En más de una ocasión, entre una multitud que siempre se juntaba en torno a la sede de la huelga al salir el último número del *Organizer,* se podía escuchar comentarios así: "Ves lo que dice el *Organizer*. Yo te decía que aquella noticia del *Tribune* era una mentira desgraciada". Esa era la actitud general de los trabajadores hacia la voz del movimiento obrero en la huelga, el *Daily Organizer.*

Este instrumento poderoso no le costó al sindicato ni un centavo. Al contrario, el *Daily Organizer* obtuvo ganancias desde el primer día y sostuvo la huelga cuando no había fondos en la tesorería. Las utilidades del *Organizer* cubrían los gastos diarios del comisariato. El periódico se distribuía gratis a quien lo quisiera pero casi todos los trabajadores solidarios donaban entre cinco centavos y un dólar por ejemplar. Mantuvo alta la moral de los trabajadores, pero ante todo el papel que desempeñó el *Organizer* era el de educador. Cada día el periódico traía las noticias sobre la huelga, algunos chistes sobre los patrones y otra información sobre lo que ocurría en el movimiento sindical. Hasta tenía una caricatura diaria dibujada por uno de los camaradas locales. Luego había un editorial que sacaba las lecciones de las últimas 24 horas, día tras día, y que señalaba el camino a seguir. "Esto es lo que ha ocurrido. Esto es lo que viene. Esta es nuestra posición". Los trabajadores en huelga se veían armados y preparados de antemano para cada maniobra de los mediadores o del gobernador Olson. Seríamos pésimos marxistas si no fuéramos capaces de prever las cosas con 24 horas de anticipación. Acertamos tantas veces que los huelguistas comenzaron a tomar nuestras predicciones como noticia y dependían de ellas como tal. El *Daily Organizer* era el arma más poderosa del arsenal de la huelga de Minneapolis. Puedo decir sin la menor reserva que, entre todas las contribuciones que hicimos, la más decisiva, la que inclinó la balanza al lado de la victoria, fue la publicación del diario. Sin el *Organizer* no se habría ganado la huelga.

Todas estas contribuciones que he mencionado fueron integradas y se realizaron con la mayor armonía entre el equipo enviado por el Comité Nacional y los camaradas locales que estaban en la dirección de la huelga. Las lecciones de la huelga hotelera, las experiencias lamentables con gente engreída y desleal, se asimilaron por completo en Minneapolis. Hubo la más estrecha colaboración de principio a fin.

La huelga le presentó al gobernador Floyd Olson, del Partido de los Agricultores y Trabajadores, un hueso duro de roer. Entendíamos las contradicciones en que se hallaba. Por un lado, era supuestamente representante de los trabajadores; por el otro, era gobernador de un estado burgués, temeroso de la opinión pública y temeroso de los patrones. Estaba atrapado entre su obligación de hacer algo —o aparentar hacer algo— a favor de los trabajadores y su temor de dejar que la huelga saliera fuera de los límites. Nuestra política consistió en explotar estas contradicciones, exigirle cosas porque era el gobernador del movimiento obrero, aprovechar todo lo que pudiéramos, y clamar todos los días pidiendo más. Por otra parte, lo criticábamos y lo atacábamos por cada paso en falso que daba y nunca hicimos la menor concesión a la teoría de que los trabajadores debían depender de sus consejos.

Floyd Olson era sin duda el dirigente del movimiento obrero oficial en Minnesota, pero nosotros no reconocíamos su liderazgo. Los burócratas sindicales en Minneapolis se hallaban bajo su dirección, tal como los burócratas del CIO y de la AFL hoy día están bajo la dirección de Roosevelt. Roosevelt es el jefe y Floyd Olson era el jefe de todo el movimiento obrero en Minneapolis salvo el Local 574. No era nuestro jefe y no vacilábamos en atacarlo de la manera más despiadada. Bajo estos ataques él reaccionaba un poco y daba una que otra concesión que el liderazgo de la huelga aprovechaba a la carrera. No sentíamos ningún interés por él. Los burócratas sindicales locales lloraban y gemían temiendo que a él se le arruinara la carrera. A nosotros no nos importaba. Eso era asunto de él y no nuestro. Lo que queríamos era que diera más concesiones y clamábamos por ellas día tras día. Los lamebotas del movimiento obrero se morían de miedo. "No hagan eso, no lo pongan en tal calamidad, recuerden las dificultades de la posición en que está". No les prestábamos atención y seguíamos por nuestro camino. Presionado y golpeado de ambos lados, temeroso de ayudar a los huelguistas y temeroso de no ayudarles, Floyd Olson impuso la ley marcial. Esta es realmente una de las cosas más fantásticas que jamás ha ocurrido en la historia del movimiento obrero americano. Un gobernador del Partido de los Agricultores y Trabajadores decretó la ley marcial y suspendió la circulación de los camiones. Supuestamente esa acción era a favor de los trabajadores. Pero después permitió la circulación de camiones con permisos especiales. Esa acción era para el lado patronal. Por supuesto, los piquetes se pusieron a detener los camiones, con permiso o sin permiso. Luego, a los pocos días, la milicia del gobernador del Partido de los Agricultores y Trabajadores ocupó la sede de la huelga y arrestó a sus dirigentes.

Me estoy adelantando un poco en el relato. Al imponerse la ley marcial, las primeras bajas, los primeros presos militares de Olson y su milicia fuimos yo y Max Shachtman. No sé cómo se enteraron que estábamos allí, puesto que no éramos muy conspicuos en público. Pero Shachtman llevaba un enorme sombrero de vaquero —quién sabe de dónde lo sacó ni por qué en nombre de Dios lo llevaba puesto— y eso lo hacía conspicuo. Supongo que fue así que nos ubicaron. Una noche, Shachtman y yo nos alejábamos de la sede de la huelga, nos dirigimos hacia el centro y, necesitando un poco de esparcimiento, nos fijamos en qué espectáculos estaban exhibiendo. Hacia el fondo de la Avenida Hennepin nos topamos con una opción: en un sitio un espectáculo *burlesque,* y al lado una película. ¿A dónde ir? Bueno, naturalmente yo dije, la película. Un par de detectives que nos habían venido siguiendo nos arrestaron allí. Por poco y nos detienen dentro de un teatro burlesque. Qué escándalo habría sido. Sin duda, jamás hubiera logrado que el incidente se olvidara.

Nos tuvieron presos unas 48 horas, después nos llevaron al tribunal. Nunca en mi vida vi tantas bayonetas en un solo lugar como las que había en la sala y los alrededores. Todos estos milicianos, muchachos del campo que venían del norte del estado y jóvenes insolentes de cuello blanco, parecían estar más que dispuestos a hacer prácticas de bayoneta. Algunos de nuestros amigos estaban en el tribunal observando lo que sucedía. Al final, el juez nos entregó a los militares, y a Shachtman y a mí nos llevaron por los pasillos y por las escaleras entre dos filas de milicianos con las bayonetas en la mano. Mientras nos retiraban del tribunal, oímos un grito. Bill Brown y Mick (Miles) Dunne estaban observando la procesión tranquilamente sentados en una ventana del tercer piso, riéndose y saludándonos. "Ojo con las bayonetas", gritaba Bill. Cualquier cosa por sacarte una risa en Minneapolis. A los pocos días, cuando la milicia arrestó a Bill y a Mick, lo tomaron con el mismo tono despreocupado.

Nos encarcelaron y pusieron de guardia a dos o tres de estos novatos nerviosos con sus manos siempre en las bayonetas. Albert Goldman llegó amenazando con tomar acción judicial. Los jefes de las milicias parecían estar ansiosos de deshacerse de nosotros y de evitarse cualquier problema con este abogado de Chicago. Por nuestra parte, no teníamos el deseo de que nuestra detención sirviera como caso jurídico. Ante todo, queríamos salir para poder serle útiles al comité timón del sindicato. Decidimos aceptar la oferta que hicieron. Nos dijeron: si se van de la ciudad pueden quedar libres. Dijimos, muy bien, y nos mudamos a St. Paul, al otro lado del río. Allí teníamos reuniones del comité timón todas las noches mientras cualquiera de los camaradas dirigentes estuviera fuera de la cárcel. El comité timón de la huelga —a veces con Bill Brown, a veces sin él— se metía en un auto, manejaba hasta allá, discutía las experiencias del día y planificaba el próximo día. Durante toda la huelga nunca se tomó ninguna medida seria sin discutirla y prepararla de antemano.

Después ocurrió la redada a la sede de la huelga. Una mañana las tropas de la milicia rodearon la sede a las cuatro de la madrugada y detuvieron a cientos de piquetes y a todos los dirigentes a los que pudieron ponerles las manos encima. Detuvieron a Mick Dunne, Vincent Dunne, Bill Brown. En su prisa "se les escaparon" algunos de los dirigentes. Farrell Dobbs, Grant Dunne y algunos otros se les fueron de las manos. Estos simplemente formaron otro comité y una sede sustituta en diversos talleres de autos que apoyaban la huelga. Los piquetes, organizados en clandestinidad, siguieron con mucho vigor. La lucha continuó y los mediadores siguieron con sus artimañas.

El primer hombre que enviaron a lidiar con la situación fue uno de nombre Dunnigan. Era un tipo de apariencia impresionante que usaba quevedos, suspendidos de una cinta negra, y fumaba cigarros caros, pero no sabía mucho. Después de tratar infructuosamente por un tiempo de imponerse a los dirigentes de la huelga, elaboró una propuesta de arreglo que incluía un aumento salarial sustancial para los trabajadores sin conceder todas sus demandas.

Entretanto, enviaron a uno de los negociadores más diestros de Washington, un cura católico que se llamaba el padre Haas. Él se identificó con la propuesta de Dunnigan, y ésta se conoció como el "Plan Haas-Dunnigan". Los huelguistas lo aceptaron de inmediato. Los patrones se demoraron y se encontraron en la posición de oponerse a una propuesta del gobierno, pero eso no pareció molestarles. Los huelguistas aprovecharon bien la situación al movilizar la opinión pública a su favor. Entonces, después de varias semanas, el padre Haas se dio cuenta que no podría presionar a los patrones, así que decidió presionar a los huelguistas. Le planteó directamente el asunto al comité negociador del sindicato: "Los patrones no ceden, así que ustedes tienen que ceder. La huelga se debe resolver. Washington insiste".

Los dirigentes de la huelga respondieron: "No, usted no puede hacer eso. Un trato es un trato. Nosotros aceptamos el plan Haas-Dunnigan. Estamos luchando por su plan. Aquí se juega su honor". Ante esto el padre Haas dijo —y ésta es otra amenaza que siempre les lanzan a los dirigentes sindicales—, "Vamos a hablar con las filas del sindicato en nombre del gobierno de Estados Unidos". Esa amenaza por lo general le da un susto de muerte a cualquier dirigente sindical inexperto.

Pero en Minneapolis los dirigentes de la huelga no se asustaron. Dijeron: "Bien, hagámoslo". Así que le organizaron una reunión. Y le tocó una reunión que no se esperaba para nada. Esa reunión, como toda acción importante que se tomó durante la huelga, se planificó y preparó de antemano. Apenas había terminado el padre Haas con su discurso y se desató la tormenta. Uno por uno, los huelguistas entre las filas se pararon y demostraron lo bien que habían memorizado los discursos que se habían delineado en las reuniones internas. Casi lo corrieron de la reunión. Le causaron un malestar físico. Desesperado, se marchó de la ciudad. Los huelguistas votaron unánimemente a favor de condenar su intento traicionero de desbaratar la huelga y, por tanto, su sindicato.

Dunnigan estaba acabado, el padre Haas estaba acabado. Entonces mandaron a un tercer mediador federal. Evidentemente, éste había aprendido de las tristes experiencias de los demás y no intentó más artimañas. El señor Donaghue, creo que así se llamaba, se puso a negociar en serio y en cuestión de días elaboró un acuerdo que representaba una gran victoria para el sindicato.

El nombre de una nueva galaxia de dirigentes obreros brilló en los cielos del noroeste: William S. Brown, los hermanos Dunne —Vincent, Miles, y Grant—, Carl Skoglund, Farrell Dobbs, Kelly Postal, Harry DeBoer, Ray Rainbolt, George Frosig.

La gran huelga terminó después de cinco semanas de una lucha enconada en la cual no se había dado una sola hora libre de tensión y de peligro. Dos trabajadores murieron durante la huelga, hubo veintenas de heridos, baleados, agredidos en las líneas de piquetes en la batalla para impedir que los camiones circularan sin choferes sindicalizados. Se aguantaron muchas dificultades, muchas presiones de todo tipo, pero al final el sindicato salió victorioso, se estableció firmemente, sobre un cimiento sólido gracias a estas luchas. Nos pareció, y así lo escribimos después, que esto le hizo justicia gloriosamente al trotskismo en el movimiento de masas.

Minneapolis representó la cúspide de la segunda ola de huelgas bajo la Administración de Recuperación Nacional (NRA). La segunda ola llegó más alto que la primera, así como la tercera estaba destinada a sobrepasar la segunda y llegar a la cúspide de las huelgas de brazos caídos del CIO. El gigante del proletariado americano empezaba a sentir su fuerza en esos años, empezaba a demostrar su tremendo potencial, la fuente de fuerza, ingenio y valor que existe en el seno de la clase obrera americana.

En julio de ese año, 1934, escribí un artículo sobre estas huelgas y sobre las olas de huelgas para la primera edición de nuestra revista, *New International*. Dije:

"La segunda ola de huelgas bajo la NRA asciende más alto que la primera y marca un enorme avance de la clase obrera americana. El tremendo potencial de futuros acontecimientos queda claramente inscrito en este avance...

"En estas grandes luchas los trabajadores americanos en todos los rincones del país están demostrando la combatividad desbordante de una clase que recién comienza a despertar. Es una nueva generación de una clase que no ha sido derrotada. Al contrario, solo recién comienza a encontrarse y a sentir su fuerza, y en estos primeros conflictos vacilantes el gigante proletario ofrece una promesa gloriosa para el futuro. La generación actual se mantiene fiel a la tradición del movimiento obrero americano. Es valientemente agresiva y violenta desde el inicio. El trabajador americano no es un cuáquero. Los sucesos futuros de la lucha de clases traerán muchas batallas a Estados Unidos de América".

La tercera ola, que culminó con las huelgas de brazos caídos, confirmó ese pronóstico y nos dio motivos para anticipar, con el mayor optimismo, manifestaciones más grandes, más grandiosas aún, de la fuerza y la combatividad de los trabajadores americanos. En Minneapolis vimos cómo la combatividad natural de los trabajadores se combinó con un liderazgo político consciente. Minneapolis mostró lo importante que puede ser el papel que desempeña ese liderazgo. Mostró lo prometedor que es el partido al basarse en principios políticos correctos y fusionado y unido a la masa de los trabajadores americanos. En esa combinación se puede ver la fuerza que ha de conquistar el mundo entero.

Durante esa huelga, a pesar de lo ocupados que estábamos día a día con innumerables detalles y bajo la presión constante del acontecer diario, nunca nos olvidamos del aspecto político del movimiento. En el comité timón a veces no solo discutíamos el problema inmediato de la huelga ese día, sino que, en la medida de lo posible, nos manteníamos alertas y atentos a los acontecimientos del mundo más allá de Minneapolis. En aquellos momentos Trotsky estaba elaborando una de sus propuestas tácticas más audaces. Propuso que los trotskistas de Francia encontraran la manera de ingresar a la reanimada ala izquierda de la socialdemocracia francesa y trabajaran allí como una facción bolchevique. Era el famoso "viraje francés". Nosotros debatimos esa propuesta al calor de la huelga de Minneapolis. Para Estados Unidos la interpretamos como un mandamiento para acelerar la unificación con el Partido Americano de los Trabajadores. El AWP era obviamente el grupo político más cercano a nosotros y se encaminaba a la izquierda. Decidimos recomendar a la dirección nacional de nuestra Liga que diera pasos decisivos para acelerar la unificación y completarla antes del fin de año. Los musteístas habían dirigido una gran huelga en Toledo. Los trotskistas se habían destacado en Minneapolis. Toledo y Minneapolis se habían asociado como símbolos gemelos de los dos puntos culminantes de combatividad proletaria y liderazgo consciente. Estas dos huelgas tendían a acercar más a los militantes de cada una de las batallas, a hacer que simpatizaran más entre sí, a hacerlos más deseosos de una colaboración estrecha. Quedaba patente, bajo todas estas circunstancias, que ya era hora de dar la señal para la unificación de estas dos fuerzas. Regresamos de Minneapolis con este objetivo en mente y procedimos resueltamente hacia la fusión de los trotskistas con el Partido Americano de los Trabajadores, a lanzar un nuevo partido: la sección americana de la Cuarta Internacional.

9

La fusión con los musteístas

Al final de nuestra última conferencia, partíamos de Minneapolis y volvíamos a Nueva York en busca de nuevos mundos que conquistar. La gran ola de huelgas de 1934, la segunda bajo la administración de Roosevelt, aún no había agotado sus fuerzas. En cuanto al número de trabajadores que participaron, aunque no en otros aspectos, esa ola alcanzó su punto culminante en la huelga general de los trabajadores textiles en septiembre. El primero de septiembre de 1934, unos 750 mil trabajadores de hilanderías de algodón salieron en huelga. El *Militant* informó sobre ella y ofreció sugerencias editoriales extensas sobre lo que los huelguistas debían hacer para aprovechar al máximo su situación. Impulsada por la ola del movimiento obrero de masas, nuestra organización política avanzaba. Sin embargo, la marcha de nuestro progreso se vio momentáneamente interrumpida por un ligero obstáculo: una situación financiera embarazosa. La misma edición del *Militant* que informó sobre la huelga de los 750 mil obreros textiles, con algunos artículos sobre las secuelas de la huelga de Minneapolis, publicó en primera plana el siguiente aviso. Hoy lo copié para que tuvieran una mejor apreciación de la situación según se nos presentaba entonces:

"Estamos en crisis... Nuestras actividades en Minneapolis han agotado nuestros recursos hasta el fondo... He aquí los hechos: en solo cuestión de días el alguacil se va a presentar en nuestro taller y va a poner nuestro equipo de imprenta en la calle. Ya entregaron el aviso de desahucio. Y aun si el casero se apiadara de nosotros por unos días, de todas maneras es probable que tendríamos que dejar de operar. Desde hace mucho que venció la cuenta de electricidad; nos van a cortar la luz. Tenemos encima a la compañía de gas, la compañía del papel y muchísimos otros acreedores que exigen que les paguemos. ¡Envíen contribuciones: actúen ya!"

Así equipados y dotados, nos dirigimos al Partido Americano de los Trabajadores (AWP) con otra propuesta de unidad. Les instamos a que se nos unieran para formar un nuevo partido a fin de conquistar el mundo. Reiniciamos las negociaciones con una carta fechada el 7 de septiembre, pidiendo al AWP que asumiera una postura favorable hacia la unificación y designara un comité para que discutiera con nosotros el programa y los detalles de la organización. Esta vez recibimos una respuesta rápida del Partido Americano de los Trabajadores. La carta tenía una doblez. Por un lado, bajo la influencia de los activistas entre las filas en la conferencia de Pittsburgh, quienes habían hablado enfáticamente a favor de la unificación, la carta del AWP, firmada por Muste, el secretario nacional, tenía un tono conciliador y se pronunciaba a favor de la unificación si pudiésemos llegar a un acuerdo. Expresaba los sentimientos de los elementos activos honestos, los trabajadores del AWP que estaban sobre el terreno. Creo que en aquel entonces el propio Muste era de igual disposición. Sin embargo, esa misma carta tenía otro lado; contenía una referencia provocadora sobre la Unión Soviética. Esto representaba la influencia de Salutsky y de Budenz, quienes se mostraban implacablemente hostiles a la unidad con los trotskistas.

El AWP no era una organización homogénea. Su carácter progresista se definía por dos factores: (1) por sus actividades enérgicas en el movimiento de masas, los sindicatos y el ámbito de los desempleados, había atraído a trabajadores combativos entre las filas que tomaban absolutamente en serio la lucha contra el capitalismo; (2) el rumbo general que el Partido Americano de los Trabajadores seguía en aquel entonces tendía claramente hacia la izquierda, hacia una posición revolucionaria. Estos dos factores determinaron el carácter progresista del movimiento musteísta en su conjunto e hicieron que nos viéramos atraídos a él. Al mismo tiempo, como he dicho, nos dábamos cuenta de que no era una organización homogénea. En realidad, se podría describir más correctamente como una amalgama política que abarcaba en su seno todo tipo de especies políticas. Dicho de otra forma, entre los miembros del AWP había de todo, desde revolucionarios proletarios hasta sinvergüenzas y farsantes reaccionarios.

El personaje más destacado dentro del Partido Americano de los Trabajadores era A.J. Muste, un hombre extraordinario que siempre me resultó sumamente interesante y por quien siempre mantuve los sentimientos más amistosos. Era un hombre capaz y enérgico, obviamente sincero y entregado a la causa, a su trabajo. Su defecto radicaba en su pasado. Muste había empezado su vida como predicador. Ese hecho en sí ya le ponía dos *strikes* en su contra. Porque es muy difícil hacer de un predicador otra cosa. Esto no lo digo como broma, y es más por tristeza que por enojo. Muchas veces vi cómo se intentó, pero jamás con éxito. Muste era, se puede decir, la última oportunidad y la mejor oportunidad; y aun él, quien tuvo las mejores posibilidades, tampoco pudo lograrlo al final debido a ese terrible pasado, la iglesia, que ya lo había marcado en sus años de formación. Consumir el opio de la religión es en sí algo muy malo: Marx correctamente definió la religión como opio. Pero traficar el opio de la religión —como hacen los predicadores— es peor aún. Ese es un oficio que deforma la mente humana. Ni un solo predicador —de los muchos que han pasado por el movimiento obrero radical de Estados Unidos, durante toda su historia— ni uno solo salió bueno o llegó a ser un auténtico revolucionario al final. Ni uno solo. Sin embargo, a pesar del defecto de este pasado, Muste resultaba prometedor gracias a sus cualidades personales excepcionales y a la gran influencia que ejercía sobre los que se asociaban con él, a su prestigio y su buena reputación. Muste prometía convertirse en una verdadera fuerza como un dirigente del nuevo partido.

Muste no era el único dirigente del AWP. Se podría decir que era el que estaba en el medio, el moderador, el dirigente central que mantenía el equilibrio de todo entre los bandos rivales.

En el Comité Nacional del Partido Americano de los Trabajadores había otro hombre extremadamente capaz. Lo mencioné en la conferencia anterior: se llamaba Salutsky. Así le conocíamos en el Partido Socialista y en los primeros años del comunismo americano. Hoy se llama J.B.S. Hardman, director de *Advance,* órgano oficial del Sindicato Amalgamado de Trabajadores de la Ropa; ha ocupado ese puesto durante los últimos 20 años. Salutsky era un hombre mitad-y-mitad. En términos intelectuales era socialista. Sus antecedentes se remontaban al movimiento socialista ruso, al Bund Judío. Había sido un destacado dirigente de la Federación Socialista Judía del Partido Socialista americano. Durante años fue director del órgano de la Federación Judía y con mucho su hombre más capaz, destacándose muy por encima de individuos tales como Olgin y otros que también eran prominentes en el movimiento. Moralmente, Salutsky era débil, un vacilante oportunista que nunca supo decidirse si ir o no hasta el fin. Quería y no quería. Salutsky siempre tuvo dividida su lealtad, y cada acción que tomaba en un sentido se veía frenada por esa contradicción interna, esa doble personalidad, que lo tiraba en el sentido opuesto. Vivía una vida doble. Los domingos quería pertenecer a un partido, debatir teoría, asociarse con personas de ideas. Pero entre semana era J.B.S. Hardman, el servil director de *Advance,* francotirador intelectual que hacía todo tipo de trabajo sucio para Sidney Hillman, ese ignorante, grosero y embustero que era jefe del Sindicato Amalgamado de Trabajadores de la Ropa.

A nivel personal conocí muy bien a Salutsky. Cuando me lo encontré en 1934, durante las negociaciones con el Partido Americano de los Trabajadores, era la segunda vez que entrábamos en una relación semejante. Trece años antes, en 1921, él y yo participamos —desde bandos opuestos— en el comité negociador conjunto del "Consejo Obrero" y del Partido Comunista clandestino. "Consejo Obrero" fue el nombre de un grupo efímero de socialistas de izquierda que en 1921 se escindió del Partido Socialista, es decir, dos años después de la gran y decisiva escisión de 1919, y que buscó la unidad con nosotros sobre la base de un Partido Comunista legal. La posición de Salutsky entonces era muy propia de él. En 1919, cuando se produjo la escisión principal, cuando todo el movimiento se dividió entre comunistas por un lado y socialdemócratas por el otro, Salutsky rechazó a los comunistas y se quedó con el Partido Socialista. Pero sus tendencias de izquierda y su conocimiento del socialismo eran tales que no se podía reconciliar totalmente con la derecha y comenzó a jugar con la organización de un nuevo grupo de izquierda en el Partido Socialista. Este era un grupo de comunistas de segundo nivel, de segundo rango. Para 1921, Salutsky, sus amigos y otros semejantes habían pasado por una nueva escisión del Partido Socialista, formando otra organización llamada el "Consejo Obrero".

Fue típico de Salutsky que no se uniera al Partido Comunista de lleno y directamente, ni en 1919 ni en 1921. No quería unirse al PC clandestino, sino solo formar, junto a nosotros, un nuevo partido con un programa moderado y estrictamente "legal". En 1921 entró al partido por la puerta trasera, por así decirlo, mediante la fusión que hicimos con el "Consejo Obrero" para formar nuestro partido legal, el Partido de los Trabajadores. Resultó que esa fusión coincidió con nuestros objetivos en aquel momento. El Partido Comunista de Estados Unidos se encontraba en la clandestinidad y, como ya he mencionado, tratábamos de obligarlo a que poco a poco saliera al público. En aquel entonces queríamos formar una organización legal, no como partido autosuficiente, sino como pantalla para el movimiento clandestino y como un paso en nuestra lucha por la legalidad. Para nuestros fines resultó muy beneficioso efectuar una unificación con grupos mitad-y-mitad como la organización de Salutsky, el "Consejo Obrero", y fundar un partido legal en el que la mayoría comunista estuviese firmemente asegurada. Este partido legal —conocido como Partido de los Trabajadores— estaba completamente dominado por el Partido Comunista. Todo el mundo sabía que era la expresión legal del Partido Comunista. Salutsky y otros tales como Engdahl, Lore y Olgin estaban dispuestos a unirse a esta organización legal, pero no al Partido Comunista clandestino. La adhesión de Salutsky al movimiento comunista fue más o menos avergonzada. Sin embargo, no permaneció mucho tiempo en él. Cuando el Partido de los Trabajadores, bajo la dirección e influencia del Partido Comunista, lanzó una campaña contra la burocracia sindical, empezó a escabullirse. Salutsky no tenía agallas para ese tipo de cosa.

Una cosa es dar una conferencia el domingo sobre el socialismo y la lucha de clases, explicar las contradicciones del capitalismo y la inevitabilidad de la revolución. Otra cosa distinta es emprender la acción revolucionaria práctica que lo ponga a uno en conflicto con los farsantes del movimiento obrero, arriesgando así la oportunidad de servirles en puestos bien remunerados. Al poco tiempo Salutsky abandonó el Partido de los Trabajadores, o fue expulsado; no recuerdo cuál de los dos. No importa. Sin embargo, Salutsky no podía dejar de jugar con las ideas del socialismo y la revolución. Se afilió a la Conferencia para la Acción Progresista del Trabajo, predecesora del Partido Americano de los Trabajadores. Ayudó a darle a la CPLA cierta dirección política y patrocinó la idea de transformarla en un partido; pero él quería un partido seudorrevolucionario, no uno de verdad. Tampoco quería entrar en conflicto con los burócratas sindicales. Ante todo lo que temía era una unión con los trotskistas. Salutsky no escatimó esfuerzos para sabotear la unificación. Él sabía, como sabían muchos otros, que lo característico de nuestro movimiento —como lo he mencionado en charlas anteriores— es que los trotskistas actuamos en serio. Salutsky sabía que una vez que se efectuara una fusión entre el AWP y los trotskistas, perdería toda posibilidad futura de hacerse pasar por socialista con un partido seudorrevolucionario.

En las negociaciones con Salutsky nos reunimos como enemigos, corteses, claro está, según la norma que impera entre negociadores: pasando el tiempo, bromeando un poco y ocultando el puñal, por lo menos al principio.

Recuerdo el primer día que entramos —Shachtman y yo, y creo que Abern u Oehler, no estoy seguro cuál de ellos— a la oficina del Partido Americano de los Trabajadores, acudiendo a una cita para reunirnos con Muste, Salutsky y Sidney Hook, el catedrático de la New York University que en ese entonces se aficionaba con el socialismo. Mientras intercambiábamos cumplidos antes de empezar la reunión, Salutsky me dijo, con esa sonrisa sin alegría que no parecía quitarse nunca: "Siempre leo el *Militant*. Me gusta ver lo que tiene que decir Trotsky".

Tenía en la punta de mi lengua una respuesta de que siempre leo el *Advance* porque me gusta ver lo que tiene que decir Hillman. Pero lo dejé pasar. Nos estábamos portando lo mejor posible, decididos a lograr la unificación con el mínimo de fricción posible sobre detalles secundarios. Salutsky trató de sabotear la unificación por todos los medios, pero terminó perdiendo la partida. Él no logró alejar al Partido Americano de los Trabajadores de los trotskistas, sino que logramos acercarlo hacia nosotros, finalmente hacia la unificación, y a él se le echó a un lado como a un trapo viejo. Eso puso su fin a las actividades "socialistas" de Salutsky. Renunció al partido y a la política radical. Ahora está en el campo de Roosevelt, y es allí donde le corresponde.

Otro destacado dirigente del Partido Americano de los Trabajadores en esa época era un hombre llamado Louis Budenz. Él había empezado como trabajador social. Durante años su interés en el movimiento obrero había sido el de un estudiante-observador y publicaba una revista subvencionada que daba consejos a los trabajadores pero que no representaba ningún movimiento organizado. Finalmente, mediante la Conferencia para la Acción Progresista del Trabajo, se vinculó por vez primera al movimiento de masas, para el cual tenía indiscutiblemente un talento considerable.

El trabajo de masas es trabajo duro y devora a mucha gente. Ya para 1934 Budenz, quien no tenía ni antecedentes ni educación socialistas, era un patriota al 100 por ciento, tres cuartos estalinista, agotado y un poco enfermo, y buscando la primera oportunidad de venderse. Se oponía de forma enconada a la unificación. Budenz ya había puesto los ojos en el partido estalinista, como en realidad también lo había hecho un sector importante del AWP. Solo la intervención enérgica de los trotskistas y la presión de nuestras negociaciones por la unidad impidieron que el partido estalinista se tragara a un sector más amplio del AWP en aquel momento. Debo añadir que Budenz finalmente encontró la oportunidad de venderse; hoy es el director del *Daily Worker* y durante años viene haciendo todo el trabajo sucio por el cual le paguen.

Además estaba Ludwig Lore, a quien conocíamos bien desde los viejos tiempos del Partido Comunista. Lore, uno de los comunistas iniciales en Estados Unidos; uno de los directores de *Class Struggle,* la primera revista comunista en este país; un socialista de izquierda más que un comunista de corazón, que iba retrocediendo y ahora pasaba por el AWP en camino a su reconciliación total con la democracia burguesa. Finalmente se consiguió un puesto en el *New York Evening Post* como columnista superpatriotero. Lore se oponía a la unificación.

Estas eran algunas de las principales figuras del AWP. Al debatir entre nuestras filas el problema de la unificación con los musteístas, nos topamos con una oposición, el inicio dentro de nuestro movimiento de una facción sectaria dirigida por Oehler y Stamm. Escuchamos los viejos argumentos trillados de los sectarios que solo ven a los dirigentes oficiales de las organizaciones y no a las filas, y que juzgan las cosas de esa manera. Ellos preguntaban: "¿Cómo vamos a unirnos con Salutsky, Lore, etcétera?" Si el Partido Americano de los Trabajadores no hubiese sido nada más que Salutsky, Lore y Compañía, su oposición habría tenido entonces cierta lógica.

Detrás de esos impostores y renegados veíamos a algunas personas serias, algunos militantes proletarios. Ya he mencionado a los camaradas que dirigieron la huelga de Toledo. Ellos tenían numerosos elementos de ese tipo por toda Pennsylvania y en el Medio Oeste. Habían desarrollado una organización de desempleados que era de tamaño considerable. Era este tipo de activistas proletarios del AWP quienes nos interesaban; ellos junto a Muste, a quien creíamos se podría convertir en bolchevique. Además de Muste, quien en sí era un personaje aparte; además de Budenz, Salutsky y Lore, había otros en esta masa heterogénea que llevaba por nombre Partido Americano de los Trabajadores: la gente de Toledo, los militantes de las filas del movimiento de desempleados y algunos sindicalistas de base. Además, para completar la nómina de los miembros del Partido Americano de los Trabajadores, había unas muchachas de la Asociación Cristiana de Mujeres Jóvenes (YWCA), estudiantes de la Biblia, intelectuales de diversos tipos, profesores universitarios y algunos elementos indefinidos que sencillamente habían pasado por la puerta abierta.

Nuestra tarea política consistía en impedir que los estalinistas se tragaran este movimiento, y quitar de nuestro paso un obstáculo centrista mediante la unidad con los activistas proletarios y la gente seria, aislando a los fraudulentos e impostores y desechando a los elementos que no fueran asimilables. Era una gran tarea pero al final terminamos ganándola, aunque no sin grandes esfuerzos y dificultades.

Mencioné que la carta del AWP, que remitieron en respuesta a nuestra segunda propuesta de negociación, contenía una provocación con respecto a la cuestión rusa, inspirada indudablemente por Salutsky y Budenz. Voy a citar unas cuantas líneas de la carta para darles una idea de qué se trataba esa provocación. Decía: "Debemos asegurarnos que nuestras críticas de la política de la IC y del PC no solo no sean un ataque contra la Unión Soviética sino que estén libres de toda apariencia de serlo. Por justas que hayan sido las críticas de la CLA acerca de ciertas políticas de la Unión Soviética, en la opinión pública han parecido como la expresión de una actitud antagónica hacia la Unión Soviética".

A renglón seguido decían en la carta que debía haber un claro entendimiento de que al unirse a nosotros no significaba que ellos serían antisoviéticos. Cuando leímos esta carta en la reunión de nuestro Comité Nacional, casi perdimos los estribos. Nuestra reacción subjetiva fue pensar: desde 1917 hemos venido defendiendo la Unión Soviética. Y esta gente, que en su mayoría acaba de descubrirla, se atreve a darnos sermones sobre nuestras obligaciones respecto a la Unión Soviética. Enardecidos nos sentamos a escribir una respuesta mordaz que sirvió para desahogarnos. Después de redactar esa respuesta, en la que les decíamos sus verdades, nos calmamos. Reconocimos de qué se trataba: era una provocación. Habría sido una tontería de parte nuestra caer en una trampa así y perder de vista nuestras metas y tareas políticas. Entonces en la reunión del comité delineamos una nueva respuesta en la que: (1) lantearíamos firmemente nuestra posición sobre la Unión Soviética; (2) actuaríamos como si no hubiésemos notado la provocación; y (3) nuevamente haríamos hincapié en la necesidad de la unidad. Este tipo de respuesta tenía como objetivo hacer más difícil que los provocadores bloquearan la tendencia hacia la unidad en las filas del AWP.

Mientras estábamos sentados en la reunión en nuestra sede de la Segunda Avenida, para debatir los puntos de ese plan general y decidir quién debía redactarlo, recibimos la visita de los profesores Hook y Burnham, quienes eran miembros de aquel fantástico comité nacional del Partido Americano de los Trabajadores. Ellos estaban a favor de la fusión. Eso nos resultaba muy favorable, el tener a dos catedráticos del comité del AWP a favor de la fusión, independientemente de cuáles pudieran ser sus verdaderos motivos. Hook quería la fusión para poder librarse del AWP y así terminar su breve aventura en la política partidista. Él quería retirarse al margen, el único lugar donde siempre se ha sentido cómodo y que no debió haber abandonado jamás. Según los demostraron hechos posteriores, Burnham quería la unificación con los trotskistas porque en ese entonces estaba dando un paso hacia adelante, se estaba volviendo un poco más radical. Quería meter el dedo del pie un poquito más dentro en las frías aguas de la política proletaria, y a la vez mantener el otro pie plantado firmemente sobre el suelo burgués. Los dos valientes profesores vinieron a advertirnos de la provocación. Temían que fuéramos a responder de la misma manera y que eso diera al traste con los planes. Ese fue el motivo de su visita. Se sintieron muy complacidos y aliviados cuando les dimos el segundo esbozo del borrador de nuestra respuesta.

 Mientras ocurría todo esto en nuestro campo, por todos lados, en todas las organizaciones, las cosas se venían agitando ante el impacto del desarrollo del movimiento de masas. Estábamos comenzando a atraer a pequeños grupos de personas de los lovestonistas y de otros círculos. En el *Militant* del 8 de septiembre apareció la siguiente noticia:

"Grupo de Lovestone se resquebraja en Detroit. Se unen cinco a la Liga". El mismo número del *Militant* informó que Herbert Zam había abandonado la organización de Lovestone, y que Zam y Gitlow se iban a afiliar al Partido Socialista. El *Militant* del 29 de septiembre informó: "Los bolcheviques-leninistas franceses se han afiliado como facción al Partido Socialista de Francia". Esta fue la primera acción importante que se realizó para aplicar la línea de Trotsky conocida como el "viraje francés", la cual orientaba a nuestros camaradas a que se afiliaran, donde fuera posible, a las organizaciones socialistas reformistas a las que pudieran tener acceso, a fin de establecer contacto con el Ala Izquierda en desarrollo y sentar así las bases para un nuevo partido.

Nuestras propuestas organizativas, que presentamos al Partido Americano de los Trabajadores en nuestra tercera reunión, ayudaron mucho a facilitar la unificación. Siempre creímos que el programa decide todo. Un grupo que está seguro de haber adoptado el programa marxista no necesita luchar demasiado por cada detalle organizativo. Un error común de los militantes de poca experiencia es exagerar la cuestión organizativa y menospreciar el papel decisivo del programa. En los primeros días del movimiento comunista americano, muchas de las luchas e incluso de las escisiones se produjeron innecesariamente debido a la preocupación exagerada de las distintas facciones por los cargos organizativos que se consideraban puestos ventajosos para sus facciones. Algo habíamos aprendido de esa experiencia, y ahora nos resultaba muy valiosa.

Cuando, en el curso de las negociaciones, vimos que los musteístas se nos acercaban en cuanto a la cuestión del programa, les presentamos una serie completa de propuestas referentes a la parte organizativa de la fusión, aspecto que preocupaba mucho a varios de ellos. Les ofrecimos un arreglo de mitad y mitad en todos los aspectos. Ya para entonces éramos más fuertes numéricamente que los musteístas. Cuando se trataba de contar a los militantes que abonaban cuotas a la organización, nuestras fuerzas eran más numerosas. Puede ser que ellos tuvieran un movimiento más grande de una forma nebulosa —quizás más simpatizantes en general— pero nosotros teníamos más miembros reales. Nuestra organización era más compacta.

Sin embargo, hicimos caso omiso de todo eso y les ofrecimos un arreglo tal que los cargos oficiales del partido se dividirían en partes iguales entre los dos lados. Asimismo, en todos los casos en que había dos puestos de importancia relativamente igual, les dábamos a escoger. Por ejemplo, en los dos puestos principales propusimos que Muste fuese el secretario nacional y yo el director del periódico. O, si así lo deseaban, a la inversa: yo sería el secretario nacional y Muste el director. Les era muy difícil objetar. Sabíamos lo que para ellos significaba —por su énfasis excesivo en las cuestiones puramente organizativas— ocupar la secretaría, porque el secretario, al menos en teoría, es quien controla el aparato del partido. Estábamos más interesados en la dirección del periódico porque eso define más directamente la ideología del movimiento. Hicimos algo semejante con los cargos de secretario sindical y director de educación. Les propusimos ocupar este último y darles el primero, o viceversa, como mejor les pareciera.

El Comité Nacional había de tener un número igual de cada lado y todas las demás cuestiones organizativas que se presentasen se habían de resolver por paridad. Tal fue nuestra propuesta. Su equidad patente, y hasta generosidad, tuvo un gran impacto en Muste y en sus amigos. Nuestras "propuestas organizativas", en vez de precipitar conflictos o parálisis, como ha ocurrido tan a menudo, facilitaron muchísimo la unidad. Como dije, logramos hacer esto y eliminar de un solo golpe lo que tan a menudo ha sido un obstáculo insuperable, porque habíamos aprendido las lecciones de las anteriores luchas organizativas en el Partido Comunista.

Respecto a la cuestión organizativa asumimos una actitud liberal y conciliadora, reservando nuestra intransigencia para la cuestión del programa. Se escogió un comité conjunto para redactar el programa. Después de haberse redactado, debatido y corregido dos o tres borradores; tras un poco de presión y de conflicto, finalmente se acordó un programa. Luego de ser ratificado por un congreso conjunto, se convirtió en la "Declaración de Principios" del Partido de los Trabajadores de Estados Unidos (Workers Party of the United States), la cual el camarada Trotsky describió como un programa basado estrictamente en principios.

Mientras tanto, recibimos consejos de los estalinistas quienes se habían quedado dormidos al margen, mientras el despreciado grupito "sectario" de trotskistas había entrado a un terreno que ellos consideraban debidamente de su propiedad. Ellos habían tenido todas las intenciones de absorber a la organización de Muste y tenían más motivos para anticipar éxito que nosotros. Sin embargo, habíamos actuado antes que ellos; habíamos actuado en el momento oportuno —lo cual es esencial en la política— y ya estábamos de lleno en las negociaciones por la unidad con el AWP cuando los estalinistas se dieron cuenta de lo que estaba sucediendo. Al despertar, emitieron tanto advertencias como consejos en su prensa. El titular del 20 de octubre del *Militant* informa: "Prensa estalinista 'amonesta' al AWP sobre su unidad con nosotros". Esto se refiere a un artículo en el *Daily Worker* escrito por el tristemente célebre Bittleman, quien bajo el titular de "¿Sabe el Partido Americano de los Trabajadores a qué se está uniendo?" ofrecía una libre advertencia a ambos lados. Los estalinistas dijeron a los musteístas: "Debemos advertirles a los trabajadores que siguen a Muste y a su Partido Americano de los Trabajadores que no vayan a caer en la trampa que sus dirigentes les están tendiendo, la trampa del trotskismo contrarrevolucionario". Y luego, para demostrar su imparcialidad, en el mismo artículo se viraban y decían: "A los pocos trabajadores desorientados que aún siguen el trotskismo: Cannon, Shachtman y Compañía los conducen a la unidad con Muste, paladín del nacionalismo burgués".

Nosotros les respondimos: "Si los trotskistas son contrarevolucionarios y los musteístas son nacionalistas burgueses, más vale meterlos a todos juntos en un mismo costal. Ya no puede dañar nada, puesto que ninguno de ellos podrá empeorar a partir de esta fusión". Les agradecimos el consejo imparcial, falso y de doble sentido, y seguimos con la fusión. Las dos organizaciones comenzaron a colaborar en actividades prácticas. Antes de la fusión realizamos reuniones conjuntas. El *Militant* del 6 de octubre informa que Muste y Cannon hablaron en un mitin de masas conjunto de la CLA y del AWP en Paterson, Nueva Jersey, ante 300 trabajadores de la seda, para debatir las lecciones de la huelga.

Alrededor de esa época, en octubre de 1934, el Comité Nacional me envió al exterior a la reunión del Pleno del Comité Ejecutivo de la Liga Comunista Internacional, celebrada en París. De ahí fui a visitar al camarada Trotsky en Grenoble, en el sur de Francia. Era la primera vez que veía al camarada Trotsky personalmente desde su exilio de la URSS años atrás. Muchos otros camaradas americanos habían estado en el exterior, pero ése era mi primer viaje. Shachtman había estado ahí dos veces y varios miembros más de la organización, que podían costear viajes personales a Europa, lo habían visto. En aquel entonces, los fascistas franceses andaban persiguiendo al camarada Trotsky.

Algunos de ustedes recordarán que en aquella época, en 1934, la prensa fascista francesa había armado un gran alboroto por la presencia de Trotsky en Francia. Crearon tanta conmoción —a la que se les sumaron los estalinistas bajo la consigna conjunta de "Echar a Trotsky de Francia"— que aterrorizaron al gobierno de Daladier para que revocara su visa. Le ordenaron que abandonara Francia, lo privaron de su derecho de permanecer. Pero no hallaron ni un solo país capitalista en todo el mundo que le otorgara visa de entrada, por lo que tuvieron que dejarlo en Francia. Él se encontraba en Francia bajo condiciones sumamente inciertas y peligrosas, sin una verdadera protección, sin derechos legales, mientras que la prensa fascista y los estalinistas lo perseguían sin cesar. En esos momentos se hallaba escondido en casa de un simpatizante en Grenoble. No tenía ni ayudantes ni secretariado ni mecanógrafo, porque vivía de un día a otro. Se veía obligado a escribir todo a mano. La jauría de la reacción lo mantenía en movimiento constante: perseguido de un lugar a otro, apenas se instalaba en la casa de un simpatizante y empezaba a trabajar, y los fascistas locales descubrían su presencia en el nuevo refugio. Al día siguiente aparecía en la prensa un titular estridente: "¿Qué hace en este pueblo el asesino ruso Trotsky?" Entonces se armaba un alboroto y él se tenía que ir lo más rápidamente posible en medio de la noche, para salvarse la vida, y encontrar otro lugar seguro. Eso se repitió una y otra vez. Por aquel entonces, la salud de Trotsky estaba muy mala y estuvo a punto de sucumbir. Para todos nosotros, esos fueron los días de mayor angustia.

Para mí fue un momento muy, muy feliz cuando temprano en la mañana —a eso de las siete— tras haber viajado toda la noche desde París, pude entrar a su casa en el campo, ver y constatar que aún estaba vivo. Me encontré con él antes del desayuno, pero él quería sentarse y comenzar una discusión política de inmediato. Sus primeras preguntas fueron: "¿Qué pasó en el pleno? ¿Aprobaron la resolución?" Mencioné cortésmente la cuestión de un poquito de sustento. Así que desayuné con Trotsky y Natalia, y violé una de las reglas de la casa, por lo cual después me arrepentí mucho. Lo hice de pura ignorancia. Había oído que él no permitía que se fumara en su presencia. Glotzer y otros habían regresado contando historias terribles de los regaños que había recibido al respecto. A mí me parecía simplemente una idiosincrasia por parte de Trotsky, que no debía tomarse muy en serio. Tengo la costumbre de fumar después del desayuno, y cuando sirvieron el café —que es cuando mejor sabe el tabaco— saqué un puro y cuando ya estaba en medio del hecho, dije de manera jocosa: "Tengo entendido que a algunos los expulsan por fumar. ¿Es cierto?" Él dijo: "No, no, adelante, fuma". Y añadió: "A muchachos como Glotzer no se lo permito, pero para un camarada sólido como tú está bien". Así es que durante mi visita siempre estuve fumando delante suyo. Solo fue años después que me enteré que el fumar le resultaba físicamente repugnante, hasta le hacía sentirse mal, y me arrepentí profundamente por haberlo hecho.

    En la tarde, el anfitrión de Trotsky nos llevó en su auto hasta la cima de los Alpes franceses. En la cumbre tuvimos una larga discusión sobre nuestro proyecto de fusión con los musteístas. El Viejo aprobó todo lo que habíamos hecho, incluso el evadir la provocación sobre la URSS. Llegamos a un acuerdo respecto a uno o dos puntos que habíamos dejado pendientes hasta poder escuchar sus consejos; medidas que podían facilitar nuestra unidad con los musteístas. Estaba totalmente de acuerdo con esta unificación, y asimismo mostró mucho interés en la personalidad de Muste, me hizo preguntas sobre él y abrigaba esperanzas de que más adelante Muste se convertiría en un verdadero bolchevique. El Pleno de la Liga Comunista Internacional se celebró en octubre de 1934 en París. El propósito de ese pleno era dar el toque final a la decisión que el Comité Ejecutivo Internacional había aprobado y que las secciones nacionales habían ratificado por referéndum: la decisión de hacer el "viraje francés"; o sea, el viraje realizado por nuestra organización francesa para unirse en bloque al Partido Socialista de Francia a fin de trabajar como facción dentro de este partido reformista, entrar en contacto con su Ala Izquierda, tratar de influenciarla y fusionarse con ella, para ampliar las bases de la futura construcción de un nuevo partido revolucionario en Francia. El pleno apoyó esta línea, lo que significó una reorientación de nuestras tácticas en todo el mundo. La medida se llevó a cabo bajo la consigna general que mencioné antes: virar de un círculo de propaganda —lo que habíamos sido por cinco años— al trabajo de masas, al contacto con el movimiento vivo de trabajadores que se encaminaban hacia el marxismo revolucionario.

Cuando regresé de París e informé a nuestra organización en Nueva York sobre el pleno, nos topamos con la oposición encabezada por Oehler y Stamm y reforzada por un emigrado alemán locuaz y enfermo de izquierdismo, de nombre Eiffel. Se oponían como cuestión de principio a que nos uniéramos a cualquier sección de la Segunda Internacional. Sus argumentos, como todos los argumentos de sectarios, eran estrictamente formales, estériles, desafiantes de la realidad del día. "La Segunda Internacional", decían —y con toda razón—, "traicionó al proletariado en la guerra mundial. Rosa Luxemburgo la denunció como un 'cadáver apestoso'. La Internacional Comunista se formó en 1919 en la lucha contra la Segunda

Internacional. Y ahora, en 1934, ustedes quieren regresar a esa organización reformista y traidora. Eso representa una traición de principios".

En vano explicamos que la Segunda Internacional de 1934 no era la misma organización de 1914 o de 1919. Que la burocratización de la Comintern había empujado hacia los partidos socialistas —con sus formas menos estrictas, más democráticas de organización— a un nuevo estrato de militantes, de trabajadores que despertaban. Que había crecido una nueva generación de jóvenes socialistas que no tenían nada que ver con la traición de 1914-1918. Ya que estábamos excluidos de participar en la Comintern, debíamos reconocer la nueva fuerza. Que si queríamos construir un nuevo partido revolucionario debíamos dirigir nuestras fuerzas hacia la Segunda Internacional y establecer contacto con esta nueva Ala Izquierda.

Entonces, la oposición sectaria salió con un nuevo argumento. "¿Acaso no es uno de los principios del marxismo, y una de las condiciones para ser admitido al movimiento trotskista, que debemos estar a favor de la independencia incondicional del partido revolucionario en todo momento y bajo toda circunstancia? ¿No es un principio?"

"Sí", les contestamos, "es un principio. Es la gran lección del Comité Anglo-Ruso. Es la lección fundamental de la revolución china. Hemos publicado folletos y libros para probar que el partido revolucionario jamás debe unirse a otra organización política, jamás debe confundir las banderas, sino que debe mantenerse independiente aunque esté aislada. La revolución húngara se destruyó en parte por la fusión falsamente motivada de los comunistas y los socialdemócratas.

"Todo eso es correcto", les dijimos, "pero en su argumento les queda un pequeño tornillo suelto. *Aún no somos un partido*. Todavía somos un grupo de propaganda. Nuestro problema consiste en *llegar a ser* un partido. Nuestro problema, como lo planteó Trotsky, es ponerle un poco de carne a nuestros huesos. Si nuestros camaradas franceses logran penetrar en el movimiento político de masas del Partido Socialista, atraer al Ala Izquierda viable y fusionarse con ella, entonces podrán constituir un partido, en el verdadero sentido de la palabra, y no una caricatura. Entonces podrán aplicar el principio de la independencia del partido bajo toda condición, y el principio adquirirá un verdadero significado. Ustedes plantean el principio de manera que lo convierten en una barrera contra las maniobras tácticas necesarias para posibilitar la creación de un verdadero partido".

No logramos convencerlos. Entre las características del sectarismo están las siguientes: una mentalidad formalista, falta del sentido de la proporción, indiferencia hacia la realidad objetiva, y discusiones estériles sobre detalles insignificantes en círculos cerrados. En nuestra Liga comenzamos a debatir la cuestión del "viraje francés" un año antes de que tuviera que aplicarse aquí de la forma en que se hizo en Francia. La fusión proyectada con los musteístas era lo mismo pero de una forma diferente, pero los oehleristas no lo reconocían así, precisamente porque la *forma* era diferente. Nos perdonaron la fusión con los musteístas, pero con mucha inquietud, miedo y profecías de cosas malas que iban a suceder por juntarnos con personas extrañas. Como lo expresó el otro día en una carta uno de nuestros camaradas, Larry Turner: los sectarios siempre tienen miedo de sus propios deseos reprimidos de ser oportunistas. Temen entrar en contacto con los oportunistas por si los oportunistas los corrompen. En cambio, nosotros, seguros de nuestra virtud, avanzamos llenos de confianza. En la discusión de 1934 sobre el viraje francés, se desarrolló una división en nuestra organización.

Al final, las tendencias contendientes se endurecieron en facciones. La disputa de 1934 sobre la acción de nuestros camaradas franceses nos sirvió de ensayo general para la lucha dura, enconada y definitiva al año siguiente contra los sectarios oehleristas en nuestras filas. Nuestra victoria en esa lucha era una precondición para todos nuestros avances posteriores.

Procedíamos con rapidez hacia la fusión, negociando día tras día. Colaborábamos con los musteístas en diversas actividades prácticas y todo tendía hacia la unificación de las dos organizaciones. Finalmente llegamos a un acuerdo respecto al proyecto de programa; es decir, los dos comités llegaron a un acuerdo. Llegamos a un acuerdo sobre las propuestas organizativas. Solo faltaba presentar la cuestión a los congresos de las respectivas organizaciones para ser ratificada. Aún había ciertas dudas de ambos lados sobre lo que harían las filas. Desconocíamos la influencia que tendrían los oehleristas fuera del área de Nueva York; y Abern, como siempre, estaba maniobrando furtivamente en las sombras, siempre listo para desbaratar las cosas. Para entonces Muste ya se había convertido en un firme defensor de la fusión, pero no estaba seguro acerca de su mayoría. Por lo tanto, en vez de convocar a un congreso conjunto, primero celebramos congresos de las dos organizaciones por separado. Los congresos se reunieron por separado del 26 al 30 de noviembre de 1934, y debatieron a fondo todos los asuntos internos de cada lado. Al final, cada congreso ratificó la Declaración de Principios que los comités conjuntos habían preparado, y ratificó las propuestas organizativas. Luego, a partir de esas decisiones tomadas por separado, convocamos a los dos congresos para una sesión conjunta que se realizó el sábado y el domingo, el 1 y 2 de diciembre de 1934. Al informar en el siguiente número sobre el congreso conjunto, el *Militant* dijo: "Se ha constituido el Partido de los Trabajadores de Estados Unidos… El congreso de unidad del Partido Americano de los Trabajadores y la Liga Comunista de América completó su misión histórica el domingo por la tarde en el Casino Stuyvesant… Minneapolis y Toledo, ejemplos de la nueva combatividad de la clase obrera americana, fueron las estrellas que presidieron su nacimiento… Se ha lanzado un nuevo partido con miras a un objetivo tremendo: el derrocamiento del dominio capitalista en Estados Unidos y la creación de un estado obrero".

10
La lucha contra el sectarismo

La unificación formal de la Liga Comunista y del Partido Americano de los Trabajadores, los musteístas, fue la primera unificación de fuerzas que había ocurrido en el movimiento americano en más de una década.

El movimiento obrero revolucionario no se desarrolla siguiendo una línea recta o un camino llano. Crece por un proceso continuo de lucha interna. Tanto las escisiones como las unificaciones son métodos para desarrollar el partido revolucionario. Cada una, bajo determinadas circunstancias, puede acarrear consecuencias progresistas o reaccionarias. El sentimiento popular generalizado a favor de la unificación en todo momento no tiene más valor político que la preferencia por un proceso constante de escisión que se observa interminablemente entre los grupos sectarios puristas. Los criterios moralistas sobre el problema de las escisiones y demás son sencillamente estúpidos. A veces las escisiones son absolutamente necesarias para la clarificación de ideas programáticas y para la selección de fuerzas con miras a empezar de nuevo sobre una base clara. Por otro lado, bajo determinadas circunstancias, las unificaciones de dos o más grupos que llegan a un acuerdo programático son absolutamente indispensables para la reagrupación y consolidación de las fuerzas de la vanguardia obrera.

La unidad entre la organización trotskista —la Liga Comunista de América— y la organización de Muste fue incuestionablemente una acción progresista. Juntó a dos grupos de orígenes y experiencias distintos que se habían llegado, al menos en el sentido formal de la palabra, a un acuerdo en cuanto al programa. La única forma de poner a prueba ese acuerdo y constatar si era verdadero y profundo o simplemente una formalidad, la única forma de saber qué elementos en cada uno de los grupos eran capaces de contribuir al desarrollo progresista ulterior del movimiento, era mediante la unificación, juntándolos y poniendo a prueba estas cuestiones en el transcurso de la experiencia común.

Como en el resto del mundo desde 1928, en el movimiento americano se había dado una serie continua e ininterrumpida de escisiones. La causa fundamental, desde luego, era la degeneración de la Internacional Comunista bajo la presión del cerco mundial a la Revolución Rusa y el intento de la burocracia estalinista de adaptarse a ese cerco abandonando el programa del internacionalismo. La degeneración de la Internacional Comunista no podía dejar de crear trastornos y escisiones. En todos los partidos, los defensores del marxismo auténtico dentro de esta organización que se degeneraba eran una fuente de irritación y conflicto, de la cual la burocracia no sabía cómo deshacerse salvo por expulsiones burocráticas. Nos expulsaron del Partido Comunista americano en octubre de 1928. Seis meses más tarde, en la primavera de

1929, los lovestonistas fueron expulsados y establecieron una tercera organización de tendencia comunista en este país. Las pequeñas sectas y camarillas de individuos y sus amigos, quienes representaban idiosincrasias y caprichos de diversos tipos, eran comunes en esa época. El movimiento atravesaba un período de pulverización, de dispersión, hasta que un nuevo ascenso en la lucha de clases y una nueva verificación de programas sobre la base de experiencias mundiales pudieran allanar nuevamente el terreno para la integración.

Estaban nuestra facción y la facción de Lovestone. Estaba el grupito de Weisbord, que en un momento dado alcanzó un total de 12 ó 13 miembros pero que hacía ruido suficiente como para que uno creyera que representaba una gran tendencia histórica. Además, los weisbordistas, al no estar satisfechos de formar una organización independiente —siguiendo lo que parece ser la compulsión de una ley natural para tales grupos creados arbitrariamente—, insistieron en pasar por unas cuantas escisiones entre sus propias filas. Desde luego, los fieldistas —Field y unos socios personales, amigos y parientes a quienes expulsamos de nuestro movimiento por traición durante la huelga hotelera— formaron su propia organización, publicaron un periódico y hablaron en nombre de toda la clase trabajadora.

Los lovestonistas sufrieron una escisión de las fuerzas de Gitlow, y pocos meses después, de un pequeño grupo representado por Zam. Desde 1919 había existido en este país otro grupo comunista más, llamado Partido Proletario, que también había mantenido una existencia aislada y producido escisiones periódicas.

La desmoralización del movimiento durante esa época se reflejaba en esa tendencia a la dispersión, ese proceso continuo de escisiones. Esa enfermedad tendría que seguir su curso. Durante todo ese período, los trotskistas nunca fuimos adeptos de gritar a favor de la unidad, sobre todo en los primeros cinco años de nuestra existencia separada. Nos concentramos en la labor de aclarar el programa y rechazamos toda discusión sobre unificaciones improvisadas con grupos que no estaban lo suficientemente cercanos a nosotros en lo que considerábamos entonces —y consideramos ahora— la más importante de todas las cuestiones: la del programa. La fusión que realizamos en diciembre de 1934 fue la primera unificación que ocurrió en todo ese período. Así como el grupo trotskista auténtico fue el primero en ser expulsado del Partido Comunista cuando los estalinistas estaban burocratizando por completo la Tercera Internacional y sofocando el pensamiento revolucionario y crítico, de igual forma el grupo trotskista fue el primero en tomar la iniciativa de comenzar un nuevo proceso de reagrupación y unificación cuando se dieron las precondiciones políticas para dicho paso. Fue la primera señal positiva de un contraproceso a la tendencia de desintegración, dispersión y escisión.

La unificación de los trotskistas y los musteístas, y la formación del Partido de los Trabajadores, indudablemente representó un gran paso adelante, mas solo un paso. Pronto nos quedó patente —al menos a los dirigentes más influyentes de la antigua Liga Comunista— que la reagrupación de las fuerzas revolucionarias apenas había empezado. Teníamos la obligación de tomar esta actitud realista porque, como se ha subrayado en charlas anteriores, simultáneamente con el desarrollo radical de los musteístas, habían ocurrido cambios importantes en el Partido Socialista de Estados Unidos, como en otros movimientos socialdemócratas por todo el mundo.

Trabajadores frescos y elementos más jóvenes —libres de responsabilidad por las traiciones del pasado— se habían estremecido y despertado ante el tremendo impacto de los sucesos mundiales, especialmente la derrota del movimiento obrero alemán con el arribo del fascismo al poder. En esta vieja y decrépita organización de la socialdemocracia soplaba un viento nuevo. Allí se iba conformando un Ala Izquierda, lo que manifestaba el empuje de un gran número de personas hacia la busca de un programa revolucionario. Opinábamos que no se podía hacer caso omiso de ese fenómeno porque representaba un hecho, un elemento de la realidad política americana. Aunque habíamos formado un nuevo partido y lo habíamos proclamado como la unificación de la vanguardia, entendíamos que a estos nuevos elementos de fuerza, salud y vitalidad revolucionaria no podíamos pasarlos por alto o excluirlos arbitrariamente de este nuevo movimiento. Al contrario, teníamos la obligación de ayudar a este movimiento incipiente en el Partido Socialista a encontrar el camino correcto. Estábamos convencidos de que sin nuestra ayuda no lo podrían hacer, porque no tenían dirigentes marxistas, carecían de tradición, estaban acosados por todos lados por influencias, fuerzas y presiones que bloqueaban el camino hacia una visión clara del programa revolucionario. Su destino final, la posibilidad de su desarrollo por el camino revolucionario, recaía en los cuadros más experimentados y probados del marxismo, que estaban representados en el recién formado Partido de los Trabajadores. Los dirigentes de la nebulosa Ala Izquierda en el Partido Socialista se autodenominaban los "militantes." Nunca hemos podido determinar por qué. El *Militant* era el nombre del órgano oficial de los trotskistas americanos desde el principio y todo el mundo reconocía que era el nombre correcto para nuestro periódico. El *Militant* significaba el trabajador del partido, el activista del partido, el combatiente del partido. En cambio, por qué los dirigentes del Ala Izquierda del Partido Socialista de entonces —filisteos hasta los tuétanos, carentes de tradición, de conocimientos serios, de todo— se llamarían "militantes" es un problema que tendrán que resolver los estudiantes de investigaciones históricas que aún están por llegar a nuestro movimiento. La razón aún no se ha descubierto. Al menos yo nunca la he sabido.

Este liderazgo desgraciado, estos personajes casuales, impostores, habladores, incapaces de un sacrificio o una lucha real por una idea, faltos de una verdadera devoción al movimiento —hoy día la mayoría de ellos trabaja para el gobierno en diversos empleos bélicos—, estos "caballeros por una hora" no nos interesaban mucho. Lo que nos interesaba era el hecho que bajo la espuma de la superficie existía un movimiento juvenil bastante animado en el Partido Socialista y un número considerable de elementos obreros activistas, sindicalistas y combatientes en el ámbito de los desocupados, quienes constituían buena madera para el partido revolucionario. Hay una gran diferencia. No se puede hacer mucho con el tipo de dirigente que había en el Partido Socialista, en ninguna de sus facciones, ni entonces ni ahora. En cambio, de las filas militantes serias, de los activistas sindicales y de la juventud radical, se puede hacer un partido que pueda conducir una revolución. Queríamos encontrar un camino hacia ellos. En aquel entonces nadie sabía, y menos aún los jóvenes socialistas, qué rumbo iba a seguir su movimiento. La burocracia conservadora del Partido Socialista los sofocaba, y una y otra vez sus dirigentes inútiles —los llamados "militantes"— desplegaban sus tendencias de capitular ante la burocracia del Ala Derecha.

Por otro lado, eran acosados por los estalinistas, quienes tenían una prensa y un aparato poderosos, y dinero suficiente para corromper, y quienes no vacilaban en usar el dinero precisamente con ese fin. En esos momentos los estalinistas ejercían una presión extraordinaria sobre los socialistas para detener este movimiento progresista de izquierda y canalizarlo de nuevo hacia el reformismo por la vía del estalinismo. Es lo que habían logrado en España y en muchos otros países europeos. El movimiento socialista juvenil en España, que a iniciativa propia había anunciado su apoyo a la idea de una Cuarta Internacional, fue desatendido por los trotskistas de España, quienes, esterilizados en pureza sectaria, se abstuvieron completamente de realizar maniobras de acercamiento a la juventud socialista. Se contentaron con recitar el ritual de la ruptura entre la socialdemocracia y la Comintern en 1914–19; el resultado fue que los estalinistas se les adelantaran, se apoderaran de esa organización juvenil socialista tan prometedora, y la convirtieron en apéndice del estalinismo. Ese fue uno de los factores decisivos en la destrucción de la revolución española. No queríamos que eso pasara aquí. Ya de entrada, los estalinistas nos llevaban la ventaja. En el Ala Izquierda del Partido Socialista existían ya fuertes sentimientos de conciliación con el estalinismo, y los estalinistas estaban insistiendo en el demagógico lema de la "unidad". Reconocimos el problema y nos dimos cuenta que si no actuábamos, lo que había pasado en España ocurriría de nuevo aquí.

Aunque apenas habíamos comenzado nuestra labor bajo la bandera independiente del Partido de los Trabajadores, no se podía aplazar este problema. Empezamos a insistir que había que prestar más y más atención al Partido Socialista y a su Ala Izquierda en desarrollo. Argumentamos así: Tenemos que frustrar a los estalinistas. Debemos interponernos entre los estalinistas y ese movimiento en desarrollo del socialismo de izquierda, y orientarlo hacia el marxismo auténtico. Y para lograr eso tenemos que dejar a un lado completamente el fetichismo organizativo. No podemos contentarnos con decir: "Aquí está el Partido de los Trabajadores. Tiene un programa correcto. ¡Vengan y únanse!" Esa es la actitud de sectarios. Esta Ala Izquierda es una agrupación poco rígida de miles de personas en el Partido Socialista, un tanto vaga en sus conceptos, confundida y mal dirigida, pero muy valiosa para el futuro si recibe la fertilización apropiada de ideas marxistas.

Nuestra posición se formuló en la resolución de Cannon-Shachtman. En el partido nos topamos con la resistencia resuelta de Oehler, y también de Muste. Los oehleristas adoptaron su posición con argumentos sectarios y dogmáticos. No solo no querían tener nada que ver con una orientación actual hacia el Partido Socialista, sino que insistían, como cuestión de principios, que eso lo excluyéramos específicamente de toda consideración futura. Hemos formado el partido, decían los oehleristas. Aquí está. Que los socialistas de izquierda se nos unan si aceptan el programa. Somos Mahoma y ellos, la montaña; y la montaña tiene que acercarse a nosotros. Esa era la totalidad de su receta para aquellos confundidos jóvenes socialistas de izquierda que jamás habían mostrado la menor inclinación de unirse a nuestro partido. Dijimos: "No, es muy simplista. Los bolcheviques debemos contar con una iniciativa política suficiente para ayudar a que los socialistas de izquierda se abran paso hacia el programa correcto. Si hacemos esto, el problema de unirse a ellos en una organización común se puede resolver fácilmente".

Muste se oponía, no con argumentos de principios, sino con fetichismo organizativo, quizás hasta orgullo personal. Tales sentimientos son fatales en la política. El orgullo, la ira, el rencor: todo tipo de subjetividad que influya en una trayectoria política conduce a la derrota y destrucción de quienes se dejen llevar por ella. Ya saben, en el boxeo profesional —"el arte viril de la autodefensa"— una de las primeras lecciones que el boxeador joven aprende del entrenador curtido es la de mantener la calma en el cuadrilátero al enfrentar a un contrincante. "Nunca te enojes en el cuadrilátero. Nunca pierdas la cabeza, porque si no, vas a despertar en la lona". Los boxeadores tienen que pelear de forma calculadora y no subjetiva. En la política eso es doblemente cierto. Muste no podía soportar la idea de que tras haber fundado un partido y haberlo declarado el único partido correcto, tuviéramos después que prestar atención a algún otro partido. Teníamos que seguir nuestro propio rumbo, mantener la frente en alto y ver qué pasaba. Si no se nos unían, pues, sería culpa suya. Muste no había meditado suficientemente su posición, no había razonado con la objetividad necesaria. Eso no iba a servir en esta situación. Si nos hubiéramos quedado a un lado, los estalinistas se habrían devorado al Ala Izquierda Socialista y la habrían usado como otro garrote más contra nosotros, como sucedió en España.

Antes de que se pudiera resolver la cuestión del Partido Socialista, y quitar así otro obstáculo para el desarrollo del partido americano de la vanguardia, tuvimos que debatir el problema entre las filas del Partido de los Trabajadores. Tuvimos que debatir la cuestión de principios con los sectarios; y cuando ellos se mantuvieron reacios y se volvieron indisciplinados, tuvimos que echarlos del partido. Dije esto con cierto énfasis porque así tuvimos que tratar con los oehleristas, con énfasis. Si no lo hubiéramos hecho en 1935, si hubiéramos cedido a cualquier tipo de sentimentalismo hacia personas que estaban arruinando nuestras posibilidades políticas con su formalismo estúpido, nuestro movimiento habría fracasado en 1935. Se nos habría impedido la posibilidad de un desarrollo posterior. Se habría dado una desintegración inevitable. El movimiento habría acabado en el callejón sin salida de la futilidad sectaria.

El sectarismo no es una idiosincrasia interesante. El sectarismo es una enfermedad política que destruye a cualquier organización donde se afiance y no se elimine a tiempo. Hoy día nuestro partido vive y goza de muy buena salud gracias al tratamiento médico y quirúrgico que ese sectarismo recibió en 1935. El tratamiento médico es el más importante y en todo caso siempre debe ser el primero. El nuestro consistió en una buena educación sobre los principios marxistas y sus caricaturas sectarias; una discusión a fondo y una explicación paciente. Con estos métodos nos libramos del miasma y, aunque al comienzo estábamos en la minoría, al final ganamos a una gran mayoría y aislamos a los oehleristas. Eso no se hizo en un día. Tardó varios meses. Requirió tratamiento quirúrgico únicamente cuando los oehleristas derrotados empezaron a violar sistemáticamente la disciplina del partido y preparar una escisión. En el curso de la discusión y explicación, educamos a la gran mayoría del partido. El cuerpo del partido se había sanado y gozaba de buena salud. La punta del meñique seguía infectada y empezó a ponerse gangrenosa, así que simplemente la cortamos. Por eso el partido vive hoy día y puede hablar de aquella época.

Cuando acabamos con los oehleristas, tuvimos que pasar por una lucha faccional bastante prolongada con los musteístas —dos luchas internas en el primer año de existencia del Partido de los Trabajadores— antes de que se despejara el camino para resolver este problema del Ala Izquierda del Partido Socialista. Estas luchas internas, que consumieron las energías del nuevo partido casi desde su inicio, fueron por supuesto muy inconvenientes. Deberíamos haber tenido uno o dos años de trabajo constructivo, sin interrupciones por diferendos, conflictos y luchas internas. Pero la historia no resultó así. Cuando apenas acabábamos de lanzar el nuevo partido, nos vimos enfrentados con el problema del Ala Izquierda del Partido Socialista. No pudimos ponernos de acuerdo sobre qué hacer, así que tuvimos que pasar un año enfrascados en la lucha. Por supuesto que estos conflictos no empezaron de inmediato. El nuevo partido, organizado a principios de diciembre de 1934, comenzó su labor de forma bastante propicia. Una de las primeras manifestaciones de la actividad política del partido, que también se proponía simbolizar la unificación de las dos corrientes, fue una gira de conferencias conjunta que realizamos Muste y yo por todo el país. Durante todo el trayecto se nos recibió con entusiasmo. En el movimiento obrero radical se notaba un espíritu general de aprecio por el hecho que se había iniciado un proceso de unificación luego de un largo período de desintegración y escisiones. Tuvimos mítines muy buenos en la mayoría de lugares, y la gira alcanzó su punto culminante en Minneapolis. Esto fue más o menos seis meses después de las grandes victorias huelguísticas; allí se nos recibió muy bien. Los camaradas en Minneapolis estaban muy contentos de que no nos habíamos dejado absorber tanto por las huelgas económicas que desatendiéramos las oportunidades que se presentaran exclusivamente en el terreno del partido político. Los camaradas de Minneapolis aplaudieron cálidamente nuestra unificación con otro grupo, a cuyos militantes ellos tenían en alta estima por el trabajo que habían realizado en el movimiento de los desempleados, en la huelga de Toledo y demás. Nos dieron una buena acogida y no escatimaron esfuerzos para celebrar nuestra visita con una serie bien planificada de mítines y conferencias, que culminó en un banquete en honor al secretario nacional de su partido y del director del periódico que tanto estimaban, el *Militant*. Allí en Minneapolis siempre hacen bien las cosas. Durante nuestra estadía ahí, decidieron vestirnos de manera acorde con la dignidad de nuestros cargos. Los principales camaradas llegaron de la sede sindical, nos fueron a buscar a Muste y a mí —quienes, debo confesar, nos veíamos un tanto desaliñados en aquel momento— y nos dieron una vuelta por las sastrerías y tiendas de ropa para caballeros. Nos ataviaron con ropa nueva de pies a cabeza. Fue un detalle muy fino. Mucho tiempo después que hubiera gastado aquel traje, un hecho me hizo recordarlo nítidamente.

En el verano de 1936, Muste, desorientado por todas las complicaciones y dificultades, y abrumado por la sangre y la violencia de la guerra civil española y los procesos de Moscú, volvió, como saben, a su posición original como religioso y regresó a la iglesia. Vincent Dunne recibió la noticia por una carta particular y le pasó el dato a Bill Brown. "Bill", dijo, "¿Cómo la ves? Muste ha regresado a la iglesia". Bill quedó atónito. "¡Caray!" dijo. Y al poco rato, "Oye, Vincent, ¡deberíamos recuperar aquel traje!" Pero debía haber sabido que eso no iba a pasar. Los predicadores nunca devuelven nada.

Nos separamos en Minneapolis. Muste siguió más hacia el Sur para cubrir otras partes del país. Yo seguí rumbo a California para concluir la gira. Esa era la época del juicio contra los miembros del Partido Comunista acusados de "sindicalismo criminal" en Sacramento. Entre los acusados estaba uno de nuestros camaradas, Norman Mini, y como se había vuelto trotskista, los estalinistas no solo rehusaron defenderlo sino que en su prensa lo denunciaron como "soplón" mientras estaba siendo procesado. Salimos a su defensa. La Defensa Obrera No Partidista (Non-Partisan Labor Defense), un comité de defensa no estalinista, realizó una destacada labor en defensa del camarada Mini. Aprovechamos al máximo todos los aspectos políticos de esta situación.

Mientras se desarrollaba la gira, que duró un par de

meses, empezamos a escuchar los primeros murmullos de problemas con los habladores sectarios de Nueva York. Siempre lo empiezan en Nueva York. No dejaron descansar al partido, no le iban a dejar que echara a andar bien su trabajo. Consideren esta situación. Había aquí una organización recién formada, que representaba la unificación de personas con experiencias y antecedentes completamente distintos. Este partido necesitaba un poco de tiempo para trabajar conjuntamente, así como de un poco de sosiego en el trabajo común. Ese era el programa más razonable y realista para el período inicial. Pero jamás se puede lograr que los sectarios sean razonables o realistas. Arremetieron contra esta organización unificada en Nueva York con un programa de "bolcheviquización". Iban a tomar a estos musteístas centristas y hacerlos bolcheviques, les gustara o no. Y rápido. ¡Discusiones! A algunos de estos musteístas les metieron tremendo miedo con sus debates, tesis y aclaraciones hasta altas horas de la noche. Se la pasaban buscando "cuestiones", acosando a todos los que pudieran estar apartándose del camino correcto de la doctrina. No había paz, no había trabajo conjunto fraterno, no había educación en un ambiente tranquilo, no existía la voluntad de permitir que un partido joven se desarrollara de manera natural y orgánica. La contribución de estos sectarios, casi desde el principio, fue la de desatar una lucha faccional irresponsable.

Este alboroto en Nueva York estaba preparando el terreno para un estallido en la famosa Conferencia de Trabajadores Activos, convocada por el partido para la ciudad de Pittsburgh en marzo de 1935. La Conferencia de Trabajadores Activos era una excelente institución que se había traído de las experiencias del Partido Americano de los Trabajadores. La idea consiste en invitar a todos los activistas del partido de una región determinada, o de todo el país, y que vayan y se reúnan en un lugar céntrico para debatir el trabajo práctico, informar sobre sus experiencias, familiarizarse entre sí, etcétera. Es una estupenda institución, como pudimos apreciar con nuestras experiencias en Chicago en 1940 y de nuevo en 1941. Funciona maravillosamente cuando hay armonía en el partido y uno se puede juntar para realizar su labor y ya. Pero cuando hay disputas serias en el partido, que solo un congreso formal puede resolver, especialmente si anda suelta una facción irresponsable, es preferible prescindir de las Conferencias de Trabajadores Activos informales, las cuales no tienen poderes constitucionales para decidir las disputas. En dicha situación, los encuentros informales solo alimentan el fuego del faccionalismo. De eso nos dimos cuenta en Pittsburgh.

La Conferencia de Trabajadores Activos que tratamos de celebrar en Pittsburgh fue un fracaso terrible porque, desde que comenzó, los oehleristas la usaron como caja de resonancia para su lucha faccional contra el "oportunismo" de la dirección. Los camaradas musteístas, nuevos en la experiencia de la vida de un partido político, llegaron con la idea ingenua de que iban a escuchar sus respectivos informes sobre el trabajo de masas del partido y a debatir sobre cómo incrementarlo un poco más. Sin embargo, desde el principio tuvieron que enfrentar una trifulca faccional desenfrenada. Los oehleristas iniciaron la lucha en torno a la selección del moderador, y después la continuaron —con una actitud fanática, de vida o muerte, de vencer o morir— con respecto al resto de los puntos. Era un caos faccional como jamás yo había visto en un escenario de ese tipo. Unos 40 ó 50 ingenuos trabajadores del terreno que no tenían experiencia —o tenían muy poca— en la política o en caucuses del partido, que habían llegado buscando inspiración de este nuevo partido y cierta orientación sensata que los guiara en su trabajo práctico, se vieron sometidos a debates y argumentos y denuncias faccionales que duraban día y noche. Me imagino que mucho de ellos se habrán dicho alarmados: "¿En qué me habré metido? Siempre oímos decir que los trotskistas eran unos locos obsesionados con tesis y unos faccionalistas profesionales. Quizás esas historias tenían algo de cierto". Allí presenciaron el faccionalismo de la peor calaña.

El activista del trabajo de masas, por lo general, se inclina a querer solo un poco de discusión, para resolver unos pocos detalles necesarios, y luego pasar a la acción. En Pittsburgh ellos —como nosotros— querían ir al grano y entablar un intercambio de experiencias en el trabajo práctico del partido: la actividad sindical, las ligas de los desempleados, el funcionamiento de las ramas del partido, las finanzas, etcétera. A los sectarios no les interesaban esos asuntos rutinarios. Insistían en debatir Etiopía, China, "el viraje francés" y otras "cuestiones de principios", las cuales sin duda eran muy importantes, pero que no figuraban en el orden del día de la conferencia.

Oehler, Stamm y Zack eran los tres dirigentes. No sé cuantos de ustedes conocen al famoso Joseph Zack. Él acababa de pasarse al lado nuestro procedente del estalinismo, pero solo estaba acampando temporalmente con nosotros en ruta a otros destinos. Había sido uno de los burócratas internos del partido estalinista, y había aportado con una buena cuota a la corrupción y degeneración burocrática del partido. Entonces se hizo trotskista por unas semanas, a lo sumo unos meses. Apenas había tanteado nuestra organización, se viró y empezó a atacarnos desde la "izquierda". Lo toleramos por un rato, pero cuando empezó a desbaratarse la disciplina partidista lo echamos. Se cayó al aire y finalmente aterrizó en el campo "democrático" anticomunista, como colaborador del *New Leader:* ustedes conocen ese periódico socialdemócrata que se edita ahí en la Calle 15, ese Asilo de Viejos Renegados, donde viven todos los lisiados y leprosos políticos.

En Pittsburgh, Muste se unió con Shachtman y Cannon para repeler esta arremetida de los sectarios. Supo reconocer que la conducta de éstos era perjudicial. Muste siempre mantuvo una actitud sumamente responsable y constructiva hacia la organización. Estaba muy satisfecho de contar con nuestra cooperación y asistencia para controlar a estos desenfrenados, vencerlos y frustrar sus intentos de perturbar el trabajo del partido. Y efectivamente necesitaba nuestra ayuda. Muste era demasiado caballeroso para lidiar con ellos como se debía. Les hicimos retroceder un poquito en Pittsburgh, pero no resolvimos nada. Sabíamos que la lucha decisiva estaba pendiente y que tendría que resolverse teórica y políticamente. Esos sectarios irresponsables destruyeron nuestras esperanzas de que el partido respirara con tranquilidad por un tiempo, nuestras esperanzas de mantener la armonía para desarrollar el trabajo de masas del partido.

Volvimos a Nueva York resueltos a arremangarnos las camisas y darles una pelea hasta el final. Menos mal para el partido que lo hicimos. El partido nos debe algo por eso: el hecho que no tomamos a la ligera ese sectarismo que se había hecho virulento. Trazamos toda una campaña completa de operaciones ofensivas contra los oehleristas. ¿Querían discusiones? Propusimos darles a ellos —y al partido— un debate exhaustivo que no dejaría un solo asunto debatido sin aclarar. Nuestro objetivo era reeducar a los miembros del partido que se habían contagiado de la enfermedad sectaria, y si resultaba imposible reformar a los dirigentes, entonces aislarlos para que no pudiesen obstaculizar los movimientos del partido o desbaratar su trabajo. Naturalmente, las grandes esperanzas que habíamos albergado en el congreso de fusión empezaron a desinflarse un poco por el hecho que tuvimos que enfrentar todas estas dificultades.

Pero no hay camino recto en la política. Los que se desalientan fácilmente, que pierden el ánimo en cuanto se topan con conflictos y reveses, no deberían meterse en la política revolucionaria. Es una lucha ardua constantemente; jamás hay garantías de que todo va a ir tranquilo. ¿Cómo se podría esperar eso? Todo el peso de la sociedad burguesa se hace sentir sobre unos centenares o unos miles de personas. Si estas personas no están unidas en sus propios conceptos, si caen en disputas entre sí, eso también es indicio de la tremenda presión del mundo burgués sobre la vanguardia del proletariado, y más aún sobre la vanguardia de la vanguardia. La influencia de la sociedad burguesa a veces encuentra expresión hasta en sectores de un partido obrero revolucionario. He ahí la verdadera fuente de las luchas faccionales serias. Si uno se mete en política, debe tratar de entender todas estas cosas, tratar de evaluarlas claramente desde la óptica política y buscarles una solución política. Es lo que hicimos con los oehleristas. No nos desalentamos ni desanimamos. Analizamos el asunto políticamente y decidimos resolverlo políticamente.

La lucha interna estaba paralizando al nuevo partido. Los factores objetivos del movimiento obrero de masas no eran lo suficientemente favorables como para ayudarnos a abrumar las actitudes faccionales con una gran inundación de nuevos miembros. El ascenso del Ala Izquierda en el Partido Socialista resultaba mortal para nuestro desarrollo ulterior por el rumbo de un movimiento netamente independiente haciendo caso omiso del Partido Socialista. Para los trabajadores de disposición radical, el mero hecho de que estaba surgiendo un Ala Izquierda en el Partido Socialista lo hacía más atractivo de lo que había sido durante años. El Partido Socialista era una organización mucho más grande que nuestro partido. Y nosotros, pendientes de cada señal y síntoma, empezamos a notar que tanto trabajadores que iban adquiriendo ideas radicales como otros trabajadores que antes se habían apartado del movimiento político y que querían reintegrarse, se unían al Partido Socialista, y no a nuestro partido. Abrigaban la idea que el Partido Socialista al final había de convertirse en un partido genuinamente revolucionario, gracias al desarrollo del Ala Izquierda. Eso truncaba el reclutamiento al Partido de los Trabajadores. Nos servía de advertencia para que no nos dejáramos aislar del Ala Izquierda del Partido Socialista.

En medio de todas estas dificultades y complicaciones nos acosaron dificultades de índole financiera. Uno de los principales factores en el desarrollo del Partido Americano de los Trabajadores, como en la Conferencia para la Acción Progresista del Trabajo que lo antecedió, eran los contactos personales y socios de Muste, y los recursos financieros que de ahí se derivaban. Al integrarse al movimiento obrero en 1917 —en la huelga de Lawrence— Muste ingresó al sindicato de obreros textiles y llegó a ser uno de sus dirigentes destacados. Después fundó la Brookwood Labor College en Katonah, Nueva York, y la dirigió durante años, a un gran costo financiero. Cuando todavía estaba en Brookwood, fundó la Conferencia para la Acción Progresista del Trabajo (en 1929). Más tarde abandonó la Brookwood Labor College y se dedicó de lleno a la política. Durante todo ese tiempo él había logrado recaudar sumas considerables de dinero de parte de diversos tipos de gente de recursos, quienes confiaban en él personalmente y querían apoyar su trabajo. A través de sus distintas actividades había logrado retener ese apoyo. Eso había sido un factor

"En la hora más sombría de su lucha, los camaradas de la Oposición Bolchevique-Leninista supieron que refuerzos nuevos habían entrado al campo de batalla en Estados Unidos".

19. Noviembre de 1928. Primera edición del *Militant*, publicada menos de dos semanas después que Cannon, Shachtman y Abern fueran expulsados del Partido Comunista por "trotskismo".

20. Siberia, probablemente 1928. Manifestación de miembros de la Oposición Bolchevique-Leninista en un campo de detención de exiliados para celebrar el aniversario de la Revolución de Octubre. La pancarta del centro dice: "Viva la dictadura del proletariado".

21. "Tan pronto se produjo el estallido" en Estados Unidos, "Spector cumplió su parte del pacto en Canadá. Un grupo canadiense considerable comenzó a colaborar con nosotros". De izquierda a derecha, tres dirigentes del joven Partido Comunista en Canadá: Tim Buck, Jack MacDonald y Maurice Spector. MacDonald se unió a Spector en la Oposición de Izquierda. Buck se convirtió en el dirigente del Partido Comunista estalinizado.

"Al ser nombrado Hitler como canciller de Alemania en enero de 1933, transformamos el semanario *The Militant* y lo sacamos tres veces por semana. No sería capaz de explicar cómo lo hicimos. En tiempos de crisis no se hace lo que es posible, sino lo que es necesario".

22. Berlín, 1933. Tropas de asalto nazis ocupan oficinas sindicales. "El fascismo triunfó sin siquiera la apariencia de una guerra civil, sin siquiera una pelea callejera . . . La derrota sin batalla", dijo Cannon, "es la más desmoralizadora de todas las derrotas".

23. El *Militant* "dio la voz de alerta sobre el inminente enfrentamiento entre el fascismo y el comunismo", tratando de "conmocionar al movimiento obrero para que comprendiera lo decisivo que eran los sucesos de Alemania para el mundo entero".

24. Nueva York, abril de 1933. Unos 1 500 estudiantes y trabajadores protestan contra la represión del movimiento obrero por el régimen nazi en Alemania. "A raíz de la división entre los estalinistas y los socialdemócratas en Alemania y su negativa de luchar" contra los nazis, escribe Cannon, "la monstruosa plaga del fascismo tomó el poder y proyectó su sombra tenebrosa sobre el mundo entero".

25. Nueva York, manifestación del Primero de Mayo de 1934. "Por la Cuarta Internacional", dice la pancarta de la Liga Comunista de América. "Con la capitulación de la Comintern" y el triunfo del fascismo en Alemania, dijo Cannon, "Trotsky dio la señal: 'Debemos formar nuevos partidos y una nueva Internacional' ".

CORBIS / BETTMAN

"Cuando empezó a romperse el atasco en el movimiento obrero mundial, se comenzó a ver un nuevo movimiento de masas en 1934. Ya no era hora de permanecer en un aislamiento plácido, aclarando principios, sino de aplicar esos principios en la acción, en la vida de la lucha de clases".

27   **28**

26. Nueva Jersey, agosto de 1932. Obreras de la aguja realizan huelga por mejores salarios.
27. Aparceros expulsados de la tierra en Missouri en 1939. Condiciones de depresión como éstas afectaron las zonas rurales de Estados Unidos durante todos los años 30.
28. Nueva York, enero de 1934. Diez mil trabajadores de hoteles salen en huelga. Esta lucha "significaba no sólo una oportunidad" para la Liga Comunista de América (CLA), escribe Cannon, "sino una responsabilidad".
29. Toledo, Ohio, 1934. La Guardia Nacional ataca a huelguistas de Auto-Lite y a sus partidarios. Dirigida por miembros del Partido Americano de los Trabajadores (AWP), la huelga culminó en victoria, sentando las bases de las batallas para construir sindicatos industriales y una fusión del AWP y la CLA.

30

31

"La diferencia entre Minneapolis y cientos de huelgas por todo el país radicó en el liderazgo y en la política: no se frenó la combatividad de las filas, sino que se organizó y dirigió desde arriba".

30. Minneapolis, 21 de mayo de 1934. Camioneros en huelga y sus partidarios ponen en desbandada a miles de policías y asistentes especiales de alguacil durante la histórica "Batalla del Mercado".

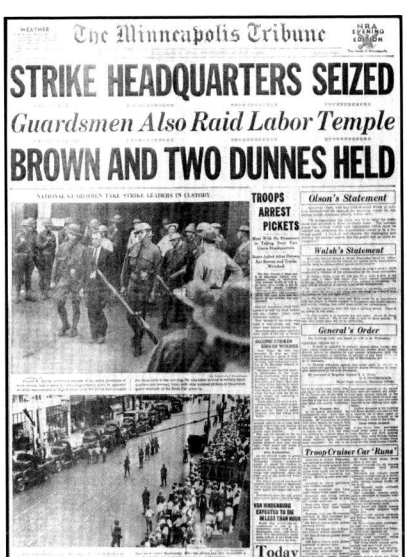

31. Tres dirigentes de combate de clases del Local 574 de Teamsters. De izquierda a derecha: Bill Brown, presidente del local; Farrell Dobbs, despachador de los piquetes móviles durante la huelga de mayo; y Carl Skoglund, veterano del movimiento comunista en Minneapolis. **32.** Minneapolis, 24 de julio de 1934. Unas 40 mil personas en una ciudad de poco menos de medio millón de habitantes asisten a la procesión fúnebre —organizada por el Local 574 de los Teamsters— para Henry Ness, miembro de los Teamsters muerto por la policía durante la tercera huelga de los camioneros. **33.** Julio-agosto de 1934. Se declara la ley marcial como último esfuerzo de los patrones y su gobierno para romper la huelga de los camioneros. La edición del 1 de agosto del Minneapolis *Tribune* anuncia la ocupación, a las 4 de la madrugada, de la sede sindical por la Guardia Nacional y el arresto de tres de sus dirigentes centrales. **34.** 22 de agosto de 1934. "¡Victoria! ¡Se pacta acuerdo!" proclama el *Organizer,* diario de la huelga del sindicato.

"Nuestro ingreso al Partido Socialista ocurrió en el marco de las huelgas de brazos caídos en Francia, el segundo gran auge del CIO, la guerra civil española y los procesos de Moscú que habrían de estremecer al mundo entero".

35. España, 1936. Milicias populares republicanas, parte del movimiento que Cannon describe como "el gran contraataque de los trabajadores" contra las fuerzas fascistas dirigidas por el general Francisco Franco.

36. Francia, mayo–junio de 1936. Trabajadores ocupan una planta en la mayor huelga general hasta ese momento.

37

38

37. China, noviembre de 1937. La aviación japonesa bombardea la ciudad de Shanghai. Tras la invasión y ocupación de Manchuria en 1931, la escalada de la guerra de Tokio contra China anunció la masacre interimperialista que se avecinaba en el Pacífico y Asia. **38.** En una serie de juicios montados entre 1936 y 1938, la burocracia estalinista envió a la muerte a la mayoría de los dirigentes vivos de la revolución bolchevique de 1917 y miembros experimentados del estado mayor del Ejército Rojo. "El hecho que éramos miembros del Partido Socialista en aquel momento", escribió Cannon, nos ayudó a iniciar la labor que al final "desacreditó los juicios de Moscú por todo el mundo". En esta foto, una línea de piquetes contra los casos fabricados frente al consulado soviético en San Francisco en marzo de 1938. El segundo de derecha a izquierda es Ray Sparrow, antiguo dirigente de la Liga Juvenil Comunista del estado de California y organizador en San Francisco del recién fundado Partido Socialista de los Trabajadores. Su pancarta dice: "Defender la Revolución Rusa contra el estalinismo".

FLINT LABOR MUSEUM AND LEARNING CENTER

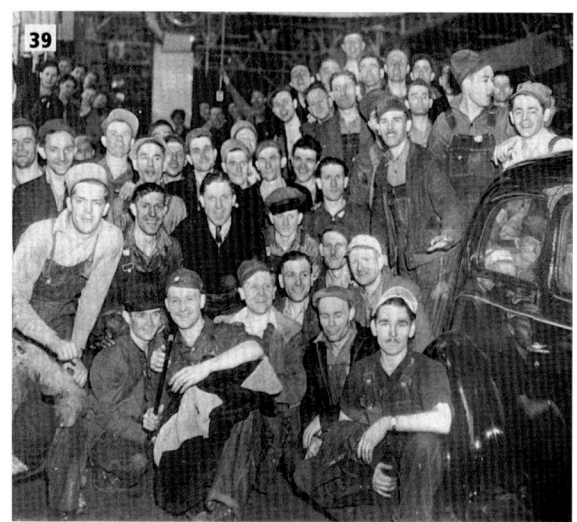

39. Flint, Michigan, 1937. Los obreros de General Motors organizaron una serie de plantones que ganaron el reconocimieto del sindicato. Al romper el limitado marco de los gremios oficios de la AFL, la ola de huelgas condujo a la sindicalización de industrias básicas como la automotriz y la de hule.

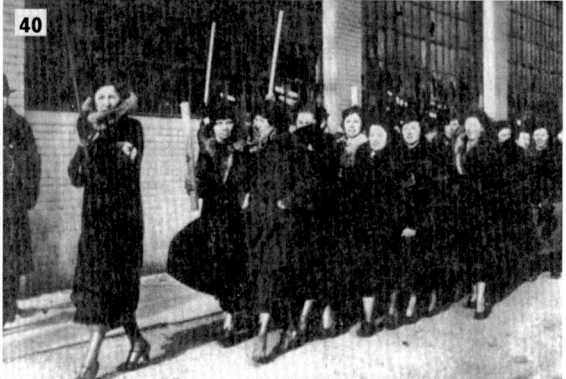

40. Flint, Michigan, febrero de 1937. Miembros de la Brigada de Urgencia de Mujeres del Local 156 del sindicato UAW, que acababan de quebrar las ventanas de una fábrica de la GM para dejar salir los gases lacrimógenos de un ataque policial y de matones patronales. Los comités auxiliares de mujeres desempeñaron un papel decisivo en varias huelgas de los años 30 aun antes que las mujeres empezaran a integrarse en grandes números a industrias como las del acero y automotriz durante la Segunda Guerra Mundial.

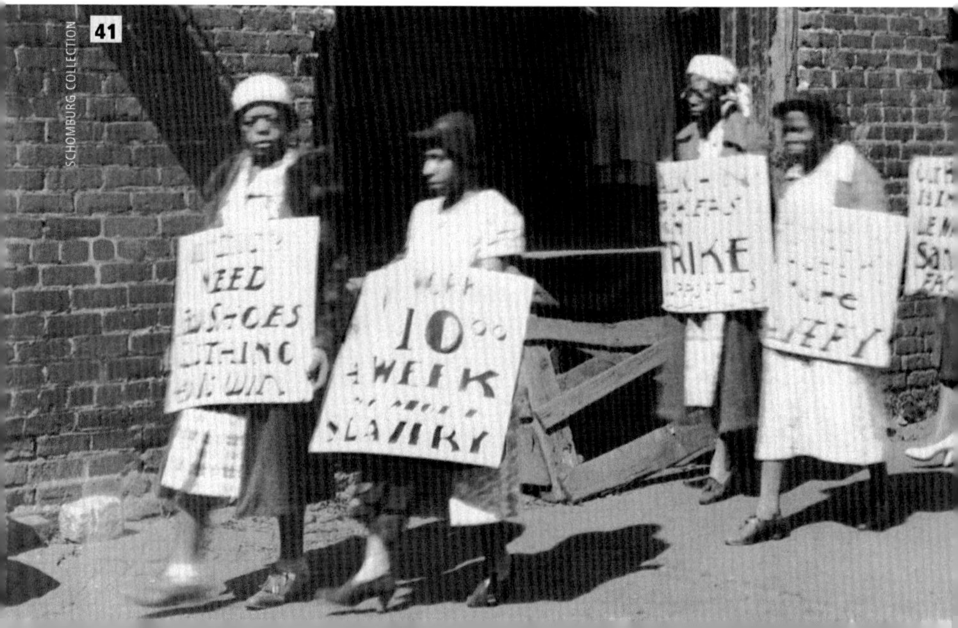

SCHOMBURG COLLECTION

"Minneapolis representó la cúspide de la segunda ola de huelgas de los años 30. La tercera ola estaba destinada a sobrepasar la segunda y llegar a la cúspide con las huelgas de brazos caídos del Congreso de Organizaciones Industriales (CIO)".

41. Harlem, Nueva York, 1936. Trabajadores en huelga por mejores condiciones. La lucha del CIO para organizar a todos los trabajadores, blancos y negros, en los mismos sindicatos industriales fortaleció cualitativamente a la clase obrera de Estados Unidos y marcó cambios históricos en su composición.

42. Sur de Chicago, Illinois, 30 de mayo de 1937. Masacre del Día Memorial: la policía abrió fuego sobre una manifestación de 1 500 en apoyo a obreros del acero en huelga, dejando 10 muertos y más de 100 heridos. Al subordinar los intereses de los trabajadores a la administración demócrata del presidente Franklin D. Roosevelt, la cúpula del CIO condujo al fracaso la campaña de sindicalización de la industria del acero y quebrantó el ímpetu del movimiento huelguístico a través del país.

FOTOS EN ESTA PAGINA: CORBIS / BETTMAN

43. Paterson, Nueva Jersey, agosto de 1937. La autodenominadas "Tropas de Choque de la Seda", grupos de jóvenes, en su mayoría mujeres, andaban en camión elevando la moral de los huelguistas y abucheando a esquiroles durante la huelga de 37 mil obreros textiles. Al profundizarse la lucha para organizar sindicatos industriales, la clase obrera encabezó un amplio movimiento social de los oprimidos.

44. Council Bluffs, Iowa, mediados de los años 30. Agricultores del Medio Oeste, reclamando precios más altos para sus productos, impiden el transporte de mercancías agrícolas a las ciudades.

45. Marion, Indiana, agosto de 1930. Dos jóvenes negros linchados en la plaza pública.

46. Nueva York, verano de 1937. Miembros de la Asociación Nacional por el Avance de las Personas de Color (NAACP) realizan piquetes contra linchamientos. La adopción por parte de los sindicatos del CIO de cláusulas antidiscriminatorias y la lucha por sindicalizar juntos a trabajadores negros y blancos impulsaron otras luchas antirracistas. Pese a las crecientes demandas, la administración demócrata del presidente Franklin D. Roosevelt rehusó promulgar un estatuto federal contra los linchamientos.

"El auge del CIO no fue menos importante que los otros sucesos que estremecieron el mundo. No faltaba ni interés político, ni actividades de masas, ni un campo de operaciones para los revolucionarios marxistas".

47. Nueva York, 30 de junio de 1939. Bajo el lema "¡Formar guardias de defensa antifascistas!" un mitin de mil personas dio la bienvenida a la ciudad al Segundo Congreso del Partido Socialista de los Trabajadores. De izquierda a derecha en la tribuna: Vincent R. Dunne, dirigente de las huelgas de 1934 en Minneapolis; James P. Cannon; Reuben Plaskett (de pie), delegado de Nueva Jersey; y Genora Johnson, dirigente del Comité Auxiliar de Mujeres durante el plantón de 1937 en la General Motors en Flint.

48. Minneapolis, agosto de 1938. En respuesta al surgimiento de tropas de asalto fascistas como los "Camisas Plateadas" y otros escuadrones armados apoyados por grupos patronales, el Local 544 de los Teamsters organizó una Guardia de Defensa Sindical abierta a todos los sindicalistas y a la disposición de todo el movimiento obrero.

"Dentro del Partido Socialista, habíamos captado a la mayoría de la juventud y de los trabajadores interesados en la revolución. Formamos el Partido Socialista de los Trabajadores en Chicago el Día de Año Nuevo de 1938 y comenzamos de nuevo una lucha independiente".

49. Nueva York, noviembre de 1938. En una protesta frente al consulado alemán, el PST exige que la administración de Roosevelt elimine las cuotas que frenan la inmigración de judíos y que abra las fronteras de Estados Unidos a los refugiados que huyen del terror nazi.

50. Ponce, Puerto Rico, marzo de 1937. La policía abre fuego contra una manifestación independentista, dejando a 20 muertos y 200 heridos, en lo que se conoce como la masacre de Ponce. La "Declaración de Principios" adoptada por los delegados del PST en su congreso de fundación unos meses después reivindicaba la "independencia inmediata e incondicional de todos los territorios, colonias y dependencias de Estados Unidos".

51. Minneapolis/St. Paul, junio de 1939. Manifestación contra recortes masivos de ayuda gubernamental a los desempleados. El Local 544 de los Teamsters y el Partido Socialista de los Trabajadores se empeñaron en contrarrestar los esfuerzos patronales de oponer entre sí a los trabajadores empleados y desempleados, organizándolos en una lucha común por trabajos y beneficios.

"Habíamos comenzado la proletarización de nuestras filas. Todavía nos quedaba preparar al partido para la prueba de la guerra".

52. Fines de los años 30. El presidente norteamericano Franklin D. Roosevelt inspecciona un buque de guerra cuando Washington se prepara para buscarse la parte del león del botín que los imperialistas volvían a repartirse.

53. Titular del 28 de marzo de 1939 del Socialist Appeal afirma: "Los trabajadores pueden derrotar a Hitler". El Socialist Appeal, periódico del ala proletaria del Partido Socialista y luego del Partido Socialista de los Trabajadores tras su fundación en 1938, se vendía ampliamente en distritos obreros y en fábricas.

decisivo para el financiamiento de la Conferencia para la Acción Progresista del Trabajo y el Partido Americano de los Trabajadores. Sin embargo, cuando Muste se unió a los trotskistas para formar el Partido de los Trabajadores, esos contribuyentes se empezaron a alejar. Muchos de sus contactos, amigos y socios eran religiosos, trabajadores sociales cristianos, hacedores de buenas obras en general: gente de ese mundo turbio teológico de donde había provenido el propio Muste. Estaban dispuestos a apoyar un sindicato, aportar dinero para los desempleados, subvencionar una universidad obrera donde los trabajadores pobres pudieran recibir una educación, ayudar a una "Conferencia" a hacer algo "progresista" (¿quién sabe lo que significa eso?). Pero, ¿dar dinero —aunque fuese a Muste— para el trotskismo? No, eso ya era demasiado. El trotskismo es algo demasiado serio; los trotskistas actúan en serio. Uno por uno, los contribuyentes más generosos de Muste —en los cuales él pensaba contar para ayudar a financiar las actividades ampliadas del partido unificado— se fueron alejando.

Habíamos comenzado con un programa bastante ambicioso de actividad partidista. El entusiasmo del congreso de unificación había atraído contribuciones de diversos tipos, y había dinero disponible con qué empezar. Mientras Muste y yo estábamos de viaje, los muchachos en Nueva York decidieron que lo menos que podíamos hacer era tener una sede presentable. Alquilaron un local grandioso en la esquina de la Calle 15 y la Quinta Avenida. Creo que el alquiler era de 150 ó 175 dólares por mes. Había todo tipo de oficinas para los distintos funcionarios y dignatarios. Instalaron un conmutador telefónico —no un teléfono, un conmutador— con una muchacha que estaba ahí enchufando los cables, mientras los distintos funcionarios y directores levantaban su teléfono, aunque no sé con quién hablaban. Lució bien mientras duró. Sin embargo, no fue nada más que un veranillo de San Martín, no un verano de verdad. En el verano de 1935 nos desalojaron por no pagar el alquiler. Tuvimos que arreglárnoslas y alquilar un viejo local poco atractivo en la Calle 11. Nos deshicimos del conmutador telefónico y decidimos guardar un solo teléfono, y hasta ése nos lo cortaron a los pocos meses por no pagar las cuentas. Sin embargo, sobrevivimos.

Hicimos todo lo posible durante esa época para desarrollar el trabajo de masas del partido. La Liga Nacional de los Desempleados (National Unemployed League), creada por la antigua organización de Muste, tenía ramas que prosperaban en muchas partes del país, especialmente en Ohio, Pennsylvania y partes de Virginia del Oeste. Creo que logramos brindarles una asistencia eficaz a los trabajadores en el terreno que habían realizado esa magnífica labor. Logramos entrar en contacto con miles de trabajadores a través de estas organizaciones de los desempleados. Pero la experiencia posterior también nos dio una lección muy instructiva en el ámbito del trabajo de masas. En épocas de crisis económica se puede construir organizaciones de desempleados y hacer que crezcan rápidamente, y es muy fácil hacerse ilusiones en su estabilidad y potencial revolucionario. En el mejor de los casos son agrupaciones informales y fáciles de disgregar; se escapan como agua entre los dedos. En cuanto el típico trabajador desempleado consigue trabajo, quiere olvidarse de la organización de desempleados. No quiere que le recuerden de su miseria pasada. Además, los trabajadores que están crónicamente desempleados frecuentemente son susceptibles a la desmoralización y desesperación. No conozco otra tarea en el movimiento revolucionario que más desaliente o descorazone que la de tratar de mantener viva una organización como ésa. Es un trabajo difícil de llevar a cabo, mes tras mes y año tras año, con la esperanza de cristalizar algo firme y estable para el movimiento revolucionario. Creo que una lección segura que se desprende de la experiencia de esa época es que los trabajadores empleados en las fábricas son la base real del partido revolucionario. Es ahí de donde surge la fuerza, la vitalidad y la confianza en el futuro. Las masas desempleadas, las organizaciones de desempleados, nunca pueden ser un sustituto para una base entre los obreros de fábrica empleados.

En aquel entonces había rumores de que se avecinaba una huelga en las plantas del caucho en Akron. Varios de nosotros fuimos allí para tratar de participar en ella a través de unos contactos. No sucedió nada. Se aplazó la huelga. Menciono este incidente solo para indicar que siempre estábamos orientados hacia las actividades de masas, esforzándonos por no dejar escapar ninguna oportunidad. Ese verano estalló la huelga de los obreros de la Chevrolet en Toledo. Nuestros camaradas participaron muy activamente en la huelga. Muste fue allá e influyó bastante en los dirigentes entre las filas de los huelguistas. Recibimos mucha publicidad gracias a su actividad, pero nada tangible del punto de vista organizativo. Habiendo podido observar por un tiempo las características personales de Muste, me parece que ése era uno de los aspectos débiles de los métodos de Muste. Era buen administrador y buen trabajador de masas, que se ganaba la confianza de los trabajadores muy rápidamente. Pero solía adaptarse a las masas más de lo que un auténtico dirigente político puede permitirse; de ahí el resultado de que pocas veces podía cristalizar un núcleo firme sobre una base programática para un funcionamiento permanente. Prácticamente en todos los casos Muste realizaba un buen trabajo de masas que, al final, era aprovechado por otra tendencia política menos generosa y tolerante que Muste.

En este período de depresión y dificultades internas en

el partido, Budenz empezó a mostrar las cartas. Como uno de los dirigentes del Partido Americano de los Trabajadores, Budenz había pasado automáticamente al nuevo partido, pero lo hizo sin el menor entusiasmo. Se había opuesto a la fusión. En esa época estaba enfermo y nunca participó en el trabajo. Después de unos cuantos meses de estar quejándose, emprendió una oposición abierta por su propia cuenta. Nos acusó de no llevar a cabo el "enfoque americano". Este había sido uno de los puntos que el Partido Americano de los Trabajadores había recalcado: que debíamos abordar a los trabajadores americanos en términos comprensibles, hablar su lenguaje y destacar aquellos sucesos en la historia americana que pudieran interpretarse de una manera revolucionaria, etcétera. Los trotskistas, en nuestra lucha contra la degeneración nacionalista del estalinismo, siempre habíamos hecho hincapié en el internacionalismo. Cuando empezaron a debatir con nosotros, los musteístas quedaron muy sorprendidos al ver que estábamos perfectamente dispuestos a aceptar el "enfoque americano". En efecto, años atrás, en el Partido Comunista, nuestra facción había librado una lucha precisamente en este sentido. Exigimos que el Partido Comunista, que había sido inspirado por la Revolución Rusa y que nunca había apartado la mirada de Rusia, volviera la vista hacia este país. Dijimos que el partido debía americanizarse, adaptarse de todas las formas posibles a la sicología, los hábitos y las tradiciones de los trabajadores americanos, ilustrar su propaganda, cuando fuese posible, con hechos de la historia americana. Coincidíamos totalmente con eso. No sé si alguno de ustedes se percató que eso lo tratamos de aplicar un poco en el reciente juicio en Minneapolis. Durante el contrainterrogatorio, el señor Schweinhaut intentaba hacer que yo dijera lo que haríamos en caso que el ejército y la marina se volvieran en contra de un gobierno de trabajadores y agricultores. Le di el ejemplo de la Guerra Civil americana y lo que hizo Lincoln.

Estábamos totalmente a favor de ese tipo de americanización, es decir, la adaptación de nuestra técnica de propaganda al país. Eso también es buen leninismo. Sin embargo, Budenz pronto demostró que cuando hablaba de americanización se refería más bien a una versión tosca de patriotería. Se presentó al Comité Nacional de nuestro partido con una propuesta de que todo nuestro programa fuese una enmienda a la Constitución; de que nuestro programa revolucionario se redujera a un proyecto parlamentario. Era un programa sumamente entreguista y filisteo de lo más burdo. Budenz trató de crear problemas entre las filas, con la esperanza de explotar la ignorancia y los prejuicios. Allí teníamos que ser muy cuidadosos de las repercusiones, porque él había trabajado en el terreno y era conocido por los trabajadores en el terreno. Se había propagado la voz sistemáticamente de que los trotskistas eran unos pesados con la teoría, que les gustaba debatir nimiedades, que no entendían nada de las realidades del movimiento de masas, y que ningún trabajador de masas debía tener nada que ver con ellos. Tuvimos que tener mucho cuidado con este prejuicio que habían propagado contra nosotros. Budenz no nos importaba. Ya le teníamos la medida. Pero sí estábamos sumamente interesados en sus amigos entre los trabajadores en el terreno que habían venido del Partido Americano de los Trabajadores. Contra Budenz procedimos con mucho cuidado. No lo expulsamos ni lo amenazamos. Simplemente empezamos una discusión muy cautelosa. Empezamos una discusión muy paciente, una discusión política, una educación política.

Creo que la educación política que realizamos en torno al asunto de Budenz en esa época fue un modelo en nuestro movimiento. Los resultados quedaron evidentes cuando posteriormente Budenz sacó las conclusiones lógicas de su programa filisteo de "americanización" y se vendió a los estalinistas, quienes en esos momentos agitaban a dos manos la bandera de las Barras y Estrellas. Había tenido la esperanza de dividir al partido y llevarse a todos esos valiosos y experimentados militantes en el terreno. Sin embargo, no tomó en cuenta su hueste. Subestimó lo que se había logrado en la paciente discusión y colaboración en el trabajo conjunto que se había realizado de antemano. A la hora del enfrentamiento, Budenz se halló aislado y prácticamente se pasó solo al campo de los estalinistas. Los trabajadores en el terreno se mantuvieron fieles al partido y gradualmente se fueron transformando, de combativos trabajadores de masas en el terreno a bolcheviques genuinos. Eso requiere tiempo. Nadie nace bolchevique. Se tiene que aprender. Y tampoco se puede aprender únicamente de los libros. Se aprende, a lo largo de bastante tiempo, por una combinación de trabajo en el terreno, luchas, sacrificios personales, pruebas, estudios y discusión. La forja de un bolchevique es un proceso muy largo. Pero la recompensa es que, cuando se consigue un bolchevique, se consigue algo valioso. Cuando se logra un número suficiente de ellos, se puede hacer lo que uno se proponga, hasta una revolución.

Tuvimos diversas dificultades y riñas internas, todas las cuales eran sencillamente chispas de la lucha principal en torno a la cuestión del Ala Izquierda del Partido Socialista. Ese era el foco de todo el interés. En el pleno del Comité Nacional celebrado en junio de 1935, hubo una gran contienda al respecto. Este "pleno de junio" descuella en la historia de nuestro partido. Ya no fue un barullo desorganizado como ocurrió en Pittsburgh en marzo. Al pleno de junio llegamos listos para la pelea. Llegamos organizados y resueltos, preparados con resoluciones, para convertir las discusiones del pleno en un trampolín para una lucha abierta en el partido, la cual aclararía el problema y educaría a los miembros.

Exigimos más énfasis en el Partido Socialista. Ante nuestros ojos se iban acumulando pruebas de que nuestro partido no estaba atrayendo a los trabajadores radicales no afiliados, como habíamos esperado. Habíamos captado algunos, pero la mayoría se afiliaba al Partido Socialista, bajo la impresión de que el futuro partido revolucionario se formaría a partir de su Ala Izquierda. A los trabajadores no les gusta unirse a un partido pequeño si pueden unirse a uno más grande. No se les puede culpar por eso; no hay virtud en la pequeñez en sí. Notamos que el Partido Socialista estaba atrayendo a ese tipo de trabajadores y que obstruía la posibilidad de reclutamiento al Partido de los Trabajadores. Si bien el Ala Izquierda del Partido Socialista no competía conscientemente con nosotros, por su superioridad numérica estaba atrayendo a posibles miembros nuestros hacia el Partido Socialista, alejándolos de nosotros. El Partido Socialista nos hacía estorbo. Teníamos que quitar ese obstáculo de nuestro camino.

En el pleno de junio se quebraron las viejas alineaciones. Burnham se nos unió en apoyo a la resolución de Cannon-Shachtman sobre la cuestión del Partido Socialista. Muste y Oehler se encontraron juntos al otro lado. En la Conferencia de Trabajadores Activos de marzo, Muste había formado un bloque con nosotros, pero ahí los asuntos políticos no se habían demarcado nítidamente. Ya para el pleno de junio, Muste sospechaba cada vez más que nosotros posiblemente tendríamos unas ideas respecto al Partido Socialista que violarían la integridad del Partido de los Trabajadores como organización. Se oponía rotundamente a eso y entró prácticamente, aunque informalmente, en un bloque con los oehleristas. En parte se vio empujado hacia esa combinación mal aconsejada por Abern y su pequeña camarilla. No son dignos que se les denomine facción porque carecían de principios. Estos combatientes de camarillas internas sin principios se volcaron a esa situación, y esa combinación —musteístas, oehleristas y abernistas— constituyó una mayoría en el pleno de junio.

Empezamos la gran lucha contra el sectarismo como minoría, tanto en la dirección como entre los miembros. Nuestro programa, de forma resumida, era: mucha atención al Ala Izquierda y a todos los acontecimientos dentro del Partido Socialista. ¿Cómo había de expresarse esa mucha atención? (1) Con numerosos artículos en nuestra prensa que analizaran el desarrollo del Partido Socialista, en los que nos dirigiéramos a los trabajadores del Ala Izquierda, ofreciéndoles consejos y críticas de una manera amistosa. Eso facilitaría nuestro acercamiento a ellos. (2) Instruir a nuestros miembros a que establecieran contactos personales entre los socialistas de izquierda y que trataran de interesarlos en cuestiones de principios, discusiones políticas, reuniones conjuntas con nosotros, etcétera. (3) Formar fracciones trotskistas en el Partido Socialista. Enviar a un grupo —unos 30 ó 40 miembros— a integrarse al Partido Socialista y trabajar en su interior con miras a la formación bolchevique del Ala Izquierda. Estos tres puntos constituían la primera mitad de nuestro programa. La segunda mitad consistía en dejar abiertas las perspectivas organizativas por el momento. Esto aparentemente nos puso en una posición más o menos defensiva. No dijimos, "Unámonos al Partido Socialista". Por otro lado, tampoco dijimos que nunca, bajo ninguna circunstancia, nos uniríamos al PS. Dijimos: "Mantengamos la puerta abierta respecto a esta cuestión. Mantengamos el Partido de los Trabajadores, tratemos de construirlo haciendo trabajo independiente. Pero entablemos relaciones estrechas con el Ala Izquierda del PS, busquemos una fusión con ellos y esperemos a ver qué traerán los acontecimientos futuros en cuanto al aspecto organizativo de la cuestión".

En realidad, no podríamos habernos unido al Partido Socialista en aquel momento aun si todo el partido lo hubiese querido. El Ala Derecha, que mantenía el control en Nueva York, no lo habría permitido. Pero nos dábamos cuenta que en el PS había una gran efervescencia y que las cosas podrían cambiar radicalmente con poco aviso. Queríamos estar listos para lo que fuera. Dijimos: "Puede que expulsen al Ala Izquierda del Partido Socialista y que venga a unírsenos o que se junte con nosotros en un nuevo partido. Puede que el Ala Derecha se separe y que eso dé paso a tal situación en el Partido Socialista que tendremos que integrarnos a él para evitar que los estalinistas le echen mano al movimiento. Dejemos abierta esta cuestión y aguardemos los acontecimientos".

Para nuestros contrincantes eso no bastaba. Los oehleristas salieron con una propuesta absolutamente positiva y definitiva, como siempre hacen los sectarios. Dijeron: "No nos unamos al Partido Socialista, ni ahora ni nunca, como cuestión de principios". ¿Por qué debíamos de hipotecar nuestro futuro en junio de 1935? ¿Por qué? "Porque el Partido Socialista está afiliado a la Segunda Internacional, quedó en bancarrota política en 1914 y fue denunciada por Rosa Luxemburgo y por Lenin. La Internacional Comunista fue organizada debido a la bancarrota de la Segunda Internacional. Si nos unimos al Partido Socialista —ahora o en el futuro— estaremos respaldando a la socialdemocracia y avalando de nuevo a los Scheidemann y Noske, quienes asesinaron a Karl Liebknecht y a Rosa Luxemburgo". Esa es la esencia del oehlerismo. ¿Explicarles que se habían producido tremendos cambios, que había gente nueva, factores nuevos, alineamientos políticos nuevos? Es muy difícil explicarles algo a los sectarios. Exigían que nuestro partido repudiara en principio el "viraje francés", el nombre que se dio a la decisión de los trotskistas franceses de unirse al Partido Socialista de Francia. Los oehleristas rechazaron esa política para todos los países del mundo. Los combatimos sobre la cuestión de principios. Defendimos el "viraje francés". Dijimos que, bajo circunstancias similares, haríamos lo mismo en Estados Unidos.

Nos acusaron de planear premeditadamente la integración al Partido Socialista, de ocultar nuestros objetivos para manipular paulatinamente a los miembros. Muchos miembros del partido se creyeron esa acusación por un tiempo, pero no tenía nada de cierto. Según entendíamos la situación en el PS, en esos momentos era imposible tomar una posición más definitiva. No proponíamos unirnos al PS en ese momento, pero rehusábamos excluir una futura decisión de esa clase con una declaración de principios contra dicha medida. Un partido no se puede manipular; se debe educar, es decir, si uno proyecta construir un partido revolucionario. Yo diría que un liderazgo que se preste a ese tipo de juegos no merece confianza alguna. Yo jamás me identificaría con ese tipo de política. Si uno cree en algo, entonces debe empezar a divulgarlo de inmediato para que la educación se propague ampliamente lo más rápidamente posible. No vale mucho un partido que no actúe conscientemente, con conocimiento pleno de lo que hace, y de por qué lo hace. Quedarse callado y esperar que de una u otra forma se pueda meter un programa de contrabando: eso no es política marxista, es política pequeñoburguesa, de la cual el moralista profesor Burnham luego nos dio varios ejemplos. El único propósito de una lucha faccional, desde el punto de vista trotskista, no es simplemente tomar la ventaja y ganar una mayoría por el momento. Esa es una concepción perversa; pertenece a otro mundo y no al nuestro.

El pleno de junio se abrió de par en par a los miembros. El debate se puso tan acalorado que no pudimos mantenerlo limitado a las cuatro paredes. El interés tenía animados a todos los militantes. En todo caso, todos ellos se hallaban a las puertas. Nos enfrascamos, debatiendo día y noche. Los trotskistas tienen una extraña cualidad física, no sé qué es. Normalmente no tienen más resistencia física que los demás, a veces hasta menos. Sin embargo, he notado más de una vez que en las luchas políticas, cuando se trata de pelear por una idea política, los trotskistas se pueden mantener despiertos más tiempo y hablar más y con más frecuencia que la gente de cualquier otra tendencia política. Una parte de nuestra ventaja en el pleno fue el aspecto físico. Sencillamente los agotamos. Finalmente, a eso de las cuatro de la madrugada de la tercera mañana, la mayoría, exhausta, suspendió el debate. Presentaron una moción para terminar la discusión a las tres de la madrugada. Luego nosotros hablamos por una hora más sobre el hecho que se trataba de una violación de la democracia. Para entonces estaban tan cansados que no les importaba si eso era democrático o no, mientras que nosotros seguíamos frescos como una lechuga. Clausuraron el pleno; nosotros estábamos en la minoría, pero nos mantuvimos a la ofensiva hasta el último momento.

El debate se llevó del pleno a las filas. Estábamos decididos a derrotar la política sectaria y aislar a la facción sectaria. Después de cuatro meses de discusión interna era evidente que habíamos triunfado. El bloque entre Muste y Oehler se había resquebrajado ante los martillazos de la discusión, y los oehleristas quedaron aislados. En el transcurso de otros sucesos, quedó manifiesta la falta de lealtad de los sectarios de izquierda. Empezaron a violar la disciplina del partido, a distribuir sus propias publicaciones en reuniones públicas a pesar de que eso estaba prohibido por el partido. Vinieron acompañados de tesis exigiendo el derecho a establecer su propia prensa como facción independiente. En el pleno de octubre aprobamos una resolución que explicaba que desde un punto de vista práctico era imposible otorgar su demanda, y que era falsa en cuanto a principios, desde el punto de vista del bolchevismo. Shachtman redactó esa resolución que explicaba por qué esta demanda estaba errada y por qué no podíamos otorgarla. Después, en la lucha contra la oposición pequeñoburguesa, Shachtman redactó otra resolución indicando por qué era correcto en principio, a la vez que necesario, que su facción tuviera un órgano de prensa dual e independiente. Esa contradicción no era nada extraño ni nuevo para nosotros. Shachtman siempre se distinguió no solo por tener una extraordinaria facilidad literaria, sino por una versatilidad literaria no menos extraordinaria que le permitía escribir igualmente bien sobre ambas posiciones opuestas de un mismo problema. Yo creo en reconocer a cada quien sus méritos, y Shachtman merece ese halago.

El pleno de octubre rechazó las demandas de los oehleristas y, respecto a la moción de Muste, les dio una severa advertencia de que cesaran y desistieran de más violaciones de la disciplina partidista. Ellos hicieron caso omiso de la advertencia y siguieron violando sistemáticamente la disciplina del partido. Con ese motivo se les expulsó del partido poco después del pleno de octubre.

Entretanto, mientras sucedía todo esto entre nuestras filas, las cosas estaban llegando rápidamente a un punto crítico en el Partido Socialista. El Ala Derecha —concentrada en Nueva York en torno a la Escuela Rand, el periódico *Daily Forward* y la burocracia sindical— se volvió cada vez más agresiva en la lucha y, al verse en una minoría, se escindió por su propia cuenta en diciembre de 1935. Eso creó una situación completamente nueva en el Partido Socialista. La escisión del Ala Derecha nos dio la oportunidad que necesitábamos para establecer el contacto directo con esta Ala Izquierda naciente. Gracias al ajuste de cuentas definitivo con los sectarios, ya teníamos las manos libres y estábamos listos para aprovechar la oportunidad.

11
El 'viraje francés' en Estados Unidos

La última conferencia nos llevó hasta la conclusión de la lucha interna con los sectarios oehleristas en el pleno de octubre de 1935. Tras cuatro meses de discusiones y lucha faccional, la correlación de fuerzas del pleno de junio había cambiado de manera radical. En el pleno de junio la minoría había captado a la mayoría de las filas del partido. Además, el bloque tácito de los ultraizquierdistas oehleristas con las fuerzas musteístas, con el cual nos habíamos enfrentado en el pleno de junio, ya se había disuelto para el pleno de octubre. Ahí el propio Muste creyó necesario presentar la resolución —que había sido redactada conjuntamente por la facción de Muste y la facción de Cannon-Shachtman— que sentaba las condiciones bajo las que los oehleristas podían permanecer en el partido. A la luz de la actitud desleal que habían tomado los oehleristas, se entendía que esto señalaría su retiro del partido. Así fue. Por no cumplir los reglamentos disciplinarios del pleno de octubre fueron expulsados.

De la experiencia de Muste en su bloque infausto con Oehler se podría sacar una lección política. Las combinaciones que violan los principios terminan inevitablemente en desastre para un grupo político. Tales bloques no se pueden mantener. El error de Muste al jugar con los oehleristas, en el pleno de junio y después, había minado enormemente su posición dentro del partido entre aquellos que tomaban los programas políticos en serio. Sin embargo, debe decirse que logró salirse de su posición insostenible de una forma mucho más creíble de lo que luego haría Shachtman en su bloque sin principios con Burnham. Muste, tan pronto se percató que la facción de Oehler era desleal al partido y que se iba a escindir de nosotros, rompió relaciones con ellos sin miramientos. Después se unió con nosotros para hacerlos a un lado y al final para expulsarlos del partido. Shachtman siguió prendido del faldón de Burnham hasta el fin, hasta que Burnham se lo echó de encima.

Después de la salida de los sectarios, prevaleció en el partido una tregua incómoda entre las dos facciones: la facción de Muste, que contaba con el apoyo de los abernistas, y la facción de Cannon-Shachtman, que para entonces era la mayoría tanto en el Comité Nacional como entre los miembros. Era una tregua incómoda que se basaba en una suerte de seudoacuerdo sobre cuáles debían ser las tareas prácticas del partido. El fantasma del Ala Izquierda del Partido Socialista aún se cernía sobre el Partido de los Trabajadores. Si bien persistía el problema, los medios para resolverlo aún no habían madurado. Incluso después del pleno de octubre de 1935 no hicimos una propuesta para entrar al PS. Esto no se debió —según se nos acusó frecuentemente, y quizás según algunos camaradas todavía se inclinan a creer— a que estuviéramos disimulando y tratando de maniobrar para que el partido entrara al PS sin el conocimiento y consentimiento de los miembros.

Se debió a que la situación en el Partido Socialista, en esos momentos, no le permitía a nuestro grupo la posibilidad de unirse. Mientras la "Vieja Guardia" del Ala Derecha controlara la organización en Nueva York, el ingreso de los trotskistas estaba mecánicamente excluido. La "Vieja Guardia" no lo habría permitido jamás. Por lo tanto no hicimos tal propuesta.

De hecho, por aquellos días se había celebrado una reunión del Comité Nacional del Partido Socialista en la cual los "militantes" de carácter débil capitularon vergonzosamente ante el Ala Derecha. Las filas del caucus de los "militantes" se alzaron contra esta acción, y con su presión empujaron a la dirección de nuevo hacia la izquierda. Aún era imposible decir con certeza cuál sería el desenlace de la lucha en el Partido Socialista. Solo podíamos aguardar y ver. Todavía no podíamos resolver el problema fundamental del Partido Socialista ya que la situación del mismo aún no había cuajado.

Durante todo este tiempo, los trabajadores avanzados, los no afiliados pero más o menos radicales y con conciencia de clase, concentraban su atención en el Partido Socialista porque era un partido más grande. Decían: "Esperemos a ver quién va a ser el verdadero heredero del movimiento radical de Estados Unidos, el Partido Socialista o el Partido de los Trabajadores. Veamos si el Partido Socialista de verdad vira hacia la izquierda. En ese caso podemos afiliarnos a un partido revolucionario que es más grande que el Partido de los Trabajadores". Bajo tales condiciones era extremadamente difícil reclutar al Partido de los Trabajadores.

Había una fricción constante dentro del Partido de los Trabajadores en torno a la cuestión del Partido Socialista, a pesar de que en esos momentos ni una ni otra de las facciones tenía propuestas. Supuestamente todos estábamos de acuerdo en construir el Partido de los Trabajadores, en llevar a cabo nuestra agitación independiente, etcétera. Dijimos que no teníamos una propuesta para entrar al Partido Socialista. Ellos no habrían podido oponerse a dicha propuesta sobre la base de principios, puesto que ya habían respaldado el "viraje francés". Sin embargo, había una diferencia en la forma en que las facciones percibían el problema. Ellos veían la efervescencia en el Partido Socialista como algo fastidioso, algo que se debía evitar. Cada vez que algo interesante suscitaba atención nuevamente en la lucha faccional dentro del PS, se sentían resentidos porque esto le restaba atención a nuestra propia organización. Consideraban al Partido Socialista solo como una organización rival y no percibían las corrientes ni las tendencias en conflicto, algunas de las cuales estarían destinadas a marchar junto a nosotros. Era un enfoque organizativo. Creo que es la forma adecuada de caracterizar la actitud de Muste en aquel momento. "No hay que prestarle atención al PS; es una organización rival". Formalmente era así. Pero el Partido Socialista no era un organismo homogéneo. Algunos de sus elementos eran enemigos irreconciliables de la revolución socialista; otros eran capaces de llegar a ser bolcheviques. La lealtad y el orgullo hacia la organización son cualidades absolutamente indispensables en un movimiento revolucionario. Pero el fetichismo organizativo, especialmente por parte de una organización pequeña que aún no ha hecho valer su derecho al liderazgo, puede llegar a convertirse en una tendencia desorientadora. Y así fue.

Nosotros enfocábamos el problema desde una perspectiva distinta, no tanto desde el ángulo organizativo sino desde el ángulo político. No considerábamos la efervescencia del Partido Socialista una distracción molesta que nos desviaba de la labor de construir nuestro propio partido. La considerábamos una oportunidad que debíamos aprovechar para el avance de nuestro movimiento, independientemente de la forma organizativa que finalmente asumiera. Nos inclinábamos a orientarnos hacia ella, para tratar de influenciarla de alguna forma. Como decía, las propuestas prácticas que planteaban las dos facciones en ese momento no eran muy distintas. Pero la diferencia de actitud sobre el problema del Partido Socialista era fundamental, y tarde o temprano nos llevaría a un conflicto. La cuestión organizativa es importante, pero lo decisivo es la línea política. Nadie logrará crear una organización revolucionaria si no entiende que la cuestión política está por encima de la organizativa. Los problemas organizativos son importantes únicamente en la medida que sirven la línea política, un fin político; por sí solas no tienen mérito alguno. Durante este período específico, mientras el asunto del Partido Socialista continuaba sin resolverse, la posición de Muste parecía más positiva y mejor definida que la nuestra. La receta sencilla de Muste les resultaba atractiva a algunos camaradas. "Mantengámonos alejados del Partido Socialista y construyamos nuestro propio partido": bien definida y positiva. Sin embargo, la superioridad de la fórmula de Muste era solo de apariencia exterior. En el instante que sucediera algo nuevo en el PS —y esto era el fastidio eterno de los musteístas; siempre ocurría algo en aquel caldero hirviente— tendríamos que prestarle atención y escribir al respecto en nuestra prensa.

 Y esta vez sí ocurrió algo. Los sucesos dieron un nuevo viraje que resolvió todas las dudas que teníamos al respecto y planteó muy directamente la cuestión de si ingresar o no al PS. El Partido Socialista, agobiado por las facciones, comenzó a dividirse abiertamente en diciembre de 1935. El Ala Derecha, que controlaba el aparato en Nueva York, se vio enfrentada en el Comité Central de la ciudad —un cuerpo de delegados de las ramas— con la fuerza creciente del Ala Izquierda y la mayoría que ésta tenía allí. En vez de reconocer a esta mayoría y dejar que actuara el proceso democrático, el Ala Derecha mostró los dientes, como hacen siempre en estas situaciones los "demócratas" socialistas profesionales. Muy naturalmente viraron, expulsaron a varias de las ramas de "militantes" y las reorganizaron, precipitándose así la escisión. En este caso, como en ejemplos pasados, se ve revelada la verdadera esencia de la llamada democracia del Partido Socialista y de todos los grupos pequeñoburgueses que ponen el grito en el cielo ante los métodos dictatoriales y la severidad del bolchevismo. Todo su discurso sobre democracia queda expuesto como pretensión y embuste en el momento que se pone a prueba. Hablan contra el bolchevismo en nombre de la democracia, pero si sus intereses y su control están en juego, no ceden jamás ante la mayoría democrática de las filas. Estas organizaciones tienen una seudodemocracia que permite hablar y criticar mucho, siempre y cuando esas frases y esas críticas no atenten contra su control de la organización. Sin embargo, en el momento en que se desafía su control, recurren a las represiones burocráticas más brutales contra la mayoría. Esto caracteriza a todas estas organizaciones, a todo tipo y color de opositores del bolchevismo en el ámbito organizativo. Incluso el santificado Norman Thomas no fue una excepción, según lo voy a demostrar más adelante. A propósito, lo mismo puede decirse de todos los grupos sectarios sin excepción que se escindieron de la Cuarta Internacional, los cuales armaron un gran escándalo por la falta de democracia en el movimiento trotskista. En el instante en que crearon sus propias organizaciones, establecieron verdaderos despotismos. Por ejemplo, tan pronto se constituyó el grupo de Oehler como organización independiente, la gente que se había dejado seducir por sus llamamientos en contra del terrible burocratismo de la organización trotskista recibió una sacudida ruda. Se toparon con la caricatura más rígida y despótica del burocratismo.

Nos era evidente que la escisión en Nueva York del Ala Derecha del Partido Socialista anunciaba la escisión a nivel nacional. El Ala Derecha del Partido Socialista estaba decidida, por motivos propios, a desvincularse de las filas combativas y de los elementos jóvenes del PS que hablaban de revolución. Era algo que consideraban cosa del pasado. Tenían la vista puesta en las elecciones nacionales de 1936, y ya en su propia mente habían llegado sin duda a la posición de apoyar a Roosevelt. Solo andaban buscando un buen pretexto para romper relaciones con los militantes entre las filas y con los jóvenes que aún tomaban el socialismo en serio. La escisión en Nueva York nos demostró que había llegado la hora de actuar sin demora. Sucede que yo estaba en Minneapolis cuando ocurrió la explosion en la organización del PS en Nueva York. Aquí se repetía de manera notable el proceso de 1934. El impulso para acelerar la fusión con el Partido Americano de los Trabajadores surgió de un intercambio sostenido allá durante la huelga. Y ahora, por segunda vez, la iniciativa de efectuar un viraje político rotundo surgió de una conferencia informal que tuve con camaradas dirigentes en Minneapolis.

Llegamos a la conclusión de que debíamos dar pasos —sin un solo día de atraso innecesario— a entrar al Partido Socialista mientras éste permaneciera en estado de fluidez, antes de que tuviera tiempo de cristalizarse una nueva burocracia y antes de que se pudiera consolidar la influencia de los estalinistas. Todo el liderazgo de nuestra facción, la facción de Cannon-Shachtman, estaba de acuerdo con esta línea. Las filas de la facción se habían preparado y educado bien en la prolongada lucha interna y habían asimilado plenamente la línea política del liderazgo. Apoyaban este plan de forma unánime. Habían superado todos los prejuicios sobre el "viraje francés", el principio de "independencia" y las demás letanías de los habladores sectarios. Cuando surgió la oportunidad de hacer un viraje que ofrecía la posibilidad de una ventaja política, estaban listos para proceder. Había llegado la hora de actuar.

Todo dependía entonces de la cuestión de actuar sin demorar demasiado, sin juguetear, sin indecisión ni vacilaciones. La propaganda cotidiana, que se realiza constantemente, de ninguna manera basta por sí sola para construir un partido o para que crezca con rapidez. La exposición cotidiana de los principios tampoco basta. Un partido político debe saber qué hacer a continuación, y hacerlo antes de que sea demasiado tarde. En este caso particular, lo que teníamos que hacer a continuación —si habíamos de aprovechar una gran situación de fluidez en la vanguardia del movimiento obrero— era entrar inmediatamente al PS, aprovechar la oportunidad antes de que se nos escapara, y dar un paso hacia adelante efectuando una fusión de los trabajadores trotskistas con las filas combativas y los jóvenes del Partido Socialista, que por lo menos tenían el deseo subjetivo de ser revolucionarios y marchaban en nuestra dirección. Hay una expresión, un buen lema americano que dice que hay que martillar mientras el hierro esté caliente. No sé cuántos de ustedes comprenden lo vívida que puede parecerle esta expresión a alguien que la entiende en el sentido mecánico. En la política ha sido siempre mi lema preferido, y siempre evoca la visión de una herrería allá en mi pueblo, donde los muchachos solíamos quedarnos fascinados por el herrero, quien ante nuestros ojos era una figura heroica. Él hacía las cosas con calma, fumaba su pipa de forma muy relajada y hablaba con la gente sobre el tiempo y la política local. Cuando llevaban un caballo para herrarlo, el herrero bombeaba lentamente el fuelle bajo la fragua, todavía de forma relajada, hasta que el fuego alcanzaba un rojo blanco y la herradura se ponía al rojo candente. Entonces, en el momento preciso, el herrero se transformaba. Abandonaba su letargo, agarraba la herradura con sus tenazas, la ponía sobre el yunque y se ponía a martillarla mientras estaba al rojo candente. De lo contrario, la herradura perdía su maleabilidad y no podía darle la forma apropiada. Si hubiésemos dejado enfriar la oportunidad en el PS, se nos habría escapado. Teníamos que martillar mientras el hierro estuviera candente. Existía el peligro de que los estalinistas —quienes estaban poniendo una enorme presión sobre el PS— se nos adelantaran y repitieran su proeza de España. Existía el peligro de que los lovestonistas —quienes en cuanto a afinidad política estaban más cercanos a los socialistas americanos que nosotros, ya que no eran más que centristas— se dieran cuenta de su próxima seña y se nos adelantaran a entrar al Partido Socialista.

Teníamos que superar dos pequeños obstáculos antes de poder efectuar nuestro ingreso. Primero, teníamos que organizar un congreso del partido para sancionar esta acción. Segundo, teníamos que obtener permiso de los jefes del Partido Socialista antes de poder unirnos a él. Antes de nuestro congreso tuvimos que atravesar una nueva lucha faccional feroz con los musteístas, quienes movilizaron a sus cohortes a librar un esfuerzo final para salvar la "independencia" y la "integridad" del Partido de los Trabajadores. Combatieron con celo religioso nuestra propuesta de disolver la iglesia del Señor e ir a unirnos a los heréticos socialistas. Defendían la "independencia" del Partido de los Trabajadores como si se tratara del Arca de la Alianza y nosotros estuviésemos poniéndole nuestras manos profanas encima. Sin duda fue una lucha furiosa que tuvo elementos de fanatismo semireligioso. Pero de nada les sirvió. La gran mayoría de los miembros del partido desde un comienzo estuvo claramente a nuestro favor.

Comenzamos negociaciones con los dirigentes de los "militantes" sobre los términos y condiciones de nuestro ingreso al Partido Socialista. Las negociaciones con estos héroes de cartón fueron un espectáculo digno de dioses y de hombres. Jamás las he de olvidar. Creo que durante toda mi larga y diversa experiencia —que ha ido desde lo sublime hasta lo ridículo y viceversa— nunca me topé con nada tan fabuloso y fantástico como las negociaciones con los jefes del caucus de los "militantes" del Partido Socialista. Todos eran figuras pasajeras, importantes por un día. Pero no lo sabían. Se veían en un espejo que los distorsionaba y por un período breve imaginaron que eran dirigentes revolucionarios. Más allá de su imaginación, prácticamente no había bases para que se creyeran calificados para dirigir algo o alguien, mucho menos un partido revolucionario que requiere de cualidades y rasgos de carácter un tanto diferente de los necesarios para la dirección de otros movimientos. Carecían de experiencia y no habían sido puestos a prueba. Eran ignorantes, faltos de talento, mezquinos, débiles, cobardes, traicioneros y vanidosos. Y tenían además otras faltas. Nuestra solicitud de ingreso a su partido los puso en un dilema. La mayoría de ellos nos quería dentro del partido como contrapeso al Ala Derecha y para protegerse de los estalinistas, a quienes por un lado les tenían un miedo mortal y, por el otro, tendían a acercárseles. Nos querían dentro del partido y tenían miedo de lo que haríamos después de ingresar. No supieron con seguridad, desde el principio hasta el fin, lo que realmente querían. Encima de todo, también tuvimos que ayudarles a tomar una decisión.

Estaba Zam, un ex lovestonista y renegado comunista

que volvía hacia la socialdemocracia. En camino a la derecha se topó con unos jóvenes socialistas que viajaban hacia la izquierda, y por un momento pareció que estaban de acuerdo. Pero en realidad no era así; apenas se habían encontrado en el cruce.

Estaba Gus Tyler, un muchacho muy listo, cuyo único defecto era que no tenía carácter. Se podía parar y debatir el problema de la guerra desde la perspectiva de Lenin con cualquiera de los dirigentes estalinistas —y plantear muy correctamente la posición leninista— y luego irse a trabajar para los farsantes del sindicato de la aguja, haciendo "trabajo educativo" para el programa de éstos, incluido su programa sobre la guerra, y después preguntarse por qué alguien se sorprendería o se indignaría al respecto. La gente sin carácter es como la gente que carece de inteligencia. No entienden por qué a los demás les parecería extraño.

Estaba Murray Baron, un brillante joven universitario que también se consiguió trabajo como dirigente sindical por tolerancia de Dubinsky. Vivía bien y le parecía importante no dejar de hacerlo. Al mismo tiempo, se aficionaba a la tarea de dirigir un movimiento revolucionario, como alguien que adquiere un pasatiempo.

Estaban Biemiller y Porter de Wisconsin, tipos jóvenes que a los 30 años ya habían adquirido todas las cualidades seniles de los socialdemócratas europeos. Habiendo perdido el ardor del idealismo, si es que alguna vez lo tuvieron, ya estaban acostumbrándose al trabajo de farsantes del movimiento obrero durante la semana, mientras se las daban de radicales los domingos. Casi todos eran del mismo tipo, y era un tipo muy pobre. No obstante, eran los dirigentes del Ala Izquierda del Partido Socialista, y teníamos que negociar con todos, entre ellos Norman Thomas, quien nominalmente encabezaba el partido y quien, como explicó tan bien Trotsky, se reclamaba socialista por un malentendido.

Nuestro problema consistía en llegar a un acuerdo con esa chusma para que nos admitieran al Partido Socialista. Para conseguirlo tuvimos que negociar. Fue una labor difícil y delicada, muy desagradable. Pero no nos disuadió. Un trotskista hará por el partido lo que sea, aunque tenga que arrastrarse en el fango. Logramos que negociaran y al final conseguimos ser admitidos usando todo tipo de recursos y a un precio muy alto. No se trataba simplemente de llamarlos por teléfono y decirles: "Reunámonos el martes a las dos y discutamos el asunto". Fue un proceso largo, intrincado y tortuoso. Mientras negociábamos formal y colectivamente, también trabajábamos diversos ángulos a nivel individual. Uno de ellos era Zam, el comunista renegado del Partido Comunista que parecía creer que, como nosotros queríamos unirnos al Partido Socialista, también íbamos a renegar un poquito. Él tenía razones personales para querer que entráramos al PS y facilitó nuestra admisión. Tenía un miedo mortal de los estalinistas y pensaba que seríamos un contrapeso y un antídoto contra ellos. Las discusiones privadas con él siempre precedían las discusiones formales con los dirigentes. Siempre sabíamos de antemano lo que planeaban hacer.

Aparte de lo demás, no tenían solidaridad interna ni se respetaban entre sí, y lógicamente sacamos ventaja de eso. Otra de las operaciones independientes al margen que precedieron nuestro ingreso se dio con el propio Thomas. El último acto progresista en la vida y la carrera de Sidney Hook fue el de concertar el encuentro de Thomas con los trotskistas. A lo mejor creía que todavía nos debía un favor. Posiblemente se sintió conmovido por los recuerdos sentimentales de su juventud, cuando había creído que la revolución era algo bueno. En todo caso, organizó una reunión con Thomas, con lo que creció la presión sobre el grupo de los "militantes". Finalmente aceptaron dejarnos entrar, pero nos hicieron pagar. Nos impusieron condiciones muy severas. Tuvimos que renunciar a nuestra prensa, a pesar de que el Partido Socialista había tenido la tradición de permitir que cualquier facción mantuviera su propia prensa y a pesar de que el *Call* (Llamamiento) del Partido Socialista había comenzado como órgano de la facción de los "militantes". Toda sección u organización estatal o local que deseara tener su propia prensa había tenido la libertad de hacerlo. A nosotros nos impusieron condiciones especiales, que no íbamos a tener prensa. Nos hicieron renunciar al *Militant* y a nuestra revista, *New International*. Tampoco nos permitieron el honor y la dignidad de ingresar como grupo y ser recibidos como grupo. No, tuvimos que afiliarnos como individuos, dando a cada una de las ramas locales del Partido Socialista la opción de negarse a admitirnos si así lo deseaban. Tuvimos que afiliarnos de forma individual porque querían humillarnos, para que pareciera que sencillamente estábamos disolviendo nuestro partido, rompiendo humildemente con nuestro pasado y comenzando de nuevo como discípulos del grupo de los "militantes" del PS. Fue bastante irritante, pero no nos desviamos de nuestra trayectoria por sentimientos personales. Habíamos pasado demasiado tiempo en la escuela de Lenin para hacer eso. Teníamos objetivos políticos que cumplir. Por eso, a pesar de las condiciones más onerosas, jamás rompimos las negociaciones y nunca les dimos excusa para que las suspendieran de su parte. Cada vez que daban señales de indiferencia o de una actitud evasiva, insistíamos con ellos y manteníamos vivas las negociaciones.

    Mientras tanto nuestro propio partido se acercaba a su congreso. Pronto quedó claro que una mayoría decisiva del partido apoyaba las propuestas del caucus de Cannon-Shachtman para entrar al Partido Socialista. Nuestra propuesta también contaba con el apoyo de Trotsky. Esto fue un factor importante que contribuyó a asegurarles a las filas del partido que se trataba de una buena medida táctica, que no debía entenderse como una renuncia de los principios, según la habían presentado los oehleristas. El congreso de marzo de 1936, que debía ratificar la decisión, fue una formalidad. Fue abrumadora la mayoría que estaba a favor de la propuesta de ingresar al Partido Socialista. La oposición quedó reducida a un grupo tan pequeño que prácticamente no le quedó más alternativa que aceptar la decisión, someterse a la disciplina y acompañarnos en el ingreso al Partido Socialista.

En este congreso se vieron las repercusiones de un caso de política sin principios que había ocurrido en el verano, un castigo cruel por realizar combinaciones sin principios. En ese caso se trataba del incidente ocurrido en Allentown, que es bastante famoso en la historia de nuestro partido y que sigue vivo en la memoria de los que pasaron por las luchas de aquellos días. Allentown había sido uno de los principales centros del Partido Americano de los Trabajadores. Toda esta organización, que era bastante grande y estaba en la dirección de un movimiento importante de trabajadores desempleados nucleados en las Ligas Nacionales de Desempleados, estaba compuesta de ex musteístas. La mayor parte de los miembros de Allentown había estado en el movimiento poco tiempo. Habían llegado al Partido Americano de los Trabajadores a través de las actividades de los desempleados y necesitaban una educación política marxista para que el fruto de su trabajo de masas pudiera transformarse finalmente en logros políticos y en el establecimiento allí de un firme núcleo político del partido. Enviamos algunos camaradas para ayudarles en ese aspecto. Por la juventud se envió a un joven camarada llamado Stiler. Por el movimiento adulto se envió a Sam

Gordon. Su función, al participar en las acciones de masas, consistía en ayudar en la formación marxista de estos camaradas de Allentown, quienes demostraban una firme voluntad de fusionarse con nosotros tanto ideológica como organizativamente. La lucha faccional frenó esos planes y Allentown se convirtió en un centro de infección durante todo ese período.

Una de las peores complicaciones surgió de la traición de Stiler. Se le envió allá con la confianza del partido, pero sucumbió a ese entorno retrógrado. Él se convirtió en instrumento y defensor de los peores elementos del Partido Americano de los Trabajadores que tenían un centro en Allentown. Un hombre llamado Reich y otro de nombre Hallett tenían estrechos contactos con uno de los dirigentes nacionales de los musteístas, Arnold Johnson. Utilizaron a Allentown como base de oposición contra cualquier tendencia progresista en el partido. Una y otra vez la organización de Allentown se desviaba de la línea del partido en el trabajo de masas, hacia el estalinismo. Entonces Sam Gordon intervenía, y se desataba una gran pelea a nivel local. Después, o iban representantes del Comité Nacional a Allentown, o venía una delegación a Nueva York a discutir el asunto. Hablábamos y discutíamos horas enteras en un esfuerzo por aclarar el asunto y educar a los camaradas de Allentown. Al principio no sospechábamos nada, pero al producirse los incidentes uno después de otro, nos fuimos dando cuenta que cada vez que había un estallido, presentaba siempre una misma característica inconfundible.

Independientemente de cómo comenzaba la riña, o de qué se trataba la disputa inmediata, siempre se notaba el olor de la ideología estalinista en la posición de los camaradas de Allentown. Al principio creímos que era probable que estas desviaciones eran tan solo tendencias, expresión de las presiones del movimiento estalinista sobre ellos y no la labor consciente de verdaderos agentes estalinistas en nuestras filas. Seguimos dándoles el beneficio de la duda, aun cuando comenzaron a manifestar deslealtad a nivel organizativo, violando la disciplina y la unidad de acción del Partido de los Trabajadores y actuando al unísono con el caucus estalinista hasta contra sus propios camaradas en la Liga de los Desempleados. Seguimos peleando con ellos, pero nuestro objetivo era de carácter puramente educativo.

Nuestro movimiento siempre ha tenido la política de utilizar incidentes como éste, errores y desviaciones de los principios del partido, no para desatar cacerías humanas, sino como una ocasión para explicar concreta y detalladamente las doctrinas del marxismo y contribuir así a la educación de los camaradas. Muchos camaradas en el partido han recibido su verdadera educación sobre el significado del bolchevismo a partir de estas discusiones educativas conducidas en base a algún incidente concreto u otro. En este caso buscamos emplear ese método.

Tratamos de educar no solo a los camaradas en Allentown, sino a todo el partido sobre lo que, en un sentido revolucionario, significa la conciliación con el estalinismo. Sin embargo, esta labor se vio obstaculizada por el hecho que éstos eran amigos personales de Muste y él los protegía. Por razones faccionales él protegía a sus amigos contra aquellos que, según él reconocía, defendían una línea política correcta. En vez de tomar una posición clara con nosotros, y sumarse a nosotros para ejercer presión sobre la gente de Allentown, se interponía entre ellos y nosotros, ofuscaba el problema e impedía que se tomara cualquier medida disciplinaria hasta en las violaciones más flagrantes. Cegado por la intensidad de la lucha faccional, Muste planteaba el problema sobre una base faccional, protegiendo a sus amigos. Es una de las ofensas más graves contra el partido revolucionario. Lo que se debe proteger en el partido, ante todo, son los principios del bolchevismo. Si uno tiene amigos, lo mejor que puede hacer por ellos es enseñarles los principios del bolchevismo y no protegerlos en su error. Si se actúa así, entonces no solo sus amigos se van al demonio, sino que uno mismo se va con ellos. El asunto de las amistades cabe bien en Tammany Hall, que se basa en el intercambio de favores personales. Pero la amistad, que es algo muy bueno en la vida personal, debe subordinarse siempre a los principios y a los intereses del movimiento. En una ocasión le dije a Muste: "Un día de estos te vas a horrorizar cuando despiertes y descubras un núcleo estalinista en Allentown que esté intentando traicionar al partido".

Él no escuchaba, sino que persistía en su curso fatal. Y fueron cómplices de este crimen gente que sabía que no debían hacerlo. Muste no era una persona de mucha experiencia con la tradición y las doctrinas del bolchevismo. Eso se puede decir de él como atenuante. Pero por razones faccionales, Abern y su pequeña camarilla apoyaron e incitaron a Muste en esta protección de tendencias y elementos estalinistas. Y no voy a decir nada más de esta gente aquí, por que ya he dicho todo lo que había que decir de ellos en mi libro, *La lucha por un partido proletario*.

Esta aventura de Muste y Abern provocó un fuerte culatazo en el congreso de marzo de 1936. Entonces, a cambio de haber mimado, encubierto y protegido las tendencias estalinistas de Allentown, Muste se vio recompensado con un anuncio en el *Daily Worker*, el día que se inauguró nuestro congreso, ¡de que Reich, Hallett y Johnson se habían afiliado al Partido Comunista! Los "amigos" de Muste emitieron una declaración en la que denunciaron a los "contrarrevolucionarios trotskistas", la misma mañana en la que se inauguraba nuestro congreso. Este fue el último golpe devastador contra la facción de Muste-Abern, que estaba ya bastante desacreditada. Tuvieron que sufrir la última vergüenza de ver que un grupo de personas —a quienes habían protegido por razones faccionales— resultaban ser agentes estalinistas que intentaban desmoralizar y dividir nuestro congreso el día de su inauguración. Afortunadamente, los traidores estaban completamente aislados; su acción fue solo un episodio personal y no perturbó para nada el congreso ni el partido. Solo desacreditó a la facción que los había encubierto tan ciegamente en los meses previos. Asimismo, este desenlace reforzó la autoridad de la facción mayoritaria, la cual había seguido una clara línea de principios y que para nada se había involucrado en el escándalo.

Contábamos con una abrumadora mayoría en el congreso. La minoría, que para entonces era una minoría muy pequeña, aceptó la decisión. No les quedaba más remedio. En el congreso del Partido Socialista celebrado en Cleveland unas semanas más tarde, se completó la escisión a nivel nacional con el Ala Derecha, y nuestros miembros en todo el país comenzaron a afiliarse al Partido Socialista como individuos dirigidos por el liderazgo nacional. Incluso en esos últimos momentos sospechábamos una posible traición. Nuestro consejo a todos los camaradas era: "De prisa, no se demoren. No regateen condiciones, sino que ingresen al Partido Socialista mientras haya tiempo. No esperen concesiones formales que les sirvan de pretexto a ellos para repensar la cuestión y cambiar de parecer".

No recibimos bienvenida, ni un saludo amistoso ni un anuncio en la prensa del Partido Socialista. No nos ofrecieron nada. Esos tacaños no le ofrecieron a ninguno de los dirigentes de nuestro partido ni siquiera un puesto como organizador de rama: ni uno solo. Los estalinistas gritaban a todo pulmón: "Jamás van a poder digerir a esos trotskistas". Les advertían de lo que iba a pasar una vez que entraran los trotskistas. Y eso estaba matando de miedo a los "militantes". Fue una mezquindad la forma en que nos recibieron. Si hubiésemos sido gente subjetiva preocupada por nuestro honor, habríamos dicho: "¡Al diablo con todo eso!" y nos hubiéramos marchado. Pero no lo hicimos porque teníamos objetivos políticos que cumplir. No interpretamos todas esas concesiones humillantes que habíamos hecho como conciliación con los centristas. Sencillamente nos dijimos: es el chantaje que estamos pagando por el privilegio de llevar a cabo una tarea política de importancia histórica.

Ingresamos al Partido Socialista llenos de confianza porque sabíamos que contábamos con un grupo disciplinado y un programa que estaba destinado a prevalecer al final. Poco después, cuando los dirigentes del Partido Socialista comenzaron a arrepentirse de todo el asunto, deseando que nunca hubiesen escuchado el nombre del trotskismo, deseando reconsiderar su decisión de admitirnos, ya era demasiado tarde. Nuestra gente ya estaba dentro del Partido Socialista y comenzaba su labor de integrarse a las organizaciones locales. En el último número del *Militant*, que salió en junio de 1936, publicamos una declaración para anunciar que nos afiliábamos al Partido Socialista y que suspendíamos el *Militant*. Planteamos nuestra posición de forma muy clara para evitar que nadie nos entendiera mal; nadie podía tener motivos para creer que nos afiliábamos como capituladores o renegados del comunismo. Dijimos: "Ingresamos al Partido Socialista como somos, con nuestras ideas". Esas ideas capaces de conquistar el mundo estaban en marcha de nuevo. Y delante nuestro teníamos un año de trabajo fructífero dentro del Partido Socialista.

12
Los trotskistas en el Partido Socialista

La última conferencia en esta serie trata el período de aproximadamente un año que pasamos dentro del Partido Socialista y los seis meses durante los cuales no estuvimos ni dentro ni fuera, sino rumbo a otro destino. En el transcurso de estas presentaciones he hecho hincapié repetidamente en que las tácticas de un partido se las imponen factores políticos y económicos fuera de su control. Es tarea del liderazgo político comprender lo que es posible y necesario en una situación determinada, y lo que no es posible ni necesario. Podría decirse que ésta es la esencia del liderazgo político. Las actividades de un partido revolucionario, es decir, de un partido marxista, están condicionadas por circunstancias objetivas. Estas circunstancias a veces le imponen la derrota y el aislamiento a un partido, a pesar de lo que puedan hacer la dirección y los miembros. En otras situaciones las circunstancias objetivas crean posibilidades de éxitos y avances, pero al mismo tiempo los limitan. El partido avanza siempre dentro de una serie de factores sociales que no ha creado. Son características del proceso de desarrollo de la sociedad. Hay momentos cuando el mejor liderazgo no puede hacer que el partido avance ni una pulgada. Por ejemplo, Marx y Engels —los más grandes de todos los maestros y dirigentes de nuestro movimiento— permanecieron aislados prácticamente durante toda su vida. No pudieron siquiera crear un grupo considerable en Inglaterra, donde vivieron y trabajaron durante el período de su madurez. Eso no se debió a errores de su parte ni tampoco, claro está, a su falta de capacidad, sino a factores externos más allá de su control. Los trabajadores británicos no estaban listos aún para atender el llamamiento revolucionario.

Durante el prolongado período de reacción y estancamiento, que atenazó al movimiento obrero mundial durante los primeros años de nuestra existencia como movimiento trotskista en este país, es decir, de 1928 a 1934, no pudimos evitar el aislamiento. Fue la época en que el peso del mundo entero parecía recaer sobre un grupo pequeño, un puñado de irreconciliables. Fue la época en que los timoratos se rendían, especialmente los que carecían un entendimiento teórico de la naturaleza de la sociedad moderna y de las leyes que, al regir en su interior, propician crisis que llevan a la revolución. Fue la época en que solo los trotskistas, los verdaderos marxistas, pudieron prever que durante el período más profundo de reacción y aislamiento habría de surgir un nuevo ascenso y se prepararon conscientemente de dos maneras: primero, elaborando un programa para preparar al partido para ese nuevo período, y, segundo, juntando a los cuadros preliminares para el futuro partido revolucionario e inspirándolos a mantenerse firmes, con fe en el futuro. Esta fe en el futuro se justificaba, según hemos visto en algunas de las charlas anteriores. Cuando empezó a romperse el atasco en el movimiento obrero mundial, especialmente a partir de 1934, se vio un nuevo movimiento de las masas tanto en este país como en el mundo entero. Cuando se comenzó a revelar esa nueva situación, fuimos sometidos a prueba y se nos brindó nuestra oportunidad. Ya no era hora de permanecer en un aislamiento plácido, aclarando principios. Era hora de sacudirnos y aplicar esos principios en la acción, en la vida de la lucha de clases en ascenso. Nuestra determinación de hacerlo, nuestro reconocimiento que se nos presentaba la oportunidad y nuestra determinación de aprovechar la oportunidad, nos puso en conflicto con los sectarios, los ultraizquierdistas. Teníamos que combatirlos, teníamos que derrotarlos, para seguir adelante. Es lo que hicimos. Con la huelga de Minneapolis avanzamos en el movimiento económico de masas. La fusión con el Partido Americano de los Trabajadores fue otro paso importante en el camino al desarrollo de un partido marxista serio en Estados Unidos. Pero esas acciones progresistas eran solo pasos y teníamos que reconocer las limitaciones de estos logros. Aun se requería que tomáramos iniciativas políticas y acciones concretas en situaciones más complicadas.

El ingreso de nuestro grupo al Partido Socialista de Estados Unidos fue un paso aún más importante en ese sendero complejo, serpentino, largo y prolongado hacia la creación de un partido que finalmente habrá de dirigir al proletariado de Estados Unidos a la victoria en la revolución socialista. Dimos ese paso, el ingreso al Partido Socialista, en el momento oportuno. En la política, lo oportuno del momento es siempre un factor de importancia. El momento oportuno no aguarda. ¡Ay del dirigente que olvide esto! Hay una expresión jurídica que reza, "El tiempo es la esencia del contrato". Eso es 10, mil veces más válido en la política. Lo decisivo no es solo lo que se hace, sino cuándo se hace; y si se hace en el momento correcto.

No nos fue posible unirnos al Partido Socialista antes, y si hubiésemos intentado hacerlo después, habría sido demasiado tarde. El heterogéneo Partido Socialista que tanto captaba nuestra atención en aquellos días —esa mezcolanza centrista, ese partido acéfalo, incompetente— se veía sacudido por sucesos externos y apretado por todo tipo de presiones. El partido en sí no era viable. Cuando ingresamos, en 1936, ya se hallaba en una etapa de efervescencia violenta y desintegración. En todo caso, el Partido Socialista estaba destinado a hacerse pedazos. La única interrogante era cómo se produciría y qué curso tomaría la desintegración y destrucción final de este partido históricamente inviable.

En el Partido Socialista existía un movimiento poderoso —aunque todavía no estaba plenamente consciente— que buscaba la reconciliación con la administración de Roosevelt y por ende con la sociedad burguesa. Los recursos propagandísticos y materiales del aparato bien financiado del Partido Comunista ejercían una fuerte presión sobre los trabajadores en el Partido Socialista, quienes carecían de dirigentes. El problema era el siguiente: ¿acaso los elementos potencialmente revolucionarios —los trabajadores activistas y jóvenes rebeldes— de aquel partido centrista se verían tragados por estas fuerzas? ¿O se fusionarían con los cuadros del trotskismo y serían reclutados a la trayectoria de la revolución proletaria? Esta interrogante se podía contestar únicamente si entrábamos en el Partido Socialista. Los trotskistas no podíamos entrar en contacto con estos elementos potencialmente revolucionarios en el Partido Socialista a menos que nos uniéramos al Partido Socialista, por la sencilla razón de que no se mostraban dispuestos a unirse a nuestro partido. Había que dejar a un lado el fetichismo organizativo. Este tenía que dar paso a las exigencias de la necesidad política, que siempre priman sobre los factores organizativos.

Nuestro ingreso al Partido Socialista ocurrió en el marco de grandes acontecimientos que se iban desarrollando tanto aquí como a nivel mundial. Las huelgas de brazos caídos en Francia, prácticamente una revolución, estaban ocurriendo precisamente cuando nos aprestábamos a afiliarnos al Partido Socialista. El segundo gran auge del CIO, destinado a llevar a este tremendo movimiento a las cimas más altas que jamás había visto el movimiento obrero en Estados Unidos —en cuanto a la fuerza numérica, la combatividad de masas y la integración de las capas básicas más bajas del proletariado—, este segundo gran auge comenzaba a desarrollarse en esos momentos, en la primavera de 1936. La rebelión del CIO sin duda se inspiró en parte por las huelgas de brazos caídos en Francia. La guerra civil española estaba a punto de estallar plenamente y plantear una vez más, de la forma más aguda, la posibilidad de una segunda victoria de la revolución proletaria en Europa. De resultar victoriosa, la guerra civil española tenía la posibilidad de cambiar completamente la faz de Europa. Unos meses más tarde, los procesos de Moscú habrían de estremecer al mundo entero.

Este gran panorama de sucesos que estremecían el mundo —y el auge del CIO, a mi juicio, no era menos importante que los otros, desde una perspectiva histórica mundial— creaba augurios sumamente favorables para la marcha de la vanguardia marxista. No faltaba interés político, no faltaban actividades de masas, no faltaba un campo de operaciones adecuado para los revolucionarios marxistas en los momentos en que realizábamos nuestra actividad dentro del marco del Partido Socialista. Si bajo estas condiciones objetivas nos mostrábamos capaces, estábamos destinados a avanzar. Tendríamos que haber sido el peor de los liderazgos, casi habríamos tenido que organizar conscientemente nuestra propia derrota, para no lograr avances bajo aquellas circunstancias tan favorables. Nuestra labor dentro del Partido Socialista, examinada retrospectivamente, no estuvo libre de ninguna manera de errores y oportunidades perdidas. No cabe duda alguna que los dirigentes de nuestro movimiento se adaptaron un poco demasiado a la cúpula centrista del Partido Socialista. Cierto grado de adaptación formal era absolutamente necesario para tener la posibilidad de realizar una labor normal en la organización. Pero en algunos casos esa adaptación indudablemente se llevó demasiado lejos, creando ilusiones y fomentando desviaciones por parte de algunos miembros de nuestro movimiento. No cabe duda que después del ingreso se perdió demasiado tiempo en negociaciones y palabreo con los dirigentes del grupo de "militantes" en Nueva York —Zam, Tyler y otros liliputienses de esa calaña, que no gozaban de ningún poder real dentro del partido y cuya posición estratégica era transitoria más que una influencia real entre las filas del partido. No cabe duda que al realizar la maniobra de ingresar al Partido Socialista y concentrarnos en los problemas políticos planteados dentro del Partido Socialista, dejamos de hacer cierto trabajo de masas que podríamos haber hecho. No cabe duda que se nos puede culpar de esos errores y esas oportunidades perdidas. Pero en general, con los consejos y orientaciones de Trotsky —factor decisivo en toda esta labor— cumplimos nuestra tarea principal.

Acumulamos una inapreciable experiencia política y aumentamos nuestras fuerzas a más del doble gracias a nuestro ingreso y a un año de trabajo dentro del Partido Socialista. Comenzamos nuestra labor de forma muy modesta y de acuerdo al plan. La primera instrucción a nuestra gente fue: penetren la organización, intégrense al partido, entréguense a la labor práctica y establezcan así cierta autoridad moral entre las filas del partido. Establezcan relaciones personales amistosas, especialmente con los elementos del partido que son activistas y, por tanto, potencialmente útiles. Nuestro plan consistía en dejar que las cuestiones políticas se desenvolvieran normalmente, y estábamos seguros que así ocurriría. No tendríamos que forzar la discusión ni iniciar artificialmente la lucha faccional. Podíamos permitir que las cuestiones políticas se desarrollaran bajo el impacto de los acontecimientos mundiales. Y no tuvimos que esperar mucho.

La situación era enormemente diferente a la de nuestros primeros años, cuando la reacción y el estancamiento general nos agobiaban. Ahora los factores objetivos obraban a favor de los revolucionarios y creaban las condiciones y oportunidades que se necesitaban para avanzar. La guerra civil española comenzó en julio de 1936 con la insurrección dirigida por Franco y el gran contraataque de los trabajadores. En agosto se desataron los procesos de Moscú ante un mundo sorprendido, unos meses después de habernos unido al Partido Socialista. Estos eran problemas de importancia mundial, y por consiguiente llegaron a conocerse como problemas "trotskistas". Ya desde 1928 nuestros enemigos, hasta los más ignorantes, habían reconocido que el trotskismo no es un dogma provincial. El trotskismo es un movimiento de alcance mundial, de perspectiva mundial. El trotskismo parte desde la óptica del internacionalismo y se preocupa con los problemas del proletariado en todas partes del mundo.

El reconocimiento general de esta cualidad fundamental del trotskismo se ilustró irónicamente cuando fuimos enjuiciados ante el Comité Político y la Comisión Central de Control del Partido Comunista en octubre de 1928. Hasta el momento final de nuestro largo proceso, cuando leímos nuestra declaración y pusimos fin a toda ambigüedad, ellos habían intentado "probar" la acusación de "trotskismo" contra nosotros presentando cualquier tipo de "pruebas circunstanciales" que pudieran conseguir. (No habíamos admitido que éramos una facción trotskista por razones tácticas, como ya he explicado.) Presentaron muchos testigos —de forma muy parecida a la empleada por los fiscales en nuestro juicio en Minneapolis— para ofrecer pruebas corroborativas y circunstanciales de nuestra culpabilidad. Entraba un sploncito a decir que había escuchado tal cosa; otro decía que había escuchado aquello otro. Pero su testigo más destacado fue el gerente de la librería del Partido Comunista. Dijo que podía jurar que Shachtman era trotskista. ¿Por qué? ¿Cómo lo sabía? "Porque siempre viene a la librería tratando de obtener libros sobre China, y yo sé que China es una cuestión trotskista". Ese canalla no estaba del todo equivocado al respecto. China sí era una cuestión trotskista, como lo eran todos los problemas de importancia mundial.

La guerra civil española, los juicios de Moscú y la turbulencia en el movimiento obrero francés: estos temas dominaron toda la vida interna del Partido Socialista. Las discusiones más intensas giraron en torno a estas cuestiones, y ocurrieron totalmente contra la voluntad de los dirigentes. Ellos querían limitarse a asuntos prácticos, es decir, a la rutina. "Vamos, dediquémonos a una labor práctica aquí". No obstante, estos temas captaban el interés de todos los que tomaban en serio la palabra socialismo, y organizamos una campaña consciente para educar a las filas del partido sobre su significado.

Al aparecer diariamente las noticias sobre los procesos de Moscú, quedaba evidente que el verdadero objeto era implicar nuevamente a Trotsky y, de ser posible, conseguir su extradición y su ejecución en Rusia, o por lo menos desprestigiarlo ante el movimiento obrero mundial.

Hay que decir que los trotskistas americanos no nos quedamos dormidos bajo tales circunstancias. Nos echamos al ruedo, realizamos el mejor trabajo político que jamás habíamos hecho y le prestamos nuestro mayor servicio a la causa de la Cuarta Internacional al desenmascarar los procesos amañados de Moscú. Fue gracias a la existencia de la sección americana de la Cuarta Internacional y al hecho de que éramos miembros del Partido Socialista en aquel momento, que se pudo iniciar una labor que al final reventó y desacreditó los juicios de Moscú por todo el mundo.

En ese momento crucial teníamos la obligación histórica de integrarnos al Partido Socialista, y así obtener acceso más directo a fuerzas —elementos políticos liberales, intelectuales y semiradicales— que eran necesarias para la gran tarea política del Comité de Defensa de Trotsky. No creo que Stalin pudo haber escogido mejor momento que en el verano de 1936 para organizar los juicios de manera tal que se garantizaría el desprestigio total de esos procesos. Nos hallábamos entonces en la situación más favorable como miembros del Partido Socialista —y por ende, cubiertos hasta cierto punto por el matiz protector de un partido más o menos respetable— y no se nos podía aislar como un pequeño grupo de trotskistas, no se nos podía atacar y linchar como pensaban hacer. Realizamos una tremenda campaña para exponer los juicios y defender a Trotsky. A los estalinistas —no obstante los enormes recursos de su aparato, su prensa, sus organizaciones títeres y su dinero— se les puso a la defensiva desde el principio. Nuestros camaradas en Nueva York, asistidos por otros en todo el país, lograron iniciar la organización de un comité que se mostraba bastante impresionante, con John Dewey de presidente y una imponente lista de escritores, artistas, periodistas y profesionales de todo tipo, quienes apoyaron y patrocinaron el movimiento para organizar una investigación sobre los procesos de Moscú. Esta investigación, como saben, al final se realizó en Ciudad de México en la primavera de 1937. El caso fue escudriñado minuciosamente; así salieron dos libros magníficos que son y serán siempre clásicos del movimiento obrero mundial, *The Case of Leon Trotsky* (El caso de León Trotsky) y el segundo, el informe de la comisión, *Not Guilty* (No culpable). Esta tremenda tarea política, que indudablemente le propinó el golpe más contundente que jamás le dimos al estalinismo, fue posible gracias a esa coyuntura favorable de hechos que ya he mencionado. Unos meses después, o a lo sumo unos años después, la mayoría de estos elementos pequeñoburgueses que cumplieron esta tarea históricamente progresista como parte del Comité de Defensa de Trotsky sucumbirían totalmente a la sociedad burguesa y darían la espalda a todos sus opositores irreconciliables. Hoy día, por lo menos el 90 por ciento de estos individuos resultarían física y moralmente incapaces de participar activamente en un movimiento como el "Comité Americano para la Defensa de León Trotsky". Pero en esa coyuntura precisa pudieron cumplir, y cumplieron, un fin muy progresista. El haber desenmascarado y desacreditado los procesos de Moscú fue uno de los grandes logros que hay que adjudicarle a nuestra decisión política de unirnos al Partido Socialista en 1936.

La segunda gran campaña política, realizada mientras nos encontrábamos en el Partido Socialista, fue en torno a los sucesos de la guerra civil española y la revolución española. De esta labor han resultado informes sustanciales e incluso libros. Les llamo la atención especialmente al libro escrito por Felix Morrow, *Revolution and Counter-Revolution in Spain* (Revolución y contrarrevolución en España) y el folleto *The Civil War in Spain* (La guerra civil en España).

El folleto y el libro sintetizaron y plasmaron la gran batalla política que libramos; al interior del Partido Socialista así como en público, donde fuera que tuviéramos la oportunidad, luchamos para aclarar los acontecimientos en España y educar a los cuadros del partido americano sobre el significado de esos sucesos. Nuestro ingreso al Partido Socialista facilitó esta campaña y nos brindó un público inmediato dentro de lo que entonces era nuestro propio partido. En realidad no nos pertenecía. Pero estábamos al corriente con nuestras cuotas y eso nos brindaba un público en cada reunión de la rama del Partido Socialista.

En California, donde yo vivía en esos momentos por motivos de salud, se desarrolló trabajo en el movimiento de masas. Allí nos integramos rápidamente al partido y logramos una influencia dirigente gracias a nuestra actividad, nuestros discursos y la labor política durante la campaña electoral. Por consiguiente, a los seis meses de habernos unido al partido, se empezó a publicar un semanario bajo el patrocinio del Partido Socialista de California, y fui nombrado director. Las circunstancias se desarrollaron de forma muy favorable para nosotros. Mi cargo de director del periódico y la prominencia de nuestra gente en los locales y en la organización estatal nos permitieron acceso directo, por primera vez, al movimiento de masas marítimo.

La gran huelga de marineros en 1936–37 nos ofreció un campo amplísimo. Mientras nuestros camaradas en el Este desarrollaban las campañas en torno a los procesos de Moscú y la guerra civil española, allá en California complementábamos esta gran labor política con una intensa actividad en el movimiento de masas que incidió en el curso de los sucesos en la gran huelga de marineros de 1936–37. La labor que ahí se realizó y los contactos establecidos nos permitieron organizar el primer núcleo de una fracción trotskista. Este trabajo ha dado grandes frutos a nuestro partido y lo sigue haciendo. A partir de ese momento, los trotskistas pasaron a ser un factor progresivamente cada vez más fuerte en el movimiento marítimo. Es uno de los indicios más seguros de la buena fortuna de nuestro partido: que ha establecido una base fuerte en una de las industrias más importantes y decisivas del país.

En Chicago, teníamos otra base de apoyo en el *Socialist Appeal* (Llamamiento socialista). Este era originalmente un pequeño boletín mimeografiado publicado por Albert Goldman y otros cuantos individuos. Goldman se había unido al Partido Socialista un año antes que nosotros, y de forma individual. Había rehusado aguardar una decisión del partido, y se unió por cuenta propia justo antes de nuestra fusión con los musteístas. Por esa acción hubo un fuerte intercambio de palabras. Sin embargo, pronto se hizo evidente que para Goldman esta separación organizativa no significaba una ruptura de principios con nosotros. Desde el principio trabajó constantemente en dirección de nuestro programa. Tan pronto nuestro partido se orientó hacia el ingreso al Partido Socialista, restablecimos la colaboración de forma tan eficaz que, cuando accedimos a no publicar nuestra prensa ante la demanda del liderazgo del Partido Socialista, ya teníamos un acuerdo con Goldman de que el *Socialist Appeal,* un órgano autorizado y establecido en el Partido Socialista, pasaría a ser un órgano oficial de la facción trotskista. Nuestra colaboración se restableció de forma tan rápida y eficaz que algunos se preguntaron si todo esto —la ruptura de Goldman con la organización trotskista y su afiliación al Partido Socialista en carácter individual, y la polémica entre nosotros y Goldman— no había sido planeado de antemano. De ninguna manera fue así. No somos tan taimados. Sencillamente resultó así; y resultó muy bien. El boletín mimeografiado se convirtió en una revista impresa. Se mantuvo el nombre de *Socialist Appeal*. A pesar de la supresión de nuestra prensa por parte de los "militantes", no tardamos en tener una revista mensual, legítimamente establecida en el Partido Socialista, que defendía nuestro programa. Al final del otoño teníamos un periódico semanal en California que llamamos *Labor Action* (Acción obrera), un buen nombre que ha sido maltratado en años recientes.

Entonces, a efectos prácticos, teníamos nuestra prensa restablecida: un periódico semanal de agitación y una revista mensual. *Labor Action* se publicó bajo los auspicios del Partido Socialista de California, pero si ése no fue un periódico trotskista de agitación, entonces jamás seré capaz de hacer alguno. Hicimos todo lo posible para utilizarlo en ese sentido. El *Socialist Appeal* se convirtió en el medio en torno al cual nuestra facción se reconstituyó "legítimamente" en el Partido Socialista.

A principios de 1937 organizamos una "Conferencia del *Socialist Appeal*" a nivel nacional. Se invitó a los miembros del Partido Socialista de todo el país a ir a Chicago para debatir las formas y los medios para impulsar los intereses del partido. Se daba la bienvenida a todos sin importar sus antecedentes o su alineamiento faccional. La única condición era que estuviesen de acuerdo con el programa del *Socialist Appeal,* que resulta que coincidía con el programa de la Cuarta Internacional. Sobre esa base, y de esa forma, constituimos en Chicago a principios del invierno de 1937 lo que en efecto equivalía a una nueva Ala Izquierda nacional en el Partido Socialista. Esta vez era una verdadera Ala Izquierda; no una mezcolanza de grupos de "militantes" sino una organización de miembros del partido unidos sobre la base de un programa definido, con dirigentes que sabían lo que querían y que estaban dispuestos a luchar por ello.

Durante todo este tiempo de nuestra actividad en el Partido Socialista, a medida que la lucha se desarrollaba e íbamos avanzando, los estalinistas realizaban una tremenda ofensiva contra nosotros. Gastaron miles —y me atrevo a adivinar que fueron decenas de miles— de dólares en un esfuerzo para impedir que siguiéramos avanzando en el Partido Socialista. Estaban muertos de miedo de que fuéramos a atraer a un grupo considerable en torno nuestro. Sabían en todo momento que el verdadero puñal que apunta al corazón del estalinismo es el movimiento trotskista, por más pequeño que sea en un momento dado. Esta campaña de los estalinistas encontró un eco en una sección de la dirección del Partido Socialista. Ellos veían la fuerza y los recursos de los estalinistas como representantes de un gran poder estatal, la Unión Soviética. Esa fuerza y esos recursos los impresionaban más que el hecho que el programa trotskista era correcto y que estaba basado en principios. Una sección de los "militantes" —no todos— se inclinaba a colaborar con los estalinistas, y si no hubiésemos estado en el camino, desde mucho antes habrían estrechado relaciones con ellos, como sucedió en España. Sin embargo, con nuestra crítica y nuestro programa nos habíamos interpuesto entre ellos y los estalinistas, y habíamos agitado a las filas del Partido Socialista en contra de la idea de la unidad con los estalinistas. Eso entorpeció su juego y respondieron con más resentimiento contra nosotros. Otra sección del liderazgo del Partido Socialista, que ya se orientaba —quizás sin plena conciencia de ello— hacia la reconciliación con Roosevelt, organizó una verdadera ofensiva contra nosotros: "Echemos a los trotskistas del partido". Esta campaña contaba con mucha fuerza tras de sí: por un lado, los estalinistas; por el otro, la presión de las influencias burguesas.

La mayoría de los que dirigieron la lucha contra nosotros

se reconciliaron más tarde con la clase burguesa. Jack Altman fue uno de ellos. Paul Porter se convirtió en agente de la Junta Laboral de Guerra. En esa capacidad se encargó del trabajo sucio de reducir los salarios de los trabajadores de astillero por debajo de lo que estipulaba su contrato. Fue uno de los dirigentes del Partido Socialista que hasta se dedicó a escribir un folleto en que exigía nuestra expulsión del partido. La gente de esa calaña —quienes después se convirtieron en simples mercenarios de Roosevelt en el movimiento obrero— gozaba más que nosotros de la estima de Norman Thomas y de otros altos dirigentes del partido. Orquestaron un congreso especial del partido —aunque según la constitución aún no era hora de realizarlo— con el propósito específico de expulsar a los trotskistas. Querían deshacerse de toda crítica de los estalinistas eliminando la causa. Querían acabar con la coloración revolucionaria que le estábamos impartiendo al Partido Socialista; querían restablecer su estado de gracia ante la sociedad burguesa. Con la excepción de un período breve durante la Primera Guerra Mundial, el Partido Socialista siempre había tenido "buena fama". Se les consideraba un grupo de gente que está a favor del socialismo pero que no desea hacer daño. Ese tipo de partido siempre se tolera, pero nunca gana una verdadera influencia. En todo el movimiento obrero, se identificaba a los dirigentes y miembros del PS como gente que está a favor del socialismo pero que nunca les causarían problemas a los farsantes, mafiosos o traidores del movimiento obrero. Solo quieren el privilegio de hablar unas cuantas palabras a favor del socialismo. Nuestra integración al partido había cambiado eso. Al hablar en nombre del Partido Socialista, estábamos llevando la lucha a los estalinistas, estábamos llevando la lucha a los embusteros del movimiento obrero, y estábamos dándole al Partido Socialista una imagen distinta de la que había tenido en la opinión pública. Decidieron deshacerse de nosotros. Nuestra estrategia respecto a este congreso que se celebró en marzo de 1937 fue de aplazar el asunto. No teníamos derecho a ser delegados, así que no podíamos realmente librar una lucha dentro del congreso. Nos parecía que aún no habíamos tenido tiempo suficiente para educar y captar al mayor número posible de trabajadores y jóvenes del Partido Socialista que eran capaces de llegar a ser revolucionarios. Necesitábamos como seis meses más. Por lo tanto, nuestra estrategia era de aplazar el enfrentamiento en ese congreso.

En apoyo a esa estrategia, se me trasladó de San Francisco —donde entonces dirigía *Labor Action*— a Nueva York para ayudar en las negociaciones. Trajimos a Vincent Dunne de Minneapolis. Él y yo fuimos nombrados como comité de dos personas para tratar asuntos con los dirigentes de los "militantes" y con el propio Norman Thomas a fin de ver si no podíamos encontrar una forma de postergar el enfrentamiento. Tuvimos muchas reuniones, una de ellas en casa de Norman Thomas. El camarada Dunne y yo, en representación de los trotskistas, nos enfrentamos a Thomas, Tyler, Jack Altman y Murray Baron y otros de esta pandilla de jóvenes farsantes incipientes del movimiento obrero, en una reunión para discutir qué se haría, y cuáles eran las quejas contra los trotskistas que ameritaban actitudes tan severas contra nosotros, y demás. Recuerdo que una de las grandes quejas que más impresionaban a Thomas era el informe de que los trotskistas, especialmente en Nueva York, hablaban demasiado en las reuniones de rama; que insistían en lanzar discusiones teóricas y políticas a eso de las 11 de la noche y que seguían sin parar. Él quería saber si no se podía hacer algo para restringir al caucus trotskista, o la facción trotskista, como fuera el caso, para que limitaran esas discusiones a una hora razonable. Esto tocó una fibra sensible en mi corazón. Yo había acumulado un resentimiento contra esos debates de las dos de la madrugada. Pactamos un acuerdo amplio y abarcador de que, en la medida que influyéramos, estaríamos a favor de establecer una regla de que las reuniones de rama concluyeran a más tardar a las 11 de la noche. Hicimos varias concesiones amplias de ese tipo. Queríamos paz, y ofrecimos unas cuantas cosas sobre el asunto de puestos, y en general fuimos tan conciliatorios e inofensivos que al final logramos un acuerdo. Norman Thomas acordó solemnemente con nosotros que no se debían hacer propuestas en el congreso ni para suprimir los órganos internos —en particular el *Socialist Appeal*— ni para expulsar a nadie por sus opiniones. Fue un acuerdo que Norman Thomas hizo con nosotros en presencia de los jóvenes "militantes" a quienes ya he mencionado.

Norman Thomas hizo ese acuerdo, pero no lo cumplió. Cuando llegó al congreso en Chicago, después de que hubiéramos hablado con él, recibió más presiones, particularmente la presión de Milwaukee, sede del conservadurismo socialdemócrata, que estaba destinado a convertirse en socialchovinismo durante la Segunda Guerra Mundial. La presión de esos socialdemócratas de mentalidad burguesa y satisfechos de sí mismos en Milwaukee, y de esos farsantes en ciernes del movimiento obrero en Nueva York, como Murray Baron, era más fuerte que la palabra de honor de Norman Thomas. Violó su promesa, nos traicionó. En el congreso se levantó y él mismo presentó la moción de prohibir todos los órganos internos en el partido. Prohibirlos todos simplemente quería decir prohibir el *Socialist Appeal;* no había ningún otro de importancia o respeto en la organización.

Después del congreso, nos pusieron la pistola de frente.

Por segunda vez nos privaron de nuestra prensa. Aun titubeábamos en llevar las cosas a un enfrentamiento porque, además del hecho que no estábamos preparados en general, la labor del Comité de Defensa de Trotsky todavía estaba incompleta y temíamos ponerla en peligro con una escisión prematura. Ahí Trotsky demostró una vez más su total objetividad. Trotsky, quien por supuesto estaba interesado tanto desde el punto de vista personal como político en el tema de los procesos de Moscú, nos escribió: "Claro, sería un poco delicado tener una escisión ahora en vista del trabajo de la Comisión de Investigación, pero no debería de ser un factor. Lo más importante es la labor de clarificación política y no deben permitir que nada se les interponga en el camino".

Trotsky nos animó y hasta nos incitó a seguir adelante para hacer frente al desafío y no dejar que nos siguieran poniendo las tuercas, por temor de que llevara a la desintegración de nuestras propias filas, a la desmoralización de quienes habíamos conducido tan lejos ya por esta trayectoria. Actuamos cautelosamente, "legalmente", al principio. Demostramos que podíamos tener una prensa, y una muy eficaz, sin violar la prohibición de las publicaciones. Elaboramos un sistema de copias múltiples de cartas personales y resoluciones de ramas. Una carta supuestamente personal, que evaluaba el congreso, la firmaba un camarada y éste se la remitía a otro camarada. Después la carta se mimeografiaba y se distribuía de forma discreta en las ramas. Cada vez que surgía un tema, una nueva etapa en el desarrollo de la guerra civil española, un camarada individual en una rama de Nueva York presentaba una resolución, luego se mimeografiaba y se enviaba a nuestros grupos de facción por todo el país como base para sus propias resoluciones sobre ese tema. No teníamos prensa de ningún tipo. Ellos tenían toda la maquinaria del partido.

Tenían el secretario nacional, el director, el secretario sindical, los organizadores —lo tenían todo— pero nosotros teníamos un programa y un mimeógrafo, y con eso resultó ser suficiente.

En todas partes nuestra facción estaba mejor informada, era más disciplinada y estaba mejor organizada; y estábamos avanzando a paso acelerado en el reclutamiento de nuevos miembros a nuestra facción. Entonces nuestros moralistas "demócratas" socialistas le dieron al partido una buena dosis de democracia. Aprobaron la "Ley de la Mordaza". Esta era una decisión del Comité Nacional que básicamente afirmaba que en las ramas no se podía presentar más resoluciones referentes a cuestiones disputadas. Sobre todo tenían en mente la guerra civil española, que a su parecer era un incidente de poca importancia. Entonces nos rebelamos de verdad e iniciamos una campaña por todo el país contra la "Ley de la Mordaza". Esto tomó la vía de presentar resoluciones en todas las ramas en las cuales se protestaba contra la decisión de prohibir la presentación de resoluciones. Si los burócratas socialistas no habían podido aguantar tantas resoluciones antes, ahora se vieron inundados por resoluciones tras adoptar la "Ley de la Mordaza".

Decidimos luchar, llevarlo a un enfrentamiento y dejar de soportar abusos. En todo caso ya habíamos completado nuestro trabajo. Entre el congreso y los pocos meses antes de este choque frontal, prácticamente habíamos completado nuestra labor de educar y organizar a los elementos del Ala Izquierda, de la juventud, que eran realmente serios y capaces de convertirse en revolucionarios proletarios. La composición del Partido Socialista era predominantemente pequeñoburguesa. Era obvio que no podíamos abrigar esperanzas de captar a una verdadera mayoría del partido con todas las restricciones que nos habían impuesto.

Teníamos que tener las manos libres para restablecer nuestra prensa pública y volcar nuestra atención principal una vez más hacia la lucha de clases amplia.

Convocamos a una reunión del Comité Nacional de nuestra facción para junio en Nueva York, elaboramos las resoluciones para nuestra lucha y la organizamos a nivel nacional. Ellos respondieron con expulsiones masivas, empezando en Nueva York. Nunca vi violaciones de derechos democráticos y de la constitución del partido más burocráticas y brutales como las que llevaron a cabo estos santurrones socialdemócratas cuando se dieron cuenta que no nos podían vencer en un debate imparcial. Simplemente nos fabricaron acusaciones y nos expulsaron. A los pocos días de la expulsión del primer grupo en Nueva York les respondimos con el *Socialist Appeal,* que reapareció como tabloide semanal impreso de ocho páginas. Establecimos un "Comité Nacional de las Ramas Expulsadas", y convocamos a un congreso de las ramas expulsadas para sacar un balance de estas experiencias. Toda esa labor se realizó, en particular en los últimos meses, con la más estrecha colaboración y hasta bajo la supervisión del camarada Trotsky.

Para ese entonces, como saben, él estaba en México y teníamos contacto y comunicación personales con él. En medio de todos sus problemas y la preparación de todo su material sobre el juicio de Moscú, él tuvo tiempo de escribirnos frecuentemente y demostrar que tenía un entendimiento muy inmediato y sensible de nuestro problema. Hizo todo lo posible para ayudarnos.

Nuestra campaña nos llevó directamente a un congreso de las ramas expulsadas del Partido Socialista el último día de diciembre y el Día de Año Nuevo de 1938 en Chicago. Ahí dimos constancia de los resultados de un año y medio de experiencia en el Partido Socialista. Era evidente que había facilitado la organización del Comité de Defensa de Trotsky, el cual había sido la vía para revelar la verdad sobre los procesos de Moscú a todo el mundo, y para que le asestáramos al estalinismo el golpe más contundente que había recibido hasta ese momento. Nuestro ingreso al Partido Socialista había facilitado nuestra labor sindical. Nuestro trabajo en la huelga marítima de California, por ejemplo, se había beneficiado enormemente por el hecho que en esos momentos éramos miembros del Partido Socialista. Nuestros camaradas tenían mejores conexiones en el sindicato automotriz, donde hasta esa fecha nunca habíamos tenido más que un contacto ocasional. Se habían sentado las bases para una fuerte fracción de trotskistas en el sindicato de obreros automotrices.

La gran sorpresa del congreso fue la revelación que, mientras nos habíamos concentrado en esta lucha política interna en el Partido Socialista, al mismo tiempo habíamos estado desarrollando, prácticamente sin dirección alguna de nuestro liderazgo central, nuestro trabajo sindical a un nivel al cual nunca antes nos habíamos aproximado, y que habíamos por lo menos comenzado la proletarización del partido. Habíamos captado a nuestro bando a la mayoría de la juventud socialista y a la mayoría de los trabajadores socialistas que realmente estaban interesados en los principios del socialismo y en la revolución socialista.

El congreso aprobó el programa de la Cuarta Internacional sin oposición alguna. Esto demostró que nuestro trabajo educacional había sido muy completo. Todos estos logros se pueden mencionar como prueba de la sabiduría política de nuestro ingreso al Partido Socialista. Y otro logro —y no el menos importante— fue que cuando el Partido Socialista nos expulsó y respondimos formando nuestro propio partido independiente, el Partido Socialista se propinó a sí mismo un golpe mortal. Desde entonces el Partido Socialista se ha desintegrado progresivamente, hasta que prácticamente ha perdido toda apariencia de influencia sobre cualquier partido en el movimiento obrero. Nuestra labor en el Partido Socialista contribuyó a eso. Más tarde el camarada Trotsky hizo una observación al respecto, cuando conversábamos con él sobre los resultados globales de nuestro ingreso al Partido Socialista y la situación lastimosa de esta organización después. Dijo que eso en sí habría justificado el ingreso a la organización, aun si no hubiéramos captado a un solo miembro nuevo.

En parte por nuestra experiencia en el Partido Socialista y nuestra lucha en él, el Partido Socialista quedó marginado. Esto fue un gran logro porque se trataba de un obstáculo en el camino a la construcción de un partido revolucionario. El problema no consiste simplemente en construir un partido revolucionario sino de despejar los obstáculos de su camino. Todos los demás partidos son rivales. Todos los demás partidos son un obstáculo.

Ahora contrasten estos logros —y no los he exagerado— contrasten estos resultados con los resultados de la política de los sectarios. Ellos habían renunciado, como cuestión de principio, a la idea del ingreso al Partido Socialista. Decían que su política de abstención forjaría un partido revolucionario mejor y más rápidamente. Pasó un año y medio, pasaron dos años ¿y qué sucedió? Habíamos más que duplicado el número de nuestros miembros, aparte de los demás logros que he mencionado. Los oehleristas no habían captado ni un solo joven o trabajador socialista. Ni uno. Al contrario, lo único que habían producido era un par de escisiones en sus propias filas. Creo que ese contraste es una verificación convincente de las cuestiones políticas que surgieron en la disputa que tuvimos con ellos. Siempre tengan presente que existe una forma de verificar las disputas políticas, y es por las experiencias subsiguientes. La política no es religión; las disputas políticas no quedan eternamente sin decidirse. La vida es la que decide. Nunca se puede resolver una disputa teológica, porque acontece al margen de la vida terrenal. No incide en ella ni la lucha de clases, ni los trastornos políticos, ni las tormentas o inundaciones o terremotos. En la Edad Media solían debatir sobre cuántos ángeles podrían bailar en la punta de una aguja. ¿Cuántos? ¿Mil? ¿Diez mil? La cuestión nunca se resolvió porque no hay forma de saber por experiencia terrenal cuántos ángeles pueden bailar en un sitio tan pequeño como la punta de una aguja. Después de comprobarse que logramos todo esto y que los sectarios no habían ganado nada, el único argumento que se podría hacer en su nombre era: "Sí, ustedes duplicaron sus miembros, pero sacrificaron el programa". Pero tampoco fue así. Cuando celebramos nuestro congreso en Chicago al final de nuestra experiencia en el Partido Socialista, demostramos que habíamos salido con el mismo programa con el que ingresamos: el programa de la Cuarta Internacional.

Nuestro "viaje de ida y vuelta" por el Partido Socialista había dado frutos en todos los aspectos. Formamos el Partido Socialista de los Trabajadores en Chicago el Día de Año Nuevo y comenzamos de nuevo una lucha independiente con buenas posibilidades y esperanzas. La discusión extensa que se realizó en nuestras filas antes del congreso había revelado diferencias y debilidades que luego habrían de salir al descubierto. Tuvimos una gran discusión sobre el problema ruso. Abrumada por la traición del estalinismo, por los procesos de Moscú, por el asesinato de la revolución española —todas estas experiencias terribles—, una sección del partido, ya en el otoño de 1937, quería desechar la idea de que Rusia era un estado obrero y renunciar a su defensa. Desde 1917, siempre ha sucedido que cuando alguien se equivocaba respecto a la cuestión rusa, el movimiento revolucionario perdía a dicha persona. No puede ser de otra manera porque la cuestión rusa es precisamente la de una revolución que ya ha ocurrido. A la cabeza de los que dudaban, de los escépticos, en el otoño de 1937 iba Burnham. Burnham todavía estaba dispuesto a defender condicionalmente a la Unión Soviética, pero ya empezaba a elaborar lo que él creía era una nueva teoría, de que el estado obrero nunca existió. Simplemente se estaba adaptando a las teorías mal concebidas de los anarquistas y los mencheviques, las cuales habían sido planteadas desde 1917 y que se renuevan con cada crisis de la evolución de la Unión Soviética. Además, Burnham dirigió una oposición contra nosotros en torno a la cuestión organizativa. No le gustaban el método bolchevique de organización, la disciplina y la centralización bolcheviques y la moral bolchevique. Estos síntomas son muy conocidos. Cualquiera que empieza a oponerse al bolchevismo en torno a las cuestiones de los métodos, la organización y la "moral" lleva el menchevismo en la sangre. El programa político es la piedra de toque, pero las disputas sobre la cuestión organizativa a menudo revelan los síntomas antes que los debates políticos.

Estas debilidades, estas tendencias antibolcheviques que Burnham demostró en esa época tuvieron su desarrollo lógico más adelante. En aquel entonces le escribí una carta extensa al camarada Trotsky, en la cual caracterizaba francamente la posición de Burnham y le pedía su consejo sobre cómo lidiar con él; es decir, cómo defender el bolchevismo de la forma más eficaz y al mismo tiempo tratar de salvar a Burnham para la revolución. Shachtman en ese entonces luchaba del lado del bolchevismo. Él se adhirió a esta caracterización de Burnham y ayudó en la lucha. Pero después —puesto que Shachtman era Shachtman— fue de lo más natural que dos años más tarde, cuando estalló de nuevo la misma pelea de forma mucho más violenta, con la Segunda Guerra Mundial de trasfondo: fue de lo más natural que Shachtman se sumara a Burnham para combatirnos. La discusión de 1937 anunció problemas futuros. Todavía teníamos por delante otra gran lucha interna en el partido, la más fundamental y profunda de todas las luchas internas del movimiento desde su creación. Teníamos que pasar por todo esto, además de todas las luchas precedentes, antes de que se pudiera despejar el camino y preparar al partido para la prueba de la guerra que estaba por venir. Libramos esa lucha y el bolchevismo salió victorioso, gracias a lo cual el partido bolchevique es más fuerte. La historia de esa lucha está documentada: en las grandes contribuciones teóricas y políticas del camarada Trotsky, y en cuanto al aspecto organizativo en algunos escritos míos. Los que quieran examinar la historia del partido desde el punto en que la dejo aquí, con la fundación del Partido Socialista de los Trabajadores el Día de Año Nuevo de 1938, la podrán encontrar en esos documentos. En cuanto a lo que sucedió después de la lucha con la oposición pequeñoburguesa y la escisión final, parece que es historia reciente, tan reciente que no necesita repasarse en este curso. La conocen todos ustedes.

Ahora, queridos camaradas, con su permiso, quiero decir una palabra sobre la gran alegría y satisfacción que he tenido al dar estas conferencias. Si un camarada joven que estudiaba oratoria me preguntara a mí, a un veterano, qué es lo que más necesita un orador público, le diría: "Necesita un buen público". Y si goza de un público como el que he tenido en esta serie de 12 conferencias —tan cálido, sensible y atento, tan interesado en el tema y tan amistoso con el orador— en verdad que será afortunado.

Índice

Abern, Martín, 84, 86–89, 95–96, 112, 226, 240, 268, 291–92
  camarilla de, 268, 291–92
Abernistas, 276
Administración de Recuperación Nacional (NRA), 215–16
Advance (Avance), 222–23, 226
Agitación, 125–28, 161–62
  definida, 161–62
Akron, huelga de, 263
Albany, conferencia contra el desempleo en, 149–50
Alemania, 143, 146–54, 156–57, 159, 162–63, 247
Alemania, la clave de la situación internacional (Trotsky), 143
Alianza Americana del Trabajo (ALA), 42
Alianza Ciudadana, 188, 201
Allentown, 288–91
Alma Ata, 79, 81, 94
Altman, Jack, 308–10
Amter, Israel, 104–5
Amtorg, 88
Anarquistas, 318
Asilo de Viejos Renegados, 258
Auto-Lite, huelga en Toledo de, 186–87, 203, 217, 228, 241, 253
Aventurismo, 57

Barberos, sindicato de, 169
Baron, Murray, 285, 310–11
Basky, Louis, 108
"Batalla de la Estampida de Asistentes de Alguacil", 198
"Batalla del Mercado", 197–98
Berger, Victor, 55
Biemiller, 285
Bittleman, Alexander, 233
Bolchevique, revolución, 27–28
  Ver también Rusa, Revolución
Bolcheviques, 44, 150, 266
Bolchevismo, 26, 29, 43, 49, 55, 88, 112–13, 137, 272, 280, 290–91, 318–19
  definido, 26
Bordiga, Amadeo, 88
Bordiguistas, 103
Boston, 45, 104
Brandleristas, 73
Bridgeman, Michigan, 39
  congreso de 1920 en, 39
  congreso de 1922 en, 39
Bronx, el, 149
Brooklyn, 149, 168
Brookwood Labor College, 260
Brown, William S., (Bill), 191–92, 212–13, 215, 254
  arrestado, 212–13
Budenz, Louis F., 221, 226–29, 264–66

Bujarin, Nikolai, 41, 44, 80–81
Bund Judío, 222
Burnham, James, 60, 230, 267, 270, 276, 318–19

California, 168, 254, 305–7, 315
Call (Llamamiento), 287
Camarillas, 133–34, 268, 291
"Camino a la revolución en América, El" (Cannon), 157
Canadá, 81, 96
Cannon, facción de, 59–64, 77, 84–85, 90–91
Cannon, James P., 11–15, 42–44, 73, 75–76, 81–83, 85–88, 95–96, 112, 145–47, 149, 171–72, 182–83, 199, 203, 211–12, 226, 234–36, 254, 257
  arrestado, 212–13
  conoce a Trotsky, 43, 234–36
  debate con Lovestone, 182–83
  delegado a la Internacional Comunista, 79–83
  expulsado por trotskista, 86–87, 244
  en huelga hotelera, 172
  en huelgas de Minneapolis, 199, 203, 211–12
  obtiene crítica de Trotsky sobre el proyecto de programa de la IC, 81
  viaje a Rusia, 43–44
Cannon-Shachtman, facción de, 275–76, 281–82, 287–88
Cannon-Shachtman, resolución de, 250, 267

Capitalismo, 29
Case of Leon Trotsky, The (El caso de León Trotsky), 304
Centrismo burocrático, 121
Charlie, 135
Chevrolet, huelga en Toledo de, 263
Chicago, 58, 88–89, 96, 105, 114, 134, 137, 156, 169, 212, 256, 306–7, 314
  conferencia de la Oposición de Izquierda en, 114–15, 134
  congreso de las ramas expulsadas del PS en, 314–15
China, 77, 136, 144, 238, 257, 302
China, revolución, 77–78, 136, 144, 238
CIO (Congreso de Organizaciones Industriales), 210, 215, 299
CIO, huelga de brazos caídos del, 215–16
City College, 57
Civil War in Spain, The (La guerra civil en España), 304–5
Class Struggle (Lucha de clases), 227
Cleveland, 45, 104, 106
Colonial, cuestión, 77–78, 144
Comisión Americana, 44, 64
Comisión de Investigación, 312
Comité Anglo-Ruso, 77–78, 238
Comité Auxiliar de Mujeres, 196, 208

Comité de Defensa de Trotsky, 303-4, 312, 314-15
"Comité Nacional de las Ramas Expulsadas", 314
"Conferencia del *Socialist Appeal*", 307
Conferencia de Trabajadores Activos, 255-57, 267
Conferencia para la Acción Progresista del Trabajo (CPLA), 154-55, 158, 167, 173, 186, 225-26, 260-61
Conferencia de Pittsburgh, 158, 173
"Consejo Obrero", 224
Cook, camarada, 45
Coover, Oscar, 106
Costa del Pacífico, 79
Cuarta Internacional, 66-69, 74, 120, 154, 158, 164, 183-84, 218, 249, 280, 303, 315
campaña por la, 154, 158, 164, 182-84, 218

Daily Forward, 153, 272
Daily Organizer (Organizer), 207-9
Daily Worker, 97, 227, 233, 291
Daladier, Edouard, 235
DeBoer, Harry, 215
Debs, Eugene V., 36, 55
"Declaración de Principios", 233, 240
Defensa obrera, 51-52, 61, 78, 84, 88, 254
Defensa Obrera Internacional (ILD), 61, 78, 84, 88
Defensa Obrera No Partidista, 254

Democracia, 131, 280
"Depuración Roja", 190-91
Desempleados, Liga de, 186-87, 257, 262, 288-90
Desempleados, movimiento de, 145-46, 186-87, 221, 228, 248, 253, 257, 262-63, 288-90
Desempleo, 145-46, 186
Detroit, 105, 231
Dewey, John, 303
Diez días que estremecieron al mundo (John Reed), 30
Dobbs, Farrell, 197, 213, 215
Donaghue, Señor, 215
Dubinsky, David, 285
Dunne, Bill, 77
Dunne, Grant, 206, 213, 215
Dunne, Miles (Mick), 212-13, 215
arrestado, 212-13
Dunne, Vincent R., 22, 79, 106, 213, 215, 254, 310
arrestado, 213
Dunnigan, E.H., 213-15

Eastman, Max, 52, 62
Eiffel, 237
Ejército Rojo, 29, 75
Enfermedad infantil del "izquierdismo" en el comunismo, La (Lenin), 37, 39
"Enfoque americano", 264-65
Engdahl, John, 224
Engels, Federico, 26, 56, 150, 296
Escisiones, 33-34, 38, 153, 168, 223, 231, 243-45, 252-53, 279-80, 292, 312

Estados Unidos, 129
depresión, 129
Estalinismo, 25, 62, 71, 78, 85, 97–104, 113, 128–30, 142, 148, 151–52, 157, 183, 244, 248–49, 257, 264, 289–92, 304, 308–9, 315, 317
destruye la IC, 152
Estalinistas, 25, 62, 78, 99–109, 148–49, 167–68, 283–86, 289–91, 308–9
gangsterismo de, 99–109, 167–68
rechazan frente único en Alemania, 148
Etiopía, 257
Europa, 299

Fascismo, 143, 147–52, 247
triunfo del, 149–51, 247
Fascistas franceses, 234–35
acosan a Trotsky, 234–35
Federación Americana del Trabajo (AFL), 39, 49–50, 121–22, 164–65, 189–91, 210
Federaciones por Lenguas Extranjeras, 30–33, 54–88
Federación Judía (Socialista), 223
Fetichismo organizativo, 249–50
Field, B.J., 171–72, 174–80, 193, 245
dirige huelga hotelera, 171–72, 174–78
expulsado, 179
viola disciplina del partido, 176–77
Fieldistas, 245

Filadelfia, 91, 96–97
Forward (Avance). Ver *Daily Forward*
Foster, facción de, 60, 68, 75–76, 84–85
Foster, William Z., 49, 57, 81, 111, 128
Foster-Cannon, caucus (facción) de, 59, 65, 84–85
Fraina, Louis C., 30
Francia, 217, 234–35, 299, 302
huelgas de brazos caídos en, 299
Franco, Francisco, 301
Frente único, 145–46, 148, 157, 167–68
"Frente único contra el gangsterismo", 167–68
¡Frente único de las organizaciones obreras y batalla hasta la muerte!, El, 148
Frosig, George, 215

Gebert, B.K., 105
Gillespie, Illinois, 146–47
Gitlow, Benjamin, 18, 52, 62, 82–83, 158, 166, 231, 245
se separa de los lovestonistas, 158, 166
Glotzer, Albert, 236
Gobierno de trabajadores y agricultores, 264–65
Goldman, Albert, 157, 203, 212, 306
Goodman, Leon, 97
Gordon, Sam, 288–89
GPU, 82–83
Greenwich Village, 131
Grenoble, 234–35

ÍNDICE / 325

Guardia de Defensa Obrera, 106-7, 167-68
Guardia obrera de frente único, 167-68
Guerra Civil en Estados Unidos, 265
Guerra civil española, 143-44, 249, 254, 299, 301-2, 304-5, 312-13, 317
Guerra Mundial, Primera, 26, 98, 309
Guerra Mundial, Segunda, 99, 311, 319

Haas, Francis, 214-15
"Haas-Dunnigan", plan de, 214
Hallett, 289, 291
Hardman, J.B.S. (Salutsky, Salutsky-Hardman, J.B.), 20-21, 181-82, 221-26
Hathaway, Clarence, 85
Hillman, Sidney, 223, 226
Hillquit, Morris, 55
Hindenburg, Paul, 146
Hitler, Adolfo, 146
Hook, Sidney, 226, 230, 286
Hoteles, huelga general en Nueva York de trabajadores de, 170-78, 193, 245
Huelgas, 51, 142, 166, 170-81, 184-220, 228, 234, 241, 245, 253, 260, 263, 305, 315
Húngara, revolución, 238
Húngara, Sala, 107
Húngaro, grupo, 88, 100, 103, 107-8
Húngaro, Partido Socialista, 238

Illinois, 146-47
del sur, 97
India, 144
Industria de la aguja, 285
Inglaterra, 77-78, 296
huelga general, 78
Intelectuales, 57-58
su papel en el PC, 57-58
Internacional Comunista (Comintern, Tercera Internacional), 25, 39, 42-44, 47, 50-51, 60, 63-66, 74-75, 79-80, 94, 121-24, 142, 144, 151-52, 154, 162-63, 182-84, 237-38, 244, 246, 269
bancarrota política, 154, 163, 244
campaña contra el trotskismo, 65, 74-76
capitulación en Alemania, 149-51, 154, 183
Comisión sobre la cuestión americana, 44, 64
Cuarto Congreso, 42-44, 47, 80
degeneración, 63-66, 150-54, 162, 182-83, 244
estalinizada, 51
programa, 80-81
Quinto Congreso, 65, 80
Sexto Congreso, 79-83, 94
Tercer Congreso, 39
ultraizquierdismo, 35-39, 47, 49, 121-22, 164, 189
Irving, Plaza, 184
Italianos, oposicionistas, 88

Johnson, Arnold, 289, 291
Junta Laboral de Guerra, 309
Junta Laboral Nacional, 194

Kansas City, 29, 96–97, 166
Karsner, Rose, 84
Katonah, Nueva York, 260
Konikow, Antoinette, 104
Kulaks, 128

Labor Action (Acción obrera), 307, 310
LaGuardia, Fiorello, 177
La lucha por un partido proletario (James P. Cannon), 291
Lawrence, huelga de, 260
Legal, cuestión, 37–38, 64
Lenin, Escuela, 85
Lenin, V.I., 29–30, 39, 41, 43, 63–64, 152, 269, 285, 287
Leninismo, 265
Liebknecht, Karl, 269
Liga Comunista de América (Oposición), 111–25, 129–31, 141–42, 145–49, 156, 158–60, 162–65, 168, 171–78, 180–218, 220–34, 236, 238–41, 246
  aislamiento, 130, 141–42
  apoya huelga hotelera, 170–80, 193, 245
  dirige huelgas en Minneapolis, 180, 184–218
  fusión con el AWP, 181–82, 228–34, 236–37, 239–41, 246
  incorporación al trabajo de masas, 145–46
  internacionalismo, 138, 264
  mítines públicos, 137, 148–49
  programa y tareas, 112–25, 134, 162–63

Liga Comunista de América (*continuación*)
  reclutamiento, 168, 230–31
  sectarismo, 155–56, 237–40
  Ver también Trotskista, movimiento
"Liga Comunista de Lucha", 126
Liga Comunista Internacional, 184, 234, 237
  Pleno del Comité Ejecutivo, 234, 237
Ligas Nacionales de Desempleados, 186, 257, 262–63, 288
Liga Socialista de los Jóvenes (YPSL, Yipsels), 155, 158, 183
Lincoln, Abraham, 265
"Liquidadores", 42–44
Local 574, 191–217
  Comité Organizador, 192
  huelga general de mayo, 184–89, 193–202
  huelga de julio–agosto, 184–87, 203–18
Londres, Buró de, 73
Lore, Ludwig, 181, 224, 227–28
Lovestone, facción de, 59, 76
Lovestone, Jay, 41, 51, 57, 59, 81, 111, 182, 230–31, 244–45
  debate con Cannon, 182–83
Lovestonistas, 60–61, 68, 75–76, 83, 86, 89, 101, 118–19, 128–29, 158, 182, 230–31, 244–45, 283
  deserciones de, 230–31, 245
  expulsados, 128, 244–45

Luchas faccionales, 32–35, 51–66, 87–88, 231, 266–68, 289–92
  leyes de, 52–54
  provocadas por la Comintern, 63–65
Lunáticos marginales, 38, 130–31, 141
Luxemburgo, Rosa, 237, 269
Lyons, Eugene, 52, 62

Manifiesto de la Liga Comunista Internacional, 184
Marítima, huelga, 305–6, 315
Marx, Carlos, 26, 222
Marxismo, 25–28, 67, 71, 90, 93–94, 144, 152, 162, 237–38, 244, 247, 249–50, 290
Mediación federal, 174–77, 194, 204–27, 214–15, 309
Medio Oeste, 228
Mencheviques, 43, 318
Menchevismo, 318
México, 314
México, Ciudad de, 304
Militant, The, 86–90, 91, 95, 100–103, 109–12, 135, 137, 145–49, 155, 157–58, 165–68, 172–73, 183–84, 189, 200, 219, 230–31, 240, 253, 287, 293
  campaña en torno a huelga hotelera, 172–73
  campaña en torno a sucesos en Alemania, 147–50
"Militantes", 247–48, 277, 280, 284–87, 293, 300, 307–8, 310–11
Milwaukee, 311

Mineros Progresistas de América, 146, 196
Mini, Norman, 254
Minneapolis, 21, 79, 89, 96, 106–7, 133, 137, 166, 180, 184–220, 241, 253–54, 281, 297, 310
  huelga de carbonerías, 180
  huelga de mayo, 184–89, 193–02
  huelga de julio–agosto, 184–87, 201–18
Minneapolis, juicio de, 264, 302
Minneapolis Tribune, 195
Minnesota, 89, 106, 195
Mooney, Congreso, 156–57
"Mordaza", Ley de la, 313
Moscú, 43, 50, 64–66, 74–75, 79, 81–83, 85–86, 150
Moscú, juicios de, 254, 299, 301–5, 312, 314–15, 317
Muste, A.J., 154, 220–22, 226, 232–34, 240, 250–51, 253–54, 258, 260–62, 267, 272, 275–76, 278, 290–91
Muste, facción de, 275–76
Muste-Abern, facción de, 291
Musteístas, 187, 217, 221, 227, 231–34, 239–40, 243–44, 246, 252, 256, 268, 275–76, 283, 288–89, 306
Muste-Oehler, bloque de, 271, 276
  sin principios, 276

New Haven, 104
New International, 216, 287
New Leader, 258
New York Evening Post, 227

Noruega, 110
Noske, Gustav, 269
Not Guilty (No Culpable), 304
"Nuestra apelación al partido", 102
Nueva York, 29, 58, 78, 88–89, 97, 103, 107, 109, 117, 126–27, 130–33, 135, 145–46, 156–57, 170–81, 219, 240–41, 255, 258, 261–62, 269, 277, 279, 281, 289, 300, 303, 310–14
  conferencia de desempleados en, 145–46
  huelga hotelera en, 170–81, 193, 210, 245
Nueva York, Escuela de Ciencias Sociales, 135
Nueva York, Universidad de, 226
"Nuevo partido y la nueva Internacional, El", 184

Obreros Industriales del Mundo (IWW), 26, 48–49, 97, 104, 106
  declive de, 48–49
Obreros textiles, huelga general de, 219
Obreros textiles, sindicato de, 260
Octubre, Revolución de. *Ver* Rusa, Revolución
Oehler, Hugo, 149, 203, 226–27, 237, 250, 257, 267, 276
Oehleristas, 131, 239–40, 250–52, 256–59, 267–73, 275, 288, 316
  expulsados, 272, 275

Ohio, 262
Olgin, M. J., 223–24
Olson, gobernador Floyd, 199, 209–11
  arrestos de dirigentes de la huelga, 211–12
  su papel en huelgas de Minneapolis, 209–11
Oposición Bolchevique-Leninista, 94
  Ver también Rusa, Oposición de Izquierda
Oposición de Izquierda, 68, 71–115, 121, 128–29, 134, 144–46, 162–63, 166, 168
  aborda al Partido Comunista, 99, 111–13, 122–24
  apela expulsión, 101–2
  calumniada, 97, 99
  Conferencia Internacional (1933), 166
  Conferencia Nacional, 112–15, 117
  crecimiento, 88–92
  forma la Liga Comunista de América, 114–15
  gangsterismo contra, 95–108, 167–69
  inicios, 71–92
  ostracismo contra, 97–99
  Ver también Trotskista, movimiento
Organización, cuestión de la, 76, 249–50, 279, 318
Organizer (Organizador), 207–9

París, 234, 237
París, Comuna de, 150

ÍNDICE / 329

Partido Americano de los
Trabajadores (AWP), 158,
173–74, 181–83, 186, 217–
18, 220–34, 241, 243, 246,
255, 260–64, 281, 288, 297
Comité Provisional de
Organización, 173, 186
fusión con CLA, 181, 220–
34, 236, 239–41, 243–44,
246, 261
trabajo con los
desempleados, 186–87, 221,
257, 262–63
trabajo sindical, 186–87, 217,
221
Partido Comunista alemán,
143, 150–51
capitulación del, 150–51
Partido Comunista
canadiense, 81
Partido Comunista de
Estados Unidos, 26–28,
31–41, 48–51, 53–54, 68–
69, 74–78, 89–93, 96, 118,
120–26, 151–54, 158, 161,
164, 167, 182, 187, 189,
223–25, 233, 244, 254,
264, 298, 301
apatía hacia sucesos de
Alemania, 151
aventura encaminada
a formar partido
de agricultores y
trabajadores, 57
burocratizado, 152–53
Comité Político, 60
composición, 54–55, 58–59
Congreso de Chicago
(1919), 54
crecimiento, 49

Partido Comunista de Estados
Unidos (*continuación*)
desplaza al IWW, 48–49
escisiones, 38, 168, 223, 231,
244–45
estalinización, 97
estrechez de visión
nacional, 68, 73–74, 77–78,
93, 143
expulsión de los
oposicionistas, 87–91
facción de Cannon, 60–61,
65, 77, 83–84, 91
facción de Foster, 60–61, 68,
75, 84–87, 101
facción de Foster-Cannon,
59, 65, 84–85
facción de Lovestone, 60–
61, 76
facción de Ruthenberg-
Lovestone-Pepper, 57–58
Federaciones por Lenguas
Extranjeras, 30–33, 55
forzado a la
clandestinidad, 35
fusión con el Partido
Comunista Unificado,
38–39
gangsterismo, 99–109,
167–68
liderazgo, 19, 40–41, 55–57
luchas faccionales, 19–20,
32–33, 51–66, 231–33
origen, 26
pleno de febrero de 1928,
76, 78
pleno de diciembre de 1928,
101–2
política sindical, 49–50,
121–22, 189–90

Partido Comunista de Estados
  Unidos (*continuación*)
  tendencias
    pequeñoburguesas, 57–60
  "Tercer Período", 121, 128,
    164, 189–90
  ultraizquierdismo, 35–36,
    121–22, 128, 164, 189
Partido Comunista del
  Trabajo, 34–35
  boicotea elecciones, 36–37
  fetichismo de la
    clandestinidad, 37–38
  forzado a la clandestinidad,
    34–35
  tendencia
    antiparlamentaria, 37
  unificación con facción de
    Ruthenberg, 38-39
Partido Comunista húngaro,
  238
Partido Comunista inglés, 78
Partido Comunista ruso, 44,
  65–66, 71, 81, 111
Partido Comunista Unificado,
  38–39, 41–45
  boicotea a la AFL, 39
  formado, 38–39
  lucha por la legalidad,
    41–45
  reemplazado por el Partido
    de los Trabajadores, 44–45
Partido de agricultores y
  trabajadores, 50–51, 195,
  210–11
Partido de los Trabajadores
  (Tercera Internacional), 42,
  44, 224–25
  formado, 42
  programa, 42

Partido de los Trabajadores
  (Tercera Internacional)
  (*continuación*)
  reemplaza al PC
    clandestino, 44–45
Partido de los Trabajadores de
  Estados Unidos, 241–46,
  260–61, 267–73, 277–78,
  283–92, 297–98
  agentes estalinistas en,
    288–92
  finanzas, 260–62
  formado, 240–41
  ingresa al Partido Socialista,
    298–99
  negocia con los "militantes",
    284–87
  pleno de junio (1935),
    266–71
  pleno de octubre (1935),
    272, 275
Partido Proletario, 245
Partido Republicano, 53, 62
Partido Socialista, Ala
  Derecha, 153, 248, 269,
  272–73, 277, 279–81, 292
Partido Socialista, Ala Izquierda,
  26–33, 154–55, 158, 163,
  183, 231, 247–53, 259–60,
  266–69, 273, 276–77, 280,
  285–86, 292–93, 307, 313
  composición, 30–31
  escisiones, 33–34
  formada, 29–30
  inspirada por la revolución
    bolchevique, 28–30
  lucha por un liderazgo
    nativo, 32–34
  primera Conferencia
    Nacional, 29–30, 33

Partido Socialista de
 California, 305–7
Partido Socialista de Estados
 Unidos, 26–33, 40–41, 48,
 53, 55, 113, 153, 155, 158,
 163, 179, 183, 222–23, 231,
 247–53, 259–60, 266–70,
 272–319
 ascenso en, 153
 burocracia, 280–81
 composición, 28, 278
 congreso de Chicago,
  310–11
 Congreso de Cleveland, 292
 desintegración, 315–16
 escisiones, 33–34, 153, 279–
  80, 292, 312
 expulsión de los trotskistas,
  313–14
 Federaciones por Lenguas
  Extranjeras, 30–31
 ingreso de los trotskistas,
  275–319
 liderazgo, 28, 40, 179–80
 Ver también Partido
  Socialista, Ala Izquierda
Partido Socialista de Francia,
 217, 231, 237–40, 270
 ingreso de los trotskistas,
  217, 237–38, 270
Partido Socialista de los
 Trabajadores, 26, 36–37, 60,
 113, 120, 271–72, 317–19
 formado, 317–19
 oposición pequeñoburguesa,
  60, 113, 120, 272, 318–19
Partido Socialista del Trabajo
 (SLP), 91
Partido Socialista español,
 249, 251

Passaic, huelga de (1926), 51
Paterson, huelga de seda en,
 166, 234
Pennsylvania, 228, 262
Pepper, John, 57
Pittsburgh, 158, 173, 220,
 255–58, 266
 conferencia de CPLA en,
  158, 173, 220
Pivert, Marceau, 73
Plan Quinquenal, 129
"Plataforma" (Oposición de
 Izquierda), 110–11
Plejánov, Gueorgui, 162
Porter, Paul, 285, 309
Postal, Kelly, 215
Pravda (Moscú), 94
"Prensa estalinista amonesta
 al AWP sobre su unidad
 con nosotros", 233
"Problema americano", El, 64
*Problems of the Chinese
 Revolution* (Problemas
 de la revolución china)
 (Trotsky), 136, 144
Propaganda, 125–27, 134,
 161–63
 definida, 161–62
"Proyecto de programa de la
 Internacional Comunista:
 Una crítica de los
 fundamentos" (Trotsky),
 81-85
 sacado clandestinamente de
  Rusia, 83

Rádek, Karl, 41, 44, 73, 128,
 139
Rainbolt, Ray, 215
Rakovsky, Christian, 73

Rand, Escuela, 272
Reed, John, 30
Reich, Bill, 289, 291
Revolution and Counter-Revolution in Spain (Revolución y contrarrevolución en España) (Felix Morrow), 304-5
Revolutionary Age (Edad revolucionaria), 30
Roosevelt, Franklin, 162, 185, 194-95, 205, 210, 219, 226, 281, 298, 308-9
Rusa, cuestión, 76-77, 79, 111-13, 119-20, 143, 229, 317-18
Rusa, Federación, 31
Rusa, Oposición de Izquierda, 25, 71-73, 76-79, 82-83, 87-90, 94-95, 110-11, 134, 144
Rusa, Revolución, 25, 28, 40, 54, 62, 67, 87, 123, 244, 264
Rusa, revolución (1905), 43, 150
Rusia, 30, 44, 66, 71, 81, 83, 94, 110, 112-13, 120-21, 129, 139, 142, 221, 229, 236, 302-3, 308, 317-18
Ruthenberg, Charles, 38, 41, 57, 59
Ruthenberg, facción de, 38
Ruthenberg-Lovestone-Pepper, facción de, 57

Sacramento, juicio por "sindicalismo criminal" en, 254

Salutsky-Hardman, J.B. Ver Hardman, J.B.S.
San Francisco, 301
Scheidemann, Philipp, 269
Schweinhaut, Señor, 264
Secretariado Internacional, 138
Sectarismo, 50, 155-56, 164, 203, 227, 237-40, 243-45, 249-59, 268-73, 280-82, 297, 316-17
  en España, 249
Sedova, Natalia, 236
Segunda Internacional, 26, 28, 151-53, 163-64, 184, 237-38, 269, 285
Shachtman-Burnham, bloque de, 276
  sin principios, 276
Shachtman, Max, 60, 72, 84, 86-89, 96, 112, 146-47, 149, 184, 203, 211-13, 226, 234, 258, 272, 276, 302, 318-19
  arrestado, 211-13
"Significado de los sucesos en Alemania, El", 147
Sindical, cuestión, 38-39, 49-50, 57, 64, 76, 111, 121-22, 163-65, 169-71, 172-73, 177-80, 257, 315
"Sindicalismo criminal", juicio por, 254
Sindicato Amalgamado de Trabajadores de la Ropa, 181, 222
Sindicato de Obreros Automotrices (UAW), 315
Sindicatos, 49-50, 57, 59-60, 146, 154, 157, 162-65, 167, 169-71, 178-80, 188, 248, 257, 315

"Sindicatos rojos", 122, 189
Skoglund, Carl, 79, 106, 215
Socialdemocracia. *Ver*
Segunda Internacional
Socialdemocracia francesa, 217
Socialdemócratas, 148, 150–51, 311
capitulan al fascismo, 150–51
rechazo del frente único en Alemania, 148
Socialdemócratas, partidos, 28, 152–53, 163
desarrollo de izquierda, 153, 163
"Socialismo en un solo país", 111
Socialist Appeal (Llamamiento socialista), 311, 314
Socialistas de izquierda, 223
Solow, Herbert, 203
Spector, Maurice, 81–82, 96
Stalin, José, 64, 66–68, 76, 80–84, 100, 121, 128–29, 150, 152, 168, 303
Stamm, Tom, 227, 237, 257
Stiler, 288–89
St. Louis, 97
St. Paul, 213
Stuyvesant, Casino, 147, 166, 241

Tácticas, 111–29, 161, 295–301
Tammany Hall, 53, 62, 291
Teamsters, Consejo Unido de los, 191
Teamsters, sindicato de camioneros, 191
Templo del Trabajo, 25, 103, 107, 112

"¡Tenacidad! ¡Tenacidad! ¡Tenacidad!" (Trotsky), 139
Tercera Internacional. *Ver* Internacional Comunista
Tercer Período, 121–22, 128–29, 164, 189
Thomas, Norman, 280, 285–86, 309–11
"Tragedia del proletariado alemán, La" (Cannon), 157
"Tres generales sin ejército", 96, 101–2, 113–14
Tribunal Federal del Distrito Norte de Minnesota, 106
Tribune. *Ver Minneapolis Tribune*
Trotskismo, 15, 25–26, 65, 69, 72, 74–75, 82–87, 90–91, 93, 147, 166, 173, 184, 187, 204–5, 215, 261, 293, 298, 301–2
campaña contra, 65, 74–76
definido, 25
Trotskista, facción (caucus), 306, 310–13
Trotskista, movimiento, 25, 68–69, 73, 83–85, 103–12, 132–38, 141–42, 147–49, 158–60, 296
aislamiento, 296–97
crecimiento, 109
mítines públicos, 103–9, 112, 148–49
origen, 68–69, 83–84
pobreza, 133–38, 141
Ver también Liga Comunista de América; Oposición de Izquierda; Partido de los Trabajadores; Partido Socialista de los Trabajadores

Trotsky, León, 25, 29–30,
  39, 41, 43–44, 63, 65–67,
  73–76, 79, 81–83, 86–87,
  90–91, 94, 103–4, 109–10,
  112, 114, 134, 136, 138–
  39, 142–44, 148, 150–52,
  154–56, 166, 217, 226, 231,
  233–36, 239, 285, 288,
  300, 302–3, 312, 314–16,
  318–19
  deportado, 73, 110, 112
Trotsky, Natalia, 236
Turner, Larry, 239
Turquía, 110
Tyler, Gus, 285, 300, 310

Ultraizquierdismo, 35–39, 47,
  49, 121–22, 129, 164, 189–
  90, 297
Unificaciones, 243–44
Unión Central del Trabajo
  (Minneapolis), 192, 201
Unión Soviética, 30, 65–
  66, 71, 81, 94, 97, 110–
  13, 119–21, 129, 139, 142,
  221, 229, 236, 302–3, 308,
  317–18
  defensa de, 221, 229, 317–18
  Plan Quinquenal, 129, 142
  Ver también Rusa, cuestión

Union Square, 100, 134, 149
URSS. Ver Rusia, Unión
  Soviética

"Verdad sobre Trotsky y la
  Oposición rusa, La", 103
"Vieja Guardia". Ver Partido
  Socialista, Ala Derecha
"Viraje de izquierda"
  estalinista, 128
"Viraje francés", 217, 231,
  237–40, 249–53, 257, 270,
  275–317
  en Estados Unidos, 275–317
Virginia del Oeste, 262

Washington, 199, 214
Webster, Ben, 133, 165–67
Weisbord, Albert, 125–27, 245
Weisbordistas, 245
Wolfe, Bertram D., 75–76

Yipsels. Ver Liga Socialista de
  los Jóvenes

Zack, Joseph, 257
Zam, Herbert, 231, 245, 284–
  86, 300
Zinóviev, Grígori, 41, 44, 73–
  76, 79

LA CONSTRUCCIÓN DE UN PARTIDO PROLETARIO

Ya superamos el punto más bajo de la resistencia del pueblo trabajador
El Partido Socialista de los Trabajadores mira hacia adelante

JACK BARNES, MARY-ALICE WATERS
STEVE CLARK

El orden global impuesto por los vencedores en la matanza interimperialista de la II Guerra Mundial se está desmoronando, con consecuencias explosivas para el pueblo trabajador del mundo. Un largo repliegue de la clase obrera y los sindicatos ha llegado a su fin. Más y más trabajadores —de todas las edades, colores de piel y de ambos sexos— están diciendo "¡Basta!" Este libro destaca las oportunidades para los trabajadores con conciencia de clase. Fija el rumbo necesario para forjar un partido obrero basado en sindicatos combativos. Y una vanguardia proletaria de masas capaz de dirigir la lucha para acabar con el dominio capitalista, abriendo un futuro para la humanidad. US$10. También en inglés y francés.

El trabajo, la naturaleza y la evolución de la humanidad
La visión larga de la historia

FEDERICO ENGELS, CARLOS MARX
GEORGE NOVACK, MARY-ALICE WATERS

Sin comprender que el trabajo social, al transformar la naturaleza, ha impulsado la evolución de la humanidad durante millones de años, los trabajadores no podremos ver más allá de la época capitalista de explotación de clases que deforma a todas las relaciones, ideas y valores humanos. Solo la conquista revolucionaria del poder estatal por la clase trabajadora podrá abrir la puerta a un mundo libre de la explotación capitalista, degradación de la naturaleza, subyugación de la mujer, racismo y guerras. Un mundo basado en la solidaridad humana. Un mundo socialista. US$12. También en inglés y francés.

WWW.PATHFINDERPRESS.COM

DE LA DICTADURA DEL CAPITAL A LA DICTADURA DEL PROLETARIADO

El Manifiesto Comunista
CARLOS MARX Y FEDERICO ENGELS

El comunismo, según explican los dirigentes fundadores del movimiento obrero revolucionario, no es un conjunto de ideas o "principios" preconcebidos sino el camino de la clase obrera hacia el poder, que surge de un "movimiento que se desarrolla ante nuestros ojos". US$5. También en inglés, francés, persa y árabe.

En defensa del marxismo
Contra la oposición pequeñoburguesa en el Partido Socialista de los Trabajadores
LEÓN TROTSKY

Una respuesta a aquellos en el movimiento obrero revolucionario a fines de los años 30 que cedían ante el patriotismo burgués cuando Washington se aprestaba a ingresar a la II Guerra Mundial. Trotsky explica por qué solo un partido que luche por integrar a trabajadores a sus filas y dirección puede mantener un rumbo comunista. Trotsky defiende las bases materialistas y dialécticas del marxismo. US$17. También en inglés.

The History of the Russian Revolution
(La historia de la Revolución Rusa)
LEÓN TROTSKY

Cómo el Partido Bolchevique, bajo el liderazgo de Lenin, dirigió a millones de trabajadores y campesinos a derrocar el poder estatal de los latifundistas y capitalistas en 1917, y a llevar al poder un gobierno que promovía sus propios intereses de clase a nivel nacional y mundial. Escrito por uno de los dirigentes centrales de esa revolución socialista. Edición completa en inglés, tres tomos en uno. US$30. También en francés y ruso.

La última lucha de Lenin

Discursos y escritos, 1922–23

V.I. LENIN

En 1922 y 1923, V.I. Lenin, dirigente central de la primera revolución socialista, libró su última batalla política, lucha que tras su muerte se perdió. Lo que estaba en juego era si esa revolución, y el movimiento comunista internacional que esta dirigía, mantendría el curso proletario que había llevado al poder a los trabajadores y campesinos en octubre de 1917. US$17. También en inglés, persa y griego.

Su Trotsky y el nuestro

JACK BARNES

Para dirigir a la clase trabajadora en una revolución, se requiere un partido proletario de masas cuyos cuadros desde mucho antes han asimilado un programa comunista, son proletarios en su vida y su trabajo, derivan una profunda satisfacción de su actividad política y han desarrollado un agudo sentido de lo próximo que toca hacer. US$12. También en inglés, francés y persa.

La revolución traicionada

¿Qué es y adónde va la Unión Soviética?

LEÓN TROTSKY

En 1917 los trabajadores y campesinos de Rusia hicieron una de las revoluciones más profundas de la historia. Sin embargo, al cabo de 10 años, una capa social privilegiada, cuyo principal vocero era José Stalin, ya consolidaba una contrarrevolución política. Este estudio ilumina el origen del desmoronamiento de la burocracia soviética y los conflictos que se van agudizando en las ex repúblicas de la Unión Soviética. US$17. También en inglés, persa y griego.

WWW.PATHFINDERPRESS.COM

LA CRISIS CAPITALISTA Y LA LUCHA POR EL PODER OBRERO

¿Son ricos porque son inteligentes?
Clase, privilegio y aprendizaje en el capitalismo
JACK BARNES

Expone las crecientes desigualdades de clase en EEUU y las justificaciones de las capas profesionales bien remuneradas que creen que su "brillantez" las califica para "regular" a los trabajadores, quienes supuestamente no sabemos lo que nos conviene. US$10. También en inglés, francés, persa y árabe.

El historial antiobrero de los Clinton
Por qué Washington le teme al pueblo trabajador
JACK BARNES

Lo que el pueblo trabajador necesita saber sobre el curso, impulsado por el lucro, que han seguido los demócratas y republicanos por igual en los últimos 30 años. Y el despertar político de los trabajadores que buscan entender y resistir los ataques de los gobernantes capitalistas. US$10. También en inglés, francés, persa y griego.

¿Es posible una revolución socialista en Estados Unidos?
Un debate necesario entre el pueblo trabajador
MARY-ALICE WATERS

Un rotundo "sí" es la respuesta que se presenta aquí. Posible, pero no inevitable. Eso depende de lo que haga el pueblo trabajador. US$7. También en inglés, francés y persa.

La cuestión judía
Una interpretación marxista
ABRAM LEON

¿Por qué sigue alzando la cabeza el odio antijudío? ¿Cuáles son sus raíces de clase, desde la antigüedad y el feudalismo hasta el ascenso del capitalismo y sus crisis actuales? ¿Por qué no hay solución a la cuestión judía bajo el capitalismo? El autor, Abram Leon, fue asesinado en las cámaras de gas de los nazis. Contiene 40 páginas de ilustraciones y mapas. US$17. También en inglés y francés.

The Transitional Program for Socialist Revolution
(El programa de transición para la revolución socialista)
LEÓN TROTSKY

El programa del Partido Socialista de los Trabajadores, redactado por Trotsky en 1938, sigue guiando al PST y a comunistas por todo el mundo. El partido "combate intransigentemente a todas las agrupaciones políticas que están atadas a las faldas de la burguesía. Su tarea: la abolición del dominio capitalista. Su objetivo: el socialismo. Su método: la revolución proletaria". En inglés y persa. US$17

Malcolm X habla a la juventud

"La joven generación de blancos, negros, morenos y demás: ustedes viven en tiempos de revolución", dijo Malcolm X en diciembre de 1964. "Yo me sumaré a quien sea, no me importa de qué color seas, siempre que quieras cambiar la condición miserable que existe en este mundo". Cuatro charlas y entrevistas que Malcolm dio en los últimos meses de su vida. US$12. También en inglés, francés, persa y griego.

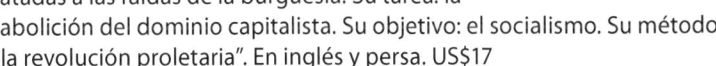

WWW.PATHFINDERPRESS.COM

US$12 US$20

US$15

Tres libros para ser leídos como uno...

sobre la construcción de un partido que es proletario en su programa, composición y conducta. Que reconoce, con palabras y acciones, el hecho más revolucionario de esta época...

... que los trabajadores tenemos el poder de crear un mundo diferente cuando actuamos juntos para defender nuestros intereses, no los de la clase que se enriquece explotando nuestra mano de obra, ni los de aquellos que nos temen como "deplorables" o simplemente "basura".

Al avanzar por un rumbo revolucionario hacia el poder obrero, vamos a transformarnos y descubrir nuestro valor propio. También en inglés y francés.

¡Oferta especial!
El paquete de tres por US$30

El viraje a la industria junto con *Los tribunos del pueblo y los sindicatos*   US$20

Cualquiera de estos dos libros junto con *Malcolm X, la liberación de los negros y el camino al poder obrero*   US$25

LA LUCHA OBRERA Y LA DEFENSA DE LAS LIBERTADES CONSTITUCIONALES

50 años de operaciones encubiertas en EE.UU.
La policía política de Washington y la clase obrera norteamericana

LARRY SEIGLE, FARRELL DOBBS STEVE CLARK

Cómo los trabajadores con conciencia de clase han luchado contra los esfuerzos por reforzar el "estado de seguridad nacional" que es esencial para mantener el dominio capitalista. US$10. También en inglés y persa.

El socialismo en el banquillo de los acusados
Testimonio en el juicio por sedición en Minneapolis

JAMES P. CANNON

El programa revolucionario de la clase trabajadora, tal como fue presentado en respuesta a cargos fabricados de "conspiración sediciosa" en 1941, en vísperas del ingreso de Washington a la Segunda Guerra Mundial. Los acusados eran dirigentes del movimiento obrero en Minneapolis y del Partido Socialista de los Trabajadores. US$15. También en inglés, francés y persa.

FBI on Trial
The Victory in the Socialist Workers Party Suit Against Government Spying
(El juicio contra el FBI: La victoria en la demanda del Partido Socialista de los Trabajadores contra el espionaje del gobierno)

MARGARET JAYKO

Relata la victoria histórica en la lucha por los derechos constitucionales. Incluye el fallo completo de la corte federal en 1986 contra el espionaje del gobierno así como fragmentos del testimonio en el juicio. En inglés. US$17

WWW.PATHFINDERPRESS.COM

LA REVOLUCIÓN CUBANA

**Cuba y Angola:
La guerra por la libertad**
HARRY VILLEGAS ("POMBO")

Cuba y Angola
Luchando por la libertad de África y la nuestra
FIDEL CASTRO, RAÚL CASTRO
NELSON MANDELA

Dos libros que narran la historia del inédito aporte que Cuba hizo a la lucha para liberar a África del flagelo del apartheid. Y de cómo, al hacerlo, la revolución socialista en Cuba se vio fortalecida. US$10 y US$12. También en inglés. *Cuba y Angola: La guerra por la libertad* está disponible en persa y griego.

Las mujeres en Cuba: Haciendo una revolución dentro de la revolución
VILMA ESPÍN, ASELA DE LOS SANTOS, YOLANDA FERRER

La integración de las mujeres a las filas y a la dirección de la Revolución Cubana fue parte inseparable de la trayectoria proletaria de esta desde el principio. Esta es la historia de esa revolución y cómo transformó a las mujeres y los hombres que la hicieron. US$17. También en inglés, persa y griego.

**Colombia: Fidel Castro sobre el debate acerca de la estrategia revolucionaria
y lecciones de la Revolución Cubana**
De las páginas del *Militante*

Fragmentos del libro *La paz en Colombia* de Fidel Castro y artículos del *Militante*. Al describir las gestiones de la dirección cubana para poner fin a décadas de guerra entre el movimiento guerrillero FARC y el brutal régimen colombiano, Castro en su introducción, epílogo y otras declaraciones explica por qué los revolucionarios cubanos, a diferencia del liderazgo de las FARC, rehusaron tomar rehenes y organizaron a los trabajadores para tomar el poder estatal en vez de librar una "guerra popular prolongada". US$5. También en inglés.

Nueva Internacional

UNA REVISTA DE POLÍTICA Y TEORÍA MARXISTAS

NUEVA INTERNACIONAL N°. 6
Ha comenzado el invierno largo y caliente del capitalismo
JACK BARNES

Explica que la crisis capitalista global de hoy es la etapa inicial de décadas de convulsiones económicas, financieras y sociales y de batallas de clases. Los trabajadores con conciencia de clase necesitamos trazar un curso revolucionario para afrontar esta coyuntura histórica del imperialismo. US$14. También en inglés, francés, persa, árabe y griego.

NUEVA INTERNACIONAL N°. 5
El imperialismo norteamericano ha perdido la Guerra Fría
JACK BARNES

El colapso de los regímenes en Europa Oriental y la URSS, que se autodenominaban comunistas, no significó que los trabajadores y agricultores ahí fueron derrotados. En los actuales conflictos y guerras capitalistas, estos trabajadores se han sumado a otros en el mundo en la lucha de clases contra la explotación. US$14. También en inglés, francés, persa y griego.

NUEVA INTERNACIONAL N°. 7
Nuestra política empieza con el mundo
JACK BARNES

Las enormes desigualdades entre los países imperialistas y semicoloniales, y entre las clases dentro de cada uno, son acentuadas por el mismo capitalismo. Para forjar partidos capaces de dirigir una exitosa lucha revolucionaria por el poder en nuestros propios países, los trabajadores de vanguardia debemos guiarnos por una estrategia para cerrar esta brecha. US$14. También en inglés, francés, persa y griego.

WWW.PATHFINDERPRESS.COM

DIRIGENTES REVOLUCIONARIOS EN SUS PROPIAS PALABRAS

La Primera y Segunda Declaración de La Habana

En ninguna parte se abordan con mayor franqueza y claridad los problemas de estrategia revolucionaria que hoy afrontan los hombres y mujeres en las primeras filas de luchas en América que en estos dos documentos de 1960 y 1962, aprobados en sendas asambleas de más de un millón de cubanos. Estas intransigentes condenas del saqueo imperialista y de "la explotación del hombre por el hombre" siguen vigentes como manifiestos de lucha revolucionaria del pueblo trabajador en todo el mundo. US$10. También en inglés, francés, persa, árabe y griego.

La revolución granadina, 1979–83

Discursos de Maurice Bishop y Fidel Castro

El triunfo en 1979 de la revolución en la isla caribeña de Granada tuvo "importancia para todas las luchas alrededor del mundo" dijo Bishop, su dirigente central. Valiosas lecciones del gobierno de trabajadores y agricultores derrocado en 1983 mediante un golpe de estado estalinista. Contiene discurso de Castro ante más de un millón de personas en La Habana tras la invasión norteamericana que siguió al derrocamiento de la revolución. US$10

La lucha por un partido proletario
JAMES P. CANNON

"Los trabajadores de Estados Unidos tienen fuerza suficiente para tumbar la estructura del capitalismo aquí en este país y para alzar con ellos al mundo entero cuando se levanten". US$8. También en inglés y persa.

Somos herederos de las revoluciones del mundo
Discursos de la revolución de Burkina Faso, 1983–87
THOMAS SANKARA

Los campesinos y trabajadores en este país de África Occidental crearon un gobierno popular revolucionario y comenzaron a combatir el hambre, el analfabetismo y el atraso económico impuestos por la dominación imperialista, así como la opresión de la mujer heredada de la sociedad de clases desde hace milenios. Cinco discursos del dirigente de esta revolución. US$10. También en inglés, francés y persa.

Cuba y la revolución norteamericana que viene
JACK BARNES

Sobre las luchas del pueblo trabajador en el corazón del imperialismo, sobre los jóvenes atraídos a ellas y el ejemplo del pueblo cubano, el cual muestra que una revolución no solo es necesaria: se puede hacer. Trata sobre la lucha de clases en Estados Unidos, donde hoy las fuerzas dominantes descartan las capacidades revolucionarias de los trabajadores y agricultores tan rotundamente como descartaron las del pueblo trabajador cubano. Y de forma igualmente errada. US$10. También en inglés, francés y persa.

Puerto Rico: La independencia es una necesidad
RAFAEL CANCEL MIRANDA

Este dirigente independentista puertorriqueño, uno de los cinco encarcelados por Washington por más de 25 años, hasta 1979, habla sobre la realidad brutal del coloniaje norteamericano, el ejemplo de la revolución socialista cubana y la lucha actual por la independencia. US$5. También en inglés y persa.

WWW.PATHFINDERPRESS.COM

DE PATHFINDER

En defensa de la clase trabajadora norteamericana
MARY-ALICE WATERS

Basándose en las mejores tradiciones combativas de trabajadores de todos los colores de piel y orígenes nacionales, decenas de miles de trabajadores en Virginia del Oeste, Oklahoma, Florida y otros estados libraron huelgas victoriosas en 2018 y restauraron el derecho a votar para ex presos. Los que Hillary Clinton tacha de "deplorables" han comenzado a resistir. US$7. También en inglés, francés, persa y griego.

America's Revolutionary Heritage
Marxist Essays
(La herencia revolucionaria de Estados Unidos: Ensayos marxistas)
GEORGE NOVACK

Una explicación materialista de la Revolución Norteamericana, la Guerra Civil y la Reconstrucción Radical, el genocidio contra los indígenas, el ascenso del imperialismo norteamericano, la primera ola de luchas por los derechos de la mujer y mucho más. En inglés. US$23

Revolutionary Continuity
Marxist Leadership in the U.S.
(Continuidad revolucionaria: Liderazgo marxista en EEUU)
Los primeros años, 1848–1917
Nacimiento del movimiento comunista, 1918–1922
FARRELL DOBBS

"Generaciones sucesivas de revolucionarios proletarios han participado en los movimientos de la clase trabajadora y sus aliados… Los marxistas de hoy no solo debemos rendirles homenaje por sus acciones. Tenemos el deber de aprender de lo que hicieron mal y lo que hicieron bien para no repetir sus errores". —*Farrell Dobbs*. Dos tomos en inglés, US$17 cada uno.

Las luchas del sindicato Teamsters
FARRELL DOBBS

Cuatro libros sobre las huelgas, luchas de sindicalización y campañas políticas que transformaron a los Teamsters en los años 30 en un combativo movimiento sindical industrial. Escrito por Farrell Dobbs, organizador general de estas batallas de los Teamsters y dirigente del Partido Socialista de los Trabajadores.

Una herramienta para trabajadores que quieren usar la fuerza sindical en sus centros laborales e impulsar la lucha por un partido obrero independiente. US$16 cada tomo, US$50 por los cuatro. También en inglés. Rebelión Teamster existe en francés, persa y griego.

La emancipación de la mujer y la lucha africana por la libertad
THOMAS SANKARA

"No existe una verdadera revolución social sin la liberación de la mujer", explica Sankara, dirigente central de la revolución de 1983–87 en Burkina Faso, en África occidental. US$5. También en inglés, francés y persa.

La evolución de la mujer
Del clan matriarcal a la familia patriarcal
EVELYN REED

Un viaje desde la prehistoria hasta la sociedad de clases que revela los aportes de la mujer, aún muy desconocidos, a la civilización. Reed señala los factores históricos que llevaron a la discriminación generalizada de la mujer como sexo. Ofrece perspectivas frescas sobre la lucha contra su opresión y por la liberación de la humanidad. US$18. También en inglés, persa e indonesio.

WWW.PATHFINDERPRESS.COM

PATHFINDER POR EL MUNDO

ESTADOS UNIDOS
(y América Latina, el Caribe y el este de Asia)
*Pathfinder Books, 306 W. 37th St., 13th Floor
Nueva York, NY 10018*

CANADÁ
*Pathfinder Books, 7107 St. Denis, Suite 204
Montreal, QC H2S 2S5*

REINO UNIDO
(y Europa, África, el Medio Oriente y el sur de Asia)
*Pathfinder Books, 5 Norman Rd.
Seven Sisters, Londres N15 4ND*

AUSTRALIA
(y Nueva Zelanda, el sureste de Asia y Oceanía)
*Pathfinder Books, Suite 2, First floor, 275 George St.
Liverpool, Sydney, NSW 2170
Dirección Postal: P.O. Box 73, Campsie, NSW 2194*

ÚNASE AL CLUB DE LECTORES DE PATHFINDER
¡AMPLÍE SU BIBLIOTECA!

$10 POR AÑO
25% DESCUENTO PARA TODOS LOS TÍTULOS
30% DESCUENTO PARA LOS LIBROS DEL MES

Válido en pathfinderpress.com y los centros locales de libros Pathfinder

Visite: www.pathfinderpress.com/products/pathfinder-readers-club

Pathfinder
pathfinderpress.com